思政课教学与中华优秀传统文化融合研究

关司祺　贾　宇　张春发◎著

线装书局

图书在版编目（CIP）数据

思政课教学与中华优秀传统文化融合研究 / 关司祺，贾宇，张春发著. -- 北京：线装书局，2024.4
ISBN 978-7-5120-6068-5

I. ①思… II. ①关… ②贾… ③张… III. ①中华文化－关系－高等学校－思想政治教育－研究－中国 IV. ① K203②G641

中国国家版本馆 CIP 数据核字(2024)第 077527 号

思政课教学与中华优秀传统文化融合研究
SIZHENGKE JIAOXUE YU ZHONGHUA YOUXIU CHUANTONG WENHUA RONGHE YANJIU

作　　者：	关司祺　贾　宇　张春发
责任编辑：	白　晨
出版发行：	线装书局
地　　址：	北京市丰台区方庄日月天地大厦 B 座 17 层（100078）
电　　话：	010-58077126（发行部）010-58076938（总编室）
网　　址：	www.zgxzsj.com
经　　销：	新华书店
印　　制：	三河市腾飞印务有限公司
开　　本：	787mm×1092mm　　1/16
印　　张：	14.5
字　　数：	330 千字
印　　次：	2025 年 1 月第 1 版第 1 次印刷
定　　价：	78.00 元

前　言

习近平总书记在 2019 年 3 月 18 日召开的学校思想政治理论课教师座谈会上强调："思政课作用不可替代"，"中华民族几千年来形成了博大精深的优秀传统文化，我们党带领人民在革命、建设、改革过程中锻造的革命文化和社会主义先进文化，为思政课建设提供了深厚力量"。习总书记虽然讲的是传统文化对思政课建设的重要作用，但是对大学生思想政治教育的加强和改进同样具有理论指导作用和实践意义。

高校在为国家和社会培养高级的专门人才的过程中，同时也肩负着保存、传承、创新民族的优秀文化与融合多元文化的重要职责和使命。大学生是一群特殊的群体，学生的思潮变动对中国社会的变化和发展具有非常重要的意义。积极在大学生中开展中华优秀传统文化与大学生思想政治教育的融合，引导大学生的思想与社会主义社会建设相适应十分必要。大学生思想政治教育的内容关系着大学生思想政治教育的方向和性质，对进行大学生思想政治教育工作至关重要。

中华民族是世界上唯一没有发生文化发展中断的民族，中国传统文化是这个古老民族智慧的结晶和中华民族精神的核心，具有极强的生命力。中国优秀传统文化在几千年的发展历程中，已经完全地渗透到整个社会的政治、经济、文化、艺术等各个领域，时刻对中华民族的价值取向、思想行为产生着重要影响。中国优秀传统文化无论其精神内核还是育人之道大都偏重于人的价值理念和思想品质的内化，更注重心性修养，如果能够将这一特质通过内涵外延的方式，结合时代特征，将可以有力地推动大学生思想政治教育工作更好地开展。

全书共计 8 个章节，具体内容安排如下：

第一章是文化强国背景下我国大学生思想政治教育发展，主要内容有：当今世界的经济全球化发展趋势与文化强国的重要性、当前我国大学生思想政治教育的推进和发展现状以及文化视角下的思想政治教育；第二章为中国优秀传统文化软实力研究，主要内容有：中国优秀传统文化中仁爱、民本、诚信、正义、和合以及大同精神研究；第三章研究了中国传统文化与大学生思想政治教育融合的价值，主要内容有：中国传统文化融入大学生思想政治教育的必要性、可能性以及中国传统文化对大学生思想政治教育的作用；第四章探索了中国传统文化与大学生思想政治教育融合的困境阐释，主要内容有：中国传统文化与大学生思想政治教育融合的历史境遇、现实困境以及困境成因；第五章分析了中国传统文化融入大学生思想政治教育的策略，主要内容有：中国传统文化融入大学生思想政治教育的主要原则、途径以及中国传统文化融入大学生思想政治教育的条件保障；第六章研究了传统文化与大学生思想政治教育管理实践，主要内容有：高校应发挥文化传承职能、将传统文化融入大学教育和传统文化在大学生思想政治教育中的创新研究；第七章探索了中国优秀传统文化与大学生思想政治教育的质量提升，主要内容有：中国优秀传统文化对人文关怀和心理疏导质量提升、对文化型思想政治教育质量提升、对开放式的思想政治教育质量提升以及对和谐型思想政治教育质量提升；第八章为中国传统文化融入高校思想政治教育的途径，主要内容有：传统文化融入高校思想政治教育必须树立全员育人的意识、注重传统文化的现代价值转换、加强对大学生学习传统文化的正确引导、加强科研与教师队伍建设、构建高效传统文化教育的保障制度以及实现与思想政治理论课教学体系的有效对接。

  本书在编写过程中参阅了国内外大量的著作、论文和权威网站的资料，借鉴了众多专家、学者的科研成果，在此一并表示衷心感谢。由于时间仓促，本书在创作过程中难免存在疏漏之处，敬请各位读者指正！

编委会

段雪晶　吕立英　翁兴顺
高　雯　王　玲　周娉娣
曾　玲　高　亢　布特格拉图
付　瑶

目 录

第一章 中国传统文化概述 　　　　　　　　　　　　　　　1

　第一节　中国传统文化的定义 1

　第二节　中国传统文化的特质和精神 10

　第三节　中国传统文化的现代解读 13

第二章 中国传统文化与思想政治教育的关系和价值 　　24

　第一节　中国传统文化与思想政治教育的关系 24

　第二节　中国传统文化对高校思想政治教育的意义 29

　第三节　中国传统文化在高校思想政治教育中的价值 42

第三章 文化视角下的高校思想政治教育分析 　　　　　　51

　第一节　高校思想政治教育中传统文化缺失的原因 51

　第二节　传统文化融入高校思想政治教育的可能性与必然性分析 57

　第三节　传统文化融入高校思想政治教育的现状分析 67

第四章 中华优秀传统文化融入思政课的逻辑 　　　　　　79

　第一节　中华优秀传统文化融入思政课的状况及原因 79

　第二节　中华优秀传统文化融入思政课的可行性 85

　第三节　中华优秀传统文化融入思政课的现实价值 118

　第四节　中华优秀传统文化融入思政课的时代意义 126

第五章 中华优秀传统文化融入思政课的原则 　　　　　142

　第一节　扬弃性原则 142

　第二节　创新性原则 144

　第三节　渗透性原则 146

　第四节　阶段性原则 147

第六章　传统文化在高校思想政治教育中的价值实现　**150**

    第一节　加强高校思想政治教育理论课中传统文化的建设 **150**

    第二节　提升高校思想政治教师的传统文化素养 **157**

    第三节　在校园文化与社会实践中渗透传统文化 **163**

    第四节　充分利用媒体手段促进传统文化与高校思想政治的融合 **167**

第七章　中华优秀传统文化融入思政课的途径　**176**

    第一节　提高思政课教师的传统文化素养 **176**

    第二节　将中华优秀传统文化融入思政课教材中 **178**

    第三节　将中华优秀传统文化融入思政课教学中 **183**

    第四节　将中华优秀传统文化融入校园文化环境建设中 **190**

    第五节　加强中华优秀传统文化课程建设 **192**

    第六节　加强网络上中华优秀传统文化建设 **193**

第八章　中华优秀传统文化融入思政课的发展趋势　**196**

    第一节　思政课与大思政课 **196**

    第二节　由融入向赋能转化 **197**

    第三节　中华优秀传统文化赋能课程思政 **202**

    第四节　中华优秀传统文化赋能家庭建设 **205**

    第五节　中华优秀传统文化赋能社会建设 **211**

    第六节　中华优秀传统文化赋能国际交流 **215**

参考文献　**221**

第一章 中国传统文化概述

中国传统文化是中华文明不断向前发展的重要推动力，是民族历史上各种文化思想、精神观念形态的总体。本章主要包括中国传统文化的定义、中国传统文化的特质和精神、中国传统文化的现代解读三部分。主要内容包括文化、传统文化与中国传统文化，中国优秀传统文化，中国传统文化的特质，中国传统文化的基本精神，学习中国传统文化的当代意义，中国传统伦理道德在现代的扬弃、中国优秀传统文化的现代价值等方面。

第一节 中国传统文化的定义

一、文化、传统文化与中国传统文化

无论是学习中国传统文化还是西方古典文化，首先应该弄清楚什么是文化。当代学者对文化有着不同的界定和阐述，有人将文化区分为狭义和广义，有人将文化区分为物质和精神两个方面，其实随着人们对文化认识的不断扩展与深入，学者们从不同的角度与领域对文化提出了不同的解说。西方的文化一词来源于拉丁文"cultural"，有土地耕作、动物饲养、神明崇拜及精神修养等含义。古罗马人西塞罗将古希腊文化中的精神理念继承并发扬，伴随着人类社会的巨大进步，直到 19 世纪，"文化"的概念真正成为学者们探讨的热点。文化学的奠基者、英国著名的人类学家泰勒在他的《原始文化》一书中认为，文化是复杂而又多元的整体，包含了知识、信仰、道德、艺术等各个方面，并且包括人类在社会中获得的一切能力与习惯。而中国的古代典籍对文化也早有阐述，"文化"二字起初是分开来的，《说文解字》中关于"文"的解释是这样的：

"文，错画也，象交文。"这就说明"文"的本意为交错的纹理，引申为"经天纬地"之意，这也是古代贤君多以"文"为谥号的主要原因。《尚书·舜典》解释"文明"一词有注释说："经纬天地日文。""化"本身指事物形态或性质的改变，后引申为教化，有教行迁善之意，表示行为衍变过程。直至西汉历史学家刘向将"文化"二字连在一起，他在《说苑·指武》中说："文化不改，然后加诛。"这就说明"文化"一词，在中国古代本指"文治教化"，是与武力征服相对的。《文选·补亡诗》中的"文化内辑，武功外悠"就是有力的说明。《周易·贲卦·象传》说的"观乎人文，以化成天下"是中国古代对文化的传统说法。直至近代西方文化传入并与中国文化相融合，中国近现代学者才开始在兼收并蓄的基础上对文化的概念进行自己的界定与探讨，而后来的晚辈学者也多是在整理总结前辈成果的基础上，提出自己的观点与看法。

传统文化是由传统、文化两个概念组合而成的。所谓"传统"，指世代传承的、具有自身特点的社会历史因素，如逐代延续的思想道德、风俗习惯、文学艺术、制度规范等。在中国古代，传统的概念则更偏重于"传"的相传继续和"统"的世代相承的某种因素的整体含义。而传统文化的概念就是建立在以文化为合理内核，在历史环境中形成、演变、积累、沉淀并成型的，可以世代传承的、具有一定精神特质的民族文化。因此，并不是所有历史上出现过的文化都可称为传统文化，而只有那些具有历史意义和现实价值、具有生命活力的文化，才能被保存并延续下来，这些具有重要价值、具有生命活力的经典文化被称为传统文化。简而言之，传统文化就是"人类社会历史发展的积淀并且渗透于民族整体意识和行为之中，世代传递流动的、最具生命力的文化"。无论西方国家还是中华大地，都有着自己辉煌而又灿烂的文化，这是每一个国家和民族的精神家园，是民族团结傲立的精神脊梁，是任何一个民族和国家都不能抛弃的瑰宝。

中国传统文化，也就是中华民族的传统文化，是根植于中华大地肥沃土壤之中，由居住在中国地域内中华民族及其祖先所创造的，在长期的历史发展过程中形成和发展起来，保留在中华民族之中具有稳定形态并能够团结增强民族凝聚力，由中华民族世代传承并影响整个社会历史进程的古典文化体系。中国传统文化是一种反映中华民族特质和中华儿女风貌的民族文化，它集合了中华民族历史上各种思想文化、观念形态的总体表征，具有鲜明的民族特色，是悠久历史、内涵高深的优秀文化。同时，中国传统文化还是中华民族几千年文明的结晶，其包罗万象、博大精深，以儒家为核心，兼有道家、佛家、法家等内涵，包括古文、诗词曲赋、音乐国画、书法曲艺等。总之，这一文化体系广泛地涵盖了中华大地上各种学说教义等精神文化和在不同历史时期所产生的优秀物质文化。中国传统文化是历史的结晶，是具有旺盛生命力的。"传统文化所蕴含的、世代相传的思维方式、价值观念、行为准则，一方面具有浓厚的历史性、遗传性，另一方面又具有强烈的现实性、变异性，它无时无刻不在影响、制约着人们，为开创新文化提供历史的根据和现实的基础。"中国传统文化，是在世界文化中独树一帜的、最悠久的、最系统的文化之一，它有鲜明的独特性，不仅在推动中国社会历史发展过程中起了巨大的作用，而且对整个世界文化发展也产生了重大影响。

二、中国传统文化的类型

（一）依据地理环境

根据地理环境的不同，中国传统文化可分为河谷型、草原型、山岳型、海洋型，但以河谷型为主。

河谷型的突出特点是内聚力和容纳性强，草原型的流动性和外向性比较明显，山岳型的封闭性和排他性较为突出，海洋型则以开放性和冒险性为主。河谷型文化是一种以农业为主体的混合型文化，因为其自身的内聚力和容纳性，所以几千年来融合、同化了周围众多其他文化类型，并使其内涵逐渐丰富起来，最终成为中国传统文化的主要类型。

（二）依据生产方式

根据生产方式的不同，中国传统文化可分为农业文化、工商文化、游牧文化，但以农业文化为主。

中国传统文化孕育在一个农业宗法社会的母体之中，农业经济一直是中国古代社会的主干，长期的农耕生活使中国人形成了安土重迁、追求稳定和缺乏冒险精神的性格特征，甚至把工商贸易视为"末业"，因此，农业文化是中国传统文化的主要类型。

（三）依据哲学思想

根据哲学思想的不同，中国传统文化可分为儒家文化、道家文化和法家文化等。

中国传统文化的核心内容由多家思想共同构成，但儒家思想始终处于主导地位。在这一格局下，各家思想互通有无、互为关联，从而形成了中华民族共同的理想人格、价值观念和思维定式。

中国传统文化特别强调"德政"思想，强调道的德感化作用。在中国封建社会，道德人格在社会生活和政治生活中有着强大的影响，是一种比法律更为有效的手段。人们首先考虑的不是遵从国家法律，而是如何在错综复杂的人际关系中履行好道德伦理义务。因此，中国传统文化就是一种趋善求治的伦理政治型文化。

三、中国传统文化的环境与条件

（一）中国传统文化的地理环境及其影响

任何文化的生成与发展，总是在一定的地理环境下实现的，不同的地理环境是不同的文化类型出现和不同的文化特征形成的深厚物质基础。

中国地处亚洲东部、太平洋西岸。除东南及东部面向海洋外，东北、北部、西北、西部、西南皆与欧亚大陆连接，但却被河流、沙漠或高山峻岭所阻隔，形成了一个相对封闭的地理单元。因此，四周都有天然阻隔、相对封闭便成为中国地理的第一大特点。具体来说，中国西部有被称为亚洲中轴的帕米尔高原，它向四方伸延出几条大山脉，把亚洲分为东亚、西亚、南亚和北亚。这里有高山峻岭，山路崎岖，虽有一线可通，且汉代已开通了丝绸之路，然而这干寒荒凉之地，在古代是难以逾越的；中国西南有世界上最高的山脉喜马拉雅山脉，它是中国与南亚的天然分界，难以逾越。另外，西南的横断山脉及其江河、热带丛林也是中国与南亚、东南亚的天然阻隔；中国北部是广阔无垠的草原和沙漠，地势起伏不大，然而在中国古代，从贝加尔湖到外兴安岭一带因严寒等原因很少有人来往，因此形成了一个空间带；中国东部及东南是广阔的海岸线。唐宋以来，海上交通日渐发达，明代还有过郑和下西洋的壮举，然而，重农轻商、安土重迁的历史传统使中华民族没有向海洋发展。

中国自然地理环境对传统文化的影响是多方面的，其中主要表现在两个方面：一是文化的多样性与多元一体格局。中国古代形成了东南、中原以农耕为主，而西北以畜牧为主的人文生产景观。这与欧洲农牧相间、亦农亦牧的情况有很大的不同。同时，从南到北温度和干湿度的变化，使得淮河、秦岭以南的南方以稻作农业为主，淮河、秦岭以北至长城的北方以粟作农业为主，而长城以北则以游牧业为主。这些区域差别，在客观上构成了中国多民族共居、多种经济成分共立、多种文化类型并存的自然物质基础。二是文化的封闭性特点。中国古代一直缺乏对外开放、向外进取的条件和动力，封闭性大于开放性。相对优越的地理环境，加上古人们的勤劳智慧，使古代中国在西方近代文明兴起之前，长期处于优越地位，因而产生了"中华帝国，无求于人"的自我陶醉、自我封闭的观念。一面临海、三面环山的地理环境，使中国成为一个相对封闭的地理单元，因而中国古人便错误地认为自己生活在"四海"之内、"天下"之中。这种构想，产生了两方面的影响，正面的影响是增强了中国传统文化的向心力，使中国长期维持了大一统的局面并获得了不断的发展和壮大，负面的影响就是自我陶醉、自我封闭观念的蔓延。在古代中外交通史上，不避艰险、不远万里来到中国的各色外国人远远多于走出国门的中国人，甚至当西方人千方百计寻找通往中国的新航路时，自大的"中华帝国"却实行起了"闭关锁国"政策，就连早已开辟的陆海通道也弃置不用了。

（二）中国传统文化的经济基础

中国传统的经济形态是农耕经济，农业给古老的中华民族提供了基本的衣食之源，创造了相应的文化环境，同时还影响了中国传统的畜牧业、手工业和商业的发展。因此可以说，农业是中国传统文化最深厚的经济基础。

我国是世界上最早经营农业的国度之一，同时也是世界上出现的少数几个农业文明中心之一。关于我国农业的起源，史籍中有许多说法，有的说是神农氏发明了农业，有的说是烈山氏，有的说是炎帝之子，有的说是周人始祖，而司马迁则说农业为黄帝发明。目前考古证明，农业在一万年前新石器时代到来之际便已存在了，并不是某一两个英雄人物的功劳。大致说来，黄河中下游一带的远古居民是粟、黍等旱地农作物种植的发明者，而长江中下游一带的远古居民是水田作物种植的发明者。

在四五千年前，中国北部的气候发生了由温暖向凉爽的转变。受此影响，长城以北的农业人口纷纷向黄河中下游一带聚集，这就导致了长城以北地区的产业结构由原来以农耕为主变为以游牧为主，并由此形成了我国历史上长城以南的农耕经济和长城以北、以西的游牧经济的分野。

中国古代的农业生产取得了辉煌灿烂的成就，在数千年的历史进程中，一直保持着世界领先的地位。经过夏、商、周三代的经验积累，中国农业生产在春秋战国时期实现了一次较大的飞跃，主要表现在铁制农具的广泛使用、牛耕的推广、水利灌溉工程的大量兴修、耕地的大量垦辟和小农经济的出现等方面。秦汉时期，楼车的发明、代田法的推行及以铁犁为代表的生产工具的改进，大大提高了农业的生产效率，使得农耕区向西北方向扩展，而江淮地区、关中也出现了大大小小的灌溉区，该时期全国垦田面积达到800万顷，人口5900万。魏晋南北朝时期，北方战乱，大批人口南迁。南方农业水平迅速提高，长江以南、五岭以北的广大地区及巴蜀一带逐渐成为我国重要的农业区。隋唐时期，小国农业经济重心开始移向长江流域，长江中下游地区成为朝廷的主要财政来源地，正所谓"天下以江淮为同命"。宋元明清各朝，中国的农耕和养蚕重心一直在南方。南方的粮草通过大运河源源不断地运往北方。唐宋以来，棉花、花生、玉米、番薯等经济作物和高产作物不断地从世界各地引进。清末，中国人口已达 4 亿。正是古代辉煌的农业文明，才支撑了中国这一庞大的人口基数。

综观中国古代农业生产，可以看到以下特点：一是成就突出，起步早，水平高，发展稳定且从未中断；二是一家一户、分散经营的小农经济是中国古代农业生产的主要形式；三是精耕细作，农桑结合，粮棉结合，集约化程度高。

（三）中国传统文化的创造主体

中国传统文化的创造主体是以汉族为主的所有民族的人民，即中华民族，包括历史上延续至今的和已经消亡了的民族。

目前，中国考古学的成果已能粗略勾勒出我国远古人类进化的轮廓，即猿人，又称直立人，在我国发现有元谋人、蓝田人、北京人等，大约生活在距今 170 万年至 10 万年间；古人，又称早期智人，在我国发现有马坝人、长阳人、丁村人等，生活在距今 10 万年至 4 万年间；新人，又称晚期智人，在我国发现有山顶洞人、河套人、柳江人等，生活在距今 4 万年至 1 万年间。上述各个阶段的人类化石测定证明，中国的远古人类都是黄种人，特点是铲型门齿。他们是中华大地上最早的居民。

进入新石器时代以后，农业、畜牧业、制陶工艺、纺织工艺等相继出现，我国境内的人类活动更加频繁，迄今为止，已发现了 7000 余处遗址。其中，以黄河中下游地区的"仰韶文化——龙山文化"发展系统最具代表性，这便是后来华夏民族的前身。它包括三大族团：西北的华夏族团，包括黄帝、炎帝、祝融等族；东方的东夷族团，包括大昊、少昊、蚩尤等族；南方的苗蛮族团，包括三苗、伏羲、女娲等族。按照先秦文献的记载，5000 多年前，黄帝、炎帝联合起来，在逐鹿打败了蚩尤，不久，黄帝又在阳泉打败了炎帝，成为黄河中下游地区的部落联盟首领。黄帝以后，尧、舜、禹相继以禅让的方式担任联盟首领。

夏朝是我国第一个奴隶制政权，其民众称"夏人"，即"中国之人也"。商灭夏、周灭商，只是政权发生更迭，而这其中的文化并没有断绝，而是被保留了下来，故而两周时期出于对三代文化的认同，接受分封的诸侯国仍以"华夏"自称，而分封区以外的地区被称为"四方"或"四夷"。春秋战国时期，虽然争霸兼并战争持续不断，但华夏文化已成为民众普遍认同的文化主体。

秦汉之际，华夏族在同周边民族的融合与交往中逐渐有了"汉族"之称。

秦汉虽然实现了统一，但统一的只是农耕区域。与此同时，长城以北的匈奴也东并东胡，西逐月氏，建立起了东起大兴安岭、西达阿尔泰山、北越贝加尔湖的统一多民族的游牧汗国,正所谓"南有大汉,北有强胡",中国历史由此出现了中原农耕王朝与北方游牧汗国并存对峙的局面。汉武帝时,对匈奴由守转攻,并控制了草原南部及西域地区,匈奴分裂为南北两部。魏晋南北朝时期,北方"五胡"乘中原混乱之际纷纷内迁并建立政权。虽然这些政权都有一定的民族特色,但它们对中原汉文化都一致认同,于是继春秋战国之后,中国历史出现了第二次民族大融合,中华民族的活力和气魄空前强大起来。隋唐时期,在中原文明的强大吸引下,周边各族纷纷臣服,雄才大略的唐太宗被拥戴为"大可汗",而唐朝又以周边各族为中介,把辉煌灿烂的大唐文化传播到亚洲各地。五代宋辽夏金时期,虽然南北对立分裂,但少数民族政权无一例外地都将中华传统礼制作为治国方略,长城不再是游牧民族和农耕民族的分界线了。元明清时期,民族杂居、民族融合的趋势继续发展,中华民族在深层上实现了南北融合。近代以来,随着同西方列强的入侵,中华民族作为统一的民族实体日渐巩固。

从中华民族的发展历程中可以看出,秦汉以后,长城一线不仅是农耕民族和游牧民族长期对垒的界标,而且还是两者之间通过战争、迁徙、和亲、互市等形式实现经济互补和文化交融的纽带。一方面,北方民族的周期性南下,虽然破坏了中原农耕文化,但相伴而来的还有北方民族那种充满活力的刚劲气质,这是对稳健儒雅中原农耕文化的补充;另一方面,北方游牧民族虽然数次入主中原,但后来自己反而被"同化",不得不采用汉族的政治制度与礼乐制度。

(四)中国传统文化的社会政治环境

中国传统文化的社会政治环境主要体现在以下两个方面:宗法制度的长盛不衰和君主专制制度的高度发达。

所谓宗法,就是以血缘关系为基础,在尊祖敬宗的前提下,区分尊卑长幼,规定继承秩序,确定宗族成员权利和义务的法则。宗法制起源于父系氏族公社的家长制。在父系氏族公社后期,父系家长支配着家族内部的所有财产及成员,具有很高的权威。他死后,其权力和财产需要有人继承,于是习惯上便规定了一定的继承秩序,一代代的父系家长生前的权威在其死后仍然使人敬畏,子孙们幻想得到他们亡灵的庇护,从而产生了对男性祖先的崇拜,形成了相应的祭祀仪式。

进入阶级社会以后,宗法制逐渐形成。夏启时"家天下"的局面已经形成,"大人世及以为礼",王位世袭成为制度。在商代,宗法制进一步发展,商王及各级奴隶主的继承实行"父死子继"和"兄终弟及"的制度。家族长称为"子",在家族中享有至高无上的权利,正妻之外还有众多的妾,于是嫡庶之制便应运而生了。只有正妻所生的嫡长子才能继承"子"统。西周时期，宗法制趋于严密，在严格区分嫡庶、确立嫡长子优先继承的前提下，又增加了庶子继承的原则，这就是"立嫡以长不以贤，立庶以贵不以长"。宗子享有许多特权，如主持强宗祭祀、掌管本族财产、决定本族成员的婚丧事务、教导或惩罚本族成员等。两周的宗法制与等级制、分封制、世卿世禄制互为表里，具有很强的政治功能。周王称天子，为天下大宗，王位由嫡长子继承，其他儿子被分封为诸侯；诸侯对天子而言是小宗，但在其封国内又是大宗，其封号由嫡长子继承，其他儿子被分封为卿大夫；卿大夫对诸侯而言是小宗，但在其封国内又是大宗，其封号由嫡长子继承，其他儿子被分封为士。这就形成了层层相属、代代相袭的政治权力结构。从一定意义上讲，西周的各级行政机构正是扩大了的宗法系统。所谓"天子建国，诸侯立家，卿置侧室，大夫有贰宗，士有隶子弟，庶人、工商各有分亲，皆有等衰，是以民服事其上，而下无觊觎"。

春秋争霸，周天子地位旁落，宗法制开始动摇。战国的变法，普遍限制贵族特权，宗法制受到致命打击。原来在宗族中居于被支配地位的一些成员，由于军功、力田、经商等原因而成为显贵或豪富。于是他们不再愿意受共居共财原则的束缚，也不再愿意继续尊奉并受制于名义上的宗子。这样，宗法制便瓦解了。

秦汉以后，严格意义上的宗法制已不复存在，但它的基本精神却以另外的形式顽固地存在于整个中国封建社会，这就是家族制度或宗族制度。

中国古代社会政治结构的另一显著特点是存在着一个延续了两千多年且不断得到强化的君主专制官僚政治体制。

秦始皇在扫平六国、统一全国后，建立了一个皇帝独裁、专制主义的中央集权封建政治制度。它规定，皇帝自称朕，命为制，令为诏，印称玺，"天下事无大小皆决于上"。为巩固这种至高无上的权力，中央实行三公九卿制，官员一律由皇帝任免。三公指丞相（掌政务）、太尉（掌军政）、御史大大（掌监察），九卿指奉常（掌宗庙礼仪、占卜祭祀）、郎中令（掌侍卫传诏）、卫尉（掌宫门守卫）、太仆（掌车马）、廷尉（掌刑狱司法）、典客（掌外交）、宗正（掌皇族事务）、治粟内史（掌财政）、少府（掌山泽之税）。汉承秦制，在原制度基础上又有所发展，武帝时常破格提拔一些人组成"内朝"，以此来压制以丞相为首的外朝。东汉以司马、司徒、司空为三公，然而"虽置三公，事归台阁"，尚书台拥有真正实权。曹魏时设中书省，掌机要，尚书台为执行机关。晋代设门下省，南朝时逐渐参与国政。隋唐实行三省六部制，三权分立，相互牵制。三省是中书省（制定政令）、门下省（审查封驳）、尚书省（贯彻执行）。六部隶属尚书省，分别是吏（官吏任免）、户（财政税收）、礼（礼仪选举）、兵（军政）、刑（刑法）、工（工程匠作）。元朝废门下、尚书二省，以中书省、枢密院、御史台分掌行政、军事、监察大权。明初废中书省及丞相制，六部直接对皇帝负责，御史台改称都察院。明成祖以后，大学士逐渐参与机务，内阁产生。清朝沿用内阁制，设大学士、协办大学士，但实权却先后被议政王大臣会议和军机处掌握。

在皇帝独裁、君主专制的政治环境中，臣民的自由是被剥夺的。皇帝的意志就是法律，这就形成了中国人迷信权力、服从权威的心态。但是，高度集中的君权对神权又起了压制作用。而君权毕竟也是人权，也是可以变更的，所以，中国人民的反压迫斗争始终未曾间断。

四、中国优秀传统文化

（一）中国优秀传统文化含义

中国优秀传统文化属于中国传统文化的范畴，是中国文化的重要内容。中国优秀传统文化是中国传统文化的精华与灵魂，体现着民族精神的价值。这部分优秀文化在中华民族的发展史上，在中华民族思想的发展史上起到过积极的推动作用，对于现代社会来说也有其相对的价值，于文化思想层面上来说，能够促进社会进步和民族发展。归根结底，中国优秀传统文化在中华民族漫长的发展史中形成，在促进历史的发展上发挥着积极的推动作用，并且至今仍具有重要的价值。以爱国主义为核心的中华民族精神、君子和而不同的宽恕思想、勤劳勇敢的品德、不屈不挠的奋斗精神、克己奉公的人生态度等都是中国优秀传统文化，是中华民族在历史的发展中创造出来的精神财富。

（二）中国优秀传统文化的核心思想

目前，我国正在着力构建社会主义核心价值体系，价值体系的构建离不开我国优秀的传统文化。因此，对中国优秀传统文化的核心思想理念进行研究是非常有必要的。一般来说，中国优秀传统文化的核心思想主要有四个方面：阴阳五行的思想，天人合一的思想，儒家以和为贵的中庸思想，自强不息、修身克己的思想。这四种思想是对中国传统文化的基本概括与总结，其无形地渗透在各个文化领域中，对人们的行为习惯和思维方式都产生了深刻的影响。

阴阳五行的思想认为世界上任何事物都包含对立统一的规律，都是运动变化着的。其是一种朴素的唯物思想；天人合一的思想主要解释人类与大自然的关系，认为人类在大自然中生存发展，应是大自然的一部分。其认为人与自然应相通相应、和谐相处，人应顺应天时，对自然保持敬畏的态度；中和中庸是中国传统文化追求的理想境界，其承认各种事物互不相同，各有特色，不以人的意志为转移。其教育人们要有忍让意识，处理问题要不偏不倚，恰如其分。做人要修身克己，克服自己身上的弱点，如此才能不断地提升自己。老子所说的"自胜者强"就是克己思想的体现。

中国优秀的传统思想能够与时俱进、历久弥新。如今科学技术越来越发达，文化水平也在不断提高，优秀传统文化应该被重新审视和挖掘。

第二节　中国传统文化的特质和精神

一、中国传统文化的特质

中国传统文化是一个文化体系，有各种不同的表现形态，博大精深的中国传统文化有其精华也有其糟粕，中国优秀传统文化中的崇尚道德、重视智慧、强调个性修养、注重人文素质的培养等思想，有利于新时代人们素质的全面提高和社会的和谐发展。而本书所探讨的是以传统伦理道德为核心，以儒家伦理道德精华为研究对象的中华民族的优秀传统美德。这一思想也是中华民族两千多年历史的精华所在，它不仅决定了古代人的文化人格，而且决定了中国传统文化的民族特质。就中国传统文化本身的特质而言，其主要有以下几个方面。

（一）中国传统文化具有民族性与世界性的统一

世界上各个国家、各个民族都有自己的传统文化，而且伴随着国家、民族的交往活动，国家民族之间相互学习，伴随着历史的交往，各个国家民族的文化渐渐以"和而不同"的状态存在着。中国传统文化无不渗透着古老民族的聪明和智慧，而这种传统文化，在其产生、发展和演变的过程中，以博大的胸怀、开阔的视野，在融合了我国各民族文化的基础上，进一步地吸收外来文化的优点和长处，逐步丰富完善了自我。随着世界文化的交融，中国传统文化也自然地走向全球化，孔子的"天下观"，道家老子、庄子的"自然观"精神已在世界学术界广为传播。正如梁启超所说，"文化者，人类心能所开释出来之有价值的共业也"，换句话说，对于优秀的文化而言，越是民族性的东西越具有世界性、越具有全球性。失掉了民族性的东西，就说不上世界性、全球性了。因为世界本身就是一个多元化的统一体，离开多元化、统一体也就失去了存在的价值了。

（二）中国传统文化是多样性与同一性的统一

纵观人类发展历程，我们不难发现，在人类数千年的文明史上，只有中国文化按照自己的步调一直走到今天。中国传统文化不间断地发展，使自身成为世界上最具生命力的文化之一。相比而言，大多数国家的文化都出现过断层，更有甚者，由于灾难、战争等因素走向了消亡。只有中国文化历经艰辛，在数千年的发展中形成了以汉民族文化为主体、以中原文化为核心的中国传统文化，并且以强大的生命力与其他少数民族的文化和周围的地域文化逐渐融合。同时，中国传统文化的精神实质也在文化的传播与交流中深深地体现在人们的思想意识和行为规范之中，并且迅速地渗透到政治、经济，特别是精神生活的各个领域，成为影响社会历史发展、支配人们思想行为的强大力量。中华民族在经历诸多历史磨难之后，能够一如既往地屹立于世界民族之林，很大程度上仰仗于这种广泛的多样性与同一性的高度统一，这对于民族的生存与延续有着重要作用。它有着顽强的生命力，同时对外来文化有着宽厚的包容性和强大的同化力量。

（三）中国传统文化是继承性与创新性的统一

任何一种文化的产生和发展都有其特定的自然和社会基础，中国传统文化也不例外。中华民族的先辈们在探索自然界和总结社会经验的过程中不断地提出符合人们生产和社会生活实践的、具有强大生命力的理论，因而在封建社会发展进程中，中国传统文化虽历经劫难，但依然以自身存在和流传的合理性，顺利地渡过一个又一个的难关，一次又一次地表现出巨大的再生能力。它在漫长而曲折的形成过程中，经历了无数个后人继承前人、发展前人，虚心学习前人，又丰富、超越前人的连续不断、曲折向上的运动轨迹，中国传统文化在遭受外来势力入侵时能够兼收并蓄、海纳百川，从而创造出既符合民族特性又符合历史发展规律的文化范本。

总之，中国传统文化随着中华民族的兴起已有五千多年的历史了，是中华民族在发展过程中凝结的智慧结晶，对中华民族的形成、发展、统一、稳定、团结起到了巨大的推动作用。而中国传统文化世界性与民族性的统一，使得在这几千年的历史长河中，朝代更替、外敌入侵都未阻止中华民族前进的脚步；同时，中国传统文化的多样性和同一性说明了中国传统文化有巨大的包容性，这一特性使其在任何历史时期都能够不断地吸收营养成分，剔除糟粕部分，无论在何种环境中都能茁壮成长。

中华民族也是在中国传统文化这片沃土上成长起来的，因此我们必须认真学习传统文化留给我们的民族精神和智慧，戒除内心的浮躁，运用各种有利因素和力量来增强我国的综合国力。

二、中国传统文化的基本精神

（一）文化精神的内涵

精神指天地万物的精气、活力及事物运动发展的内在动力。一切文化现象中最微妙的内在动力和思想基础就是文化的基本精神，其是引导和促进民族文化不断进步的基础思想和基本观念。中国传统文化的基本精神有两个特点。第一是广泛的影响，其影响着广大人民群众，是人们追求的基本人生信仰和价值观念。第二是促进民族的生存和发展，促进社会进步。中国传统文化的基本精神，实质上是凝聚于传统文化之中的中华民族的基本精神，是在中国文化中起主导作用、处于核心地位的那些基本思想和观念。

（二）中国传统文化精神之各家说法

关于中国传统文化的基本精神，学者们众说纷纭。张岱年先生在其《论中国文化的基本精神》一书中将中国传统文化的基本精神概括为刚健有为、和与中、崇德利用、天人协调四个方面。具体来说，他认为中国的民族精神主要凝结在《周易》的"天行健，君子以自强不息。地势坤，君子以厚德载物"中。不能把中庸看作中国传统文化基本精神的原因是其并未推动中国文化的发展。以德育代替宗教的优良传统也是中国传统文化的基本精神。

张岂之先生在其《中华人文精神》一书中则认为，中国传统文化的基本精神有七点，即人文化成——文明之初的创造精神；刚柔相济——穷本探源的辩证精神；究天人之际——天人关系的艰苦探索精神；厚德载物——人格养成的道德人文精神；和而不同——博采众家之长的文化会通精神；经世致用——以天下为己任的责任精神；生生不息——中华人文精神在近代的丰富与发展。

刘纲纪先生认为，中国的民族精神大体上可以概括为四个相互联系的方面，即理性精神、自由精神、求实精神、应变精神。许思园认为，"中国传统文化之根本精神为融和与自由"。杨宪邦则认为，贯穿于中国古代社会生产活动和生产力、生产关系、社会制度、社会心理和社会意识形态这五个层面的主要线索，本质和核心是以自给自足的自然经济为基础、以家族为本位、以血缘关系为纽带的宗法等级伦理纲常，这也是中国古代传统文化的基本精神。司马云杰则把中国传统文化的基本精神概括为"尊祖宗、重人伦、崇道德、尚礼仪"。庞朴认为，中国传统文化的精神是人文主义。这种人文主义表现为不把人从人际关系中孤立出来,也不把人同自然联立起来;不追求纯自然的知识体系;在价值论上反对功利主义。中国传统文化的人文精神,既给民族和国家增添了光辉,也设置了障碍;它向世界传播了智慧之光,也使得中外沟通产生了种种隔阂;它既是一笔巨大的精神财富,也是个不小的文化包袱。

第三节 中国传统文化的现代解读

一、学习中国传统文化的当代意义

中国传统文化的内容十分丰富,涵盖了社会生活的各个方面。中华民族优秀的传统文化在今天仍然发挥着积极的作用,并且被越来越多的国家所认可。

中国优秀传统文化是中华民族语言习惯、文化传统、思想观念、情感认同的集中体现,凝聚着中华民族普遍认同和广泛接受的道德规范、思想品格和价值取向,具有极为丰富的思想内涵。加强中国优秀传统文化教育,要以弘扬爱国主义精神为核心,以家国情怀教育、社会关爱教育和人格修养教育为重点,着力完善人们的道德品质,培育其理想人格,提升其政治素养。

对待传统文化,我们要有科学的态度。文化研究的价值主要有以下几方面:文化问题实际上是国情问题,具有认知价值;文化问题是人文素质问题,具有教育功能;文化是一种潜力巨大的社会资源,具有应用功能。社会主义文化建设要求我们建设中国特色社会主义文化,要深深地植根于人民群众的历史创造活动,继承和发扬民族优秀文化与革命文化传统,吸收世界文化的优秀成果。

加强中国优秀传统文化教育,是深化中国特色社会主义教育和中国梦宣传教育的重要组成部分。中国特色社会主义道路是在对中华民族5000多年悠久文明的传承中走出来的,具有深厚的历史渊源和广泛的现实基础。

构建中国优秀传统文化传承体系,推动文化传承创新,就要加强中国优秀传统文化教育。当今世界,文化在综合国力竞争中的地位和作用越来越凸显,越来越成为民族凝聚力和创造力的重要源泉。

培育和践行社会主义核心价值观,落实立德树人的根本任务,就要加强中国优秀传统文化教育。中国传统文化在两千多年前就形成了完备的理论体系和实用化的价值取向,它特别强调道德的感化作用和身教作用。在中国古代,道德人格在社会生活和政治生活中有着深刻的影响,甚至比法律更为有效,人们应首先考虑的是如何在错综复杂的人际关系中履行好自己的道德伦理义务。

二、中国优秀传统文化的现代解读

弘扬中国优秀传统文化，不仅是当代中国文化建设的重要内容，而且是国家治理体系和治理能力建设的重要方略。"一个国家选择什么样的治理体系，是由这个国家的历史传承、文化传统、经济社会发展水平决定的，是由这个国家的人民决定的。我国今天的国家治理体系，是在我国历史传承、文化传统、经济社会发展的基础上长期发展、内生演化的结果。"我们所选择的中国特色社会主义道路、我们所培育和践行的社会主义核心价值观、我们所传承的中华优秀传统美德，都属于国家治理体系的范畴，并且都得益于中国优秀传统文化的有效滋养。

（一）中国优秀传统文化是社会主义核心价值观的源头活水

中共十八大明确提出，"倡导富强、民主、文明、和谐，倡导自由、平等、公正、法治，倡导爱国、敬业、诚信、友善，积极培育社会主义核心价值观"。中共十九大明确指出"必须坚持马克思主义，牢固树立共产主义远大理想和中国特色社会主义共同理想，培育和践行社会主义核心价值观，不断增强意识形态领域的主导权和话语权，推动中国优秀传统文化的创造性转化、创新性发展，继承革命文化，发展社会主义先进文化"。每一个民族及其所建立的国家，在一定阶段内都会形成与其根本制度、社会发展相适应的，并能主导和维系全社会思想和行为的核心价值观。"一个民族、一个国家的核心价值观必须同这个民族、这个国家的历史文化相契合，同这个民族、这个国家的人民正在进行的奋斗相结合，同这个民族、这个国家需要解决的时代问题相适应。"建设中国特色社会主义事业，实现中华民族伟大复兴，理所当然地需要社会主义核心价值观的引领与支撑。中国共产党明确指出了社会主义核心价值观要根植于中国优秀传统文化，中国优秀传统文化蕴藏着社会主义核心价值观的思想资源，揭示了二者的辩证关系。

社会主义核心价值观源于中国优秀传统文化，是因为中国优秀传统文化适合我们这个民族，并持久地维系着我们这个民族。中国优秀传统文化中"仁政"的治国理念，"选贤举能"的民主思想，"和实生物""利而不同"的发展道路，"天下为公"的社会理想，"刑政相参"的治国策略，"苟利国家""不求富贵"的爱国情怀，"敬业乐群"的职业操守，"至诚尽性""言而有信"的处世之道，"仁者爱人"的道德修养等，都是我们所倡导和践行社会主义核心价值观的思想源泉。"培育和弘扬核心价值观，有效整合社会意识，是社会系统得以正常运转、社会秩序得以有效维护的重要途径。历史和现实都表明，构建具有强大感召力的核心价值观，关系到社会的和谐稳定，关系到国家的长治久安。"这里揭示的是"源头活水"的道理,这就从国家治理的高度凸显了中国优秀传统文化和社会主义核心价值观在治国理政中的重要作用。

(二)中国优秀传统文化是中华传统美德的资源宝库

2013年11月,习近平同志考察了曲阜孔府和孔子研究院,向全社会传递了中国共产党重视中国优秀传统文化与传统美德的重要信息。他说:"国无德不兴,人无德不立。"必须加强全社会的思想道德建设,激发人们形成善良的道德意愿、道德情感,培养正确的道德判断和道德责任,提高道德实践能力尤其是自觉践行能力,引导人们追求讲道德、尊道德、守道德的生活,形成向上的力量、向善的力量。

只要中华民族一代接着一代地追求美好崇高的道德精神,我们的民族就会永远充满希望。这些文字,不仅从理论层面阐释了道德建设是道德认知、道德情感、道德意志、道德信念和道德行为相继层递、一以贯之的过程,而且也深刻地揭示了道德建设在兴国立人方面的重要价值。

道德是精神层面的文化,其自始至终都依托着文化这个载体。故此,中国优秀传统文化必然蕴含着我们这个民族优良的道德规范,即中华传统美德。中国文化源远流长,蕴藏着中华民族最深层的精神追求,为中华民族的发展壮大提供了源源不断的滋养。中华传统美德是中华文化的精髓,蕴含着丰富的思想道德资源。不忘本才能开辟未来,善于继承才能更好地创新。在两千多年前,中国就出现了百家争鸣的盛况,诸子上究天文、下穷地理,建立了博大精深的思想体系。他们提出的很多理念,如孝悌忠信、礼义廉耻、仁者爱人、与人为善、天人合一、道法自然、自强不息等,至今仍然深深地影响着中国人的生活。中国人看待世界、看待社会、看待人生,有自己独特的价值体系。中国共产党人既强调了道德建设的重要性,又指出了在道德建设中充分借鉴中华传统美德的必要性;既列举了在中国传统文化发展过程中出现的伟大思想家,又总括了他们道德思想对人类社会发展的重要影响。这种层层递进的逻辑关系,旨在强调中国共产党在当下推进社会主义道德建设充分汲取中华传统美德有利因素的重要性,充分彰显了中国优秀传统文化的当代价值。

(三)中国优秀传统文化是中国特色社会主义发展的有利土壤

中国特色社会主义不仅是马克思主义中国化的理论成果,更是基于中国悠久的文化传统和社会主义革命与建设而总结出来的理论体系。"中国特色"就是承续中国传统、彰显中国风格、呈现中国气派的统一体。中国共产党人是自觉地把中国优秀传统文化与中国特色社会主义有效对接的积极实践者。"独特的文化传统,独特的历史命运,独特的基本国情,注定了我们必然要走适合自己特点的发展道路。"这就是中国特色社会主义道路。"这条道路,是中国共产党带领中国人民历经千辛万苦、付出巨大代价开辟出来的,是被实践证明了的符合中国国情、适合时代发展要求的道路。"

中国特色社会主义是马克思主义中国化的理论成果,而马克思主义中国化是一个尊重中国文化、适合中国国情、有利于中国发展的渐进历史过程。这首先源于马克思主义与中国优秀传统文化在思想理念上的融通与契合。张岱年说过:"中国古典哲学中有许多思想观念与马克思主义有相近之处。中国哲学中有一个唯物主义的传统,富有辩证思维,这与马克思主义辩证唯物论有相互契合之处,是应该深入理解的。"具体而言,中国优秀传统文化中的"力行"思想、"治国平天下"理念、"中庸"理论、"大同"社会理想分别与马克思主义的实践学说、改造世界学说、唯物辩证法、共产主义学说有着明显的契合之处。正是这些相通相近之处奠定了中国人接受马克思主义的文化基础,促进了中国特色社会主义理论体系的形成。中国特色社会主义理论不仅源于马克思主义,也源于中国传统文化,是马克思主义基本原理同中国实际即社会主义建设实践、中国历史文化相结合的产物。

这些思想既为中国人民接受马克思主义提供了重要可能,也为马克思主义中国化提供了现实土壤。因此,在建设中国特色社会主义的历史进程中,我们不仅需要马克思主义理论的科学指导,也需要中国优秀传统文化的丰富滋养和有效助力。

三、中国传统伦理道德在现代的扬弃

中国传统道德是中华民族思想文化传统的重要组成部分,是中国古代思想家对中华民族道德实践经验的总结,对中国传统文化、民族心理有着巨大的影响和作用。今天弘扬中华民族的优良道德传统,对社会主义的现代化建设有着重大作用。这就需要我们对传统伦理道德中的精华加以继承、发扬,对糟粕加以摒弃、改造和利用。

(一)传统美德应赋予时代新意

经过几千年的传承而发展起来的优秀传统道德,是古人留给我们的一大笔宝贵财富。它们所包含的思想和精神可以超越时空的界限,为不同历史时期、不同地域的人们所借鉴和利用,今天我们继承和发扬这些美德也是毫无异议的。但是,我们也应看到,这些优秀的道德传统是在特定的历史时期形成的,且有着特定的内涵和外延,服务于特定的阶级。因此,今天我们对这些传统美德的借鉴和利用,就不可能是对其本身的简单照搬照用,而应有一个发掘、提炼、再创造的过程。要完成这个过程，首先就要实现传统向现代的合理转换，使传统美德富有现代意义，为现代服务。

为此，必须对传统美德做出现代诠释，赋予其符合时代要求的新含义，使其同现实衔接起来，为今天的政治经济、文化服务。

例如，中国传统道德中的"公忠观"主要指臣民忠于封建统治者、忠于其王朝统治，今天对这种"公忠观"是应该继承的，但在社会主义时期，其内涵和外延就都将发生变化，忠于社会主义国家、忠于中国共产党的领导、忠于有中国特色的社会主义路线、忠于共产主义，都是这种"公忠观"的体现。这正如孙中山先生对"忠"德所做的诠释一样："我们在民国之内，照道理说还是要尽忠，不忠于君，要忠于国，要忠于民，为四万万人去效忠比为一人效忠要高尚得多。"这里，孙中山先生对古代的忠德已做出了符合当时时代要求的现代诠释，实现了传统向现代的转换。

再如，中国传统伦理道德中的"礼、义、廉、耻"四维，在古代它们分别指"不逾节""不自进""不蔽恶""不从枉"。到了今天我们就应赋予其新的含义：礼，指对他人、对社会的文明礼貌行为；义，指助人为乐、捍卫正义的行为；廉，指忠于职守、廉洁奉公、全心全意为人民服务的精神；耻，指做人所具有的羞耻感以及对是非善恶的爱憎之情。如此加以再创造后的"礼、义、廉、耻"四维便具有了现实价值，可以更好地为现实服务。

对传统美德做出现代诠释，赋予时代新意，是继承和发扬传统美德、"为我所用"的必经阶段。对此，我们应学习孙中山先生的古为今用、推陈出新的方法。

（二）弘扬精华，除去糟粕

中国传统伦理道德经过几千年的发展锤炼，已形成了一个范围广泛、内容丰富的博大系统。这里面既有民主性的精华，又有封建性的糟粕；既有积极、进步、革新的一面，又有消极、保守、落后的一面；还有精华与糟粕共存的部分。这对植根于民族传统道德的社会主义道德来说，对它的继承就绝不是一个简单肯定或否定的继承，而应该是一个弘扬精华、除去糟粕的继承，是一个经过咀嚼、消化的继承。只有这样，才能保证社会主义道德在吸收传统道德精华的基础上得到进一步的发展，融传统与现代为一体。

对于那些在特定历史时期统治者为维护其统治而宣扬的，在今天看来是不合理的、落后的，属于糟粕的部分要予以剔除。如中国历史上统治者为使人们服从其统治而大力宣扬"君为臣纲，父为子纲，夫为妻纲"的伦理思想，在今天要求人人平等，尤其是男女平等的现代社会中是不可取的。

对于那些具有先进性、积极性，在今天仍可以继续沿用的精华部分是应该发扬的。如"夙夜在公""爱国为民"的整体主义精神，"己欲立而立人，己欲达而达人""己所不欲，勿施于人"的仁爱精神，"富贵不能淫，贫贱不能移，威武不能屈"的大丈夫精神，"天行健，君子以自强不息"的进取精神以及勤劳节俭、尊老爱幼、团结友善、廉洁奉公、律己宽人、明礼诚信等道德规范，在社会主义时期仍具有重要的社会价值，是我们应继承和发扬的。

对于那些精华与糟粕交织在一起的混杂部分，就需要研究、分析，筛选出精华部分加以继承。例如，中国传统道德基本范畴中的"仁"，在儒家那里指一种分等级、分厚薄的爱，因为这种次第等级的"仁"符合了统治者安稳政局的需要，所以一直被提倡，但是墨家所指的"兼相爱"的"仁"，即没有等级、厚薄之分的博爱却被否定。今天，我们要继承这种"仁爱"精神，但也要排除其中的等级厚薄之分的成分，实行"博爱"。再如，《论语》中"君子喻于义，小人喻于利"的思想，也是明显精华与糟粕混杂的例子，因此，在继承时就要进行批判的分析。在今天看来，"君子"指有道德的人，"小人"指那种只顾私利而没有道德的人。但是，在中国古代，"君子"除了指有道德的人以外，统治者还将自己自诩为"君子"，将身居下位的老百姓、妇女和没有道德的人一并列入"小人"之列。因此，他们总是强调自己是申明大义的，污蔑劳动人民是贪求蝇头小利的，统治者抛弃了"君子喻于义，小人喻于利"的前一种理解，即有道德的人是申明大义的，而没有道德的人是只知道私利的，其目的完全是巩固他们的统治；在今天，当我们继承这种思想时，就要抛弃封建统治者的后一种理解，取其原本意义，即认为只有有道德的人是申明大义，而没有道德的人是贪求私利的精华部分，并加以改造，使其在今天社会主义市场经济中发挥更大的作用。

弘扬精华、除去糟粕是继承中国传统道德的基本原则。我们要充分利用这一原则，发掘、吸收、改造传统道德，使之更好地为现代社会服务。

（三）传统伦理道德对学校德育的影响与启示

我国优秀的传统伦理道德，不仅为中华民族的文明进步做出过不可忽视的重要贡献，而且至今还有不可低估的现实价值和积极作用。其中蕴含的德育内容、德育原则和方法等对今天学校德育工作的开展更是具有巨大的启示和借鉴作用。吸收借鉴合理先进的东西，"为我所用"，将有助于推动学校德育工作的开展。

我们要借鉴传统伦理道德的整体主义精神，培养青少年学生的爱国情怀。群体和谐思想是传统伦理道德的一贯思想，它强调自觉地为民族、为国家、为社会的群体和谐而献身的精神，儒家的"公忠观"是其集中体现，这种群体和谐精神曾培育了一代爱国志士，对历史的发展、民族的繁荣做出了十分重要的贡献，这在今天仍值得我们好好地学习和借鉴。

今天，虽然祖国发生了日新月异的变化，但是振兴中华的大业远未完成。一方面，我们的国土尚未统一，海峡两岸骨肉分离的状况尚未改变；另一方面，国际上企图颠覆我们社会主义政权、对我们实行"和平演变"的敌对势力依然强大，而且出现了与国内一些反动势力相勾结的现象。在这种形势下，对处于新世纪、身负重任的青少年学生来说，更要坚定爱国情怀，坚持社会主义方向，坚信共产党的领导。为此，学校德育要吸取传统道德的"天下为公"的群体和谐思想，加强爱国主义教育，并以古代公忠为国的英雄事迹，激励青少年学生培养爱国主义情怀，做新世纪"公忠为国"的国家栋梁。

我们要坚信传统道德的"以义制利"的原则，帮助青少年学生树立正确的利益观。在中国的传统道德中，不少人对义利关系的问题曾提出过各种不同的主张和观点，但占主导地位的是见利思义、重义轻利、以义制利的原则。这一原则告诉我们，对于"利"，要有一种理性的制约，不受不义之财。这种道德意识是有其进步性、合理性的。在发展社会主义市场经济的今天，道德与金钱的关系问题渐渐凸显出来。市场经济的发展一方面允许经营者在市场上追逐利益，另一方面又反对谋取不义之财，这就需要相关人员引导人们正确处理金钱与道德的关系问题。对这一问题处理得不当乃至错误，会诱发为赚取金钱、财富而不顾信义的丑恶现象。当今青少年面对社会上已经出现的大量见利忘义、假冒伪劣、坑蒙拐骗等种种罪恶现象，一方面要加强自身的抵抗力，正确对待"利"，另一方面也要培养社会公德，带头反腐倡廉。因此，学校德育必须把培养学生正确的"义利观"提到重要位置，充分挖掘传统道德在这方面的积极素材和思想，结合实际中的各种丑恶现象，对青少年学生进行正确教育，使他们培养对待物质利益的健康态度。

学校德育要借鉴传统道德中的气节观念，培育青少年学生的自尊、自强、自立的人格精神。重气节，维护人格尊严，是我们民族的一个重要的优良传统。孔子曾说："三军可夺帅也，匹夫不可夺志也。"这句话强调了独立人格在个人的立身处事中的重要地位。传统道德的"气节观"不但影响了志士仁人独立人格的形成，而且在激励志士仁人维护祖国统一、反对外来侵略、抵制邪恶势力中显示了巨大的作用。

今天，青少年一代虽然生活在国家繁荣富强的时代中，但是随着经济的发展和改革开放的推进而出现的丑恶现象也不断地冲击着他们。在这种环境中，面对复杂的社会现象，青少年学生要树立自尊、自强的独立人格，坚定立场，坚持正义。此外，青少年学生要担当起精神文明建设的重任，带头弘扬正气，为消除丑恶现象、维护国家安宁贡献力量。为此，学校的德育工作应义不容辞地加强对学生独立人格的培养，将传统的"气节观"渗透到他们的学习和生活中，促使他们做"出淤泥而不染"的新一代。

中国传统伦理道德中还有很多宝贵丰富的内容，如"仁者爱人"的人道主义精神、"以和为贵"的处事之道、"刚健有为"的奋发精神、"自强不息"的开拓进取精神等，在今天的学校德育中仍闪烁着它应有的光彩。此外，传统道德教育中的学思并重、反省内求、慎言力行的德育方法，家庭、社会、学校共进的德育途径，重知、情、意、行及能力培养的德育任务等，都是值得我们借鉴、利用的。只要我们细心挖掘，充分改造利用，它将为学校德育的发展提供丰富的思想资料。

四、中国优秀传统文化的现代价值

关于中国优秀传统文化的现代价值，本节主要从优秀传统文化对文化强国、社会主义核心价值观、人与自然和谐共生以及和谐社会、和谐世界构建进行研究分析。

（一）文化强国的历史支撑

优秀的传统文化，既是文明的源泉和宝贵的历史遗产，也是世界上少有的精神财富，更是我们实现文化强国的历史支撑。因此我们应该熟悉传统文化，研究传统文化，尊重传统文化，做到取其精华，去其糟粕，继往开来，综合创新。

1. 铸塑文化强国的民族自豪

优秀传统文化给予中华儿女的民族自信，是对文化强国的历史支撑。中华民族有五千多年的文明史，博大精深，源远流长，是世界上少有的文明古国。如秦皇汉武的文治武功、唐宗宋祖的盛世雄风、明朝郑和七下西洋、大清初期的康乾盛世等。

今天，中国走上了特色社会主义的发展道路，走向了民族伟大复兴的壮丽征程，发展并传承了中华民族的浩然正气。以爱国主义为核心的民族精神，是对历久弥新的传承，成就了我们这样的民族——历经磨难而不衰，千锤百炼更坚强。建设中国特色社会主义，建设文化强国，创造新辉煌，今天的我们满怀信心、无所畏惧，充满了民族自豪感。

2. 支撑文化强国的文化自觉

文化强国的建设是中国特色社会主义现代化的必由之路。因此，我们应当自觉地寻找并构建历史传统的支撑，即优秀的传统文化。毫无疑问，文化强国的价值资源根本在于发展中的当代中国的经济建设、政治建设、文化建设、社会建设和生态文明建设的生动活泼实践，在于中外文化的交流互补，在于弘扬以改革创新为核心的时代精神。

3. 感召文化强国的心理自信

建设文化强国需要文化深层的力量，它本身没有先进和落后之分，却是先进文化的根基，能够为人类文明的进步提供无形而持久的支持，是一个民族或国家在跨越时代变革中保持自我的标识。同时，弘扬中国优秀传统文化、建设中华民族共有的精神家园，就要坚持并发扬光大文化的民族性和大众性。文化强国的国民，对自身文化的历史传统总是感到自豪和自信。

（二）促进人与自然和谐共生

1. 提供了对自然依存关系的正确认识

中国优秀传统文化包含着非常珍贵的处理人与自然关系的内容。从老子"道法自然"的学说，可以逻辑地引出人类要遵从自然的法则、不能总向自然索取的观点，这在今天看来多么宝贵，而这种天道自然观产生于2500年前。因此，一切破坏、违背自然规律的言行、准则都是错误的，都将给人类社会及其自身带来不可估量的灾难。

今天，人们为因不择手段的"发展"使生存环境遭到破坏而悲哀的时候，当因认识到自然界正在无情地惩罚人类以怨报德而悔恨的时候，当为再也无法使那些因物质文明的进步而成种群成类别消失的动植物复苏而伤痛不已的时候，人们或许从高天的长风里能听到遥远的两千多年前中国先贤发出的智慧呼声。

2. 提供了正确处理人与自然关系的有益借鉴

中国优秀传统文化蕴含的"天人谐和说""回归自然观"，追求自然、社会、人际、人与自然的全面和谐，为我们正确处理人与自然之间的关系提供了一套精辟的思想方法。进入21世纪，伴随"全球化"进程的推进，现代化所蕴含的发展与代价、成就与丧失、进步与退步等内在矛盾也在更深刻的层面和更广泛的程度上得到彰显。现代文明面临着前所未有的危机。

（三）促进和谐社会、和谐世界的构建

1. 中国优秀传统文化为构建和谐社会提供强力支撑

在构建和谐社会的过程中，伴随商品化程度的提高，追求个人利益的最大化成了人们生存的目标之一。因此，个人的发展离不开社会。

在构建和谐社会的过程中，人与人之间也产生了一些问题。生活在快节奏的现代社会的人们对物质财富的需求急剧上升，人与人之间的摩擦增多。

纵观我国传统文化的和谐理念，不难领悟身心和则康，家庭和则福，人际和则安，社会和则治，自然和则美。要认真汲取传统思想文化精华，深入领会党的建设和谐社会的创新理论，在推进现代化进程中更好地发挥优秀传统文化的独特作用。

2. 中国优秀传统文化为构建和谐世界提供宝贵借鉴

当今世界，和平与发展成为时代主题，但是世界仍然很不安宁。国际金融危机影响深远，世界经济增长不稳定、不确定因素增多，全球发展不平衡加剧，霸权主义、强权政治和新干涉主义有所上升，安全威胁的综合性、复杂性、多变性日益明显，领土和海洋争端时有升温，恐怖主义、分裂主义、极端主义活动猖獗，局部动荡频繁发生，粮食安全、能源资源安全、网络安全等全球性问题更加突出，各种冲突不断发生。优秀传统文化蕴含构建和谐世界的朴素价值理念。

（1）"爱好和平"是中华民族精神的重要内涵。"亲仁邻善""讲信修睦"等充分表现了中华民族在处理民族问题上的宽大胸襟。

（2）"和而不同"是中国优秀传统文化的价值理念。在两千多年前，有一群知识分子，他们虽不同而和、虽不比而周，但其想人之所想、急人之所难，他们老吾老以及人之老、幼吾幼以及人之幼，他们尽管性情不同、出身不同、成就不同，但是在"忠恕"的感召下，都践行着儒者的光荣与梦想，体察万物，悲悯苍生。

（3）"忠恕"是中国优秀传统文化的处事心态。"忠"是要极尽所能，"恕"是要量体裁度，所以"忠"与"恕"，与"仁"与"义"一样，是一对相互辅助又相互制衡的概念。忠，就是以尽己之心去付出和助益；恕，就是以待人如己之心去换位和体谅。

中国坚持走和平发展道路，致力于和谐世界的构建。脱离了中国的历史，脱离了中国的文化，脱离了中国人的精神世界，脱离了当代中国的深刻变革，是难以正确认识中国的。正是基于中国厚重的传统和谐文化，在当今的国际关系中，中国才能承担起当之无愧的责任。

中国坚持平等互信，坚持国家不分大小、强弱、贫富，一律平等，正是使用"和而不同"思维的真实体现，其致力于推动国际关系的民主化，尊重主权，维护世界和平，同国际社会一道致力于推动建设持久和平与共同繁荣的和谐世界。

（四）以德治国、以文化人的根本

中华民族历来有崇德重德、以文化人的传统，其不仅滋养了伟大的民族精神，还创造了源远流长的中华文化，并且成为中华民族生生不息、发展壮大的精神营养和强大动力。在今天，中国的发展，需要建立在对历史和传统文化深入了解的基础上。

中国优秀传统文化与时代精神的结合，包括了自强不息、奋发有为、乐观向上的人生追求；社会与历史责任感以及爱国主义情操；把握现实、面向未来的胸怀和眼光；义利兼顾、以义为上的价值取向；尊重、理解和关心他人、宽容合作及互助奉献的精神。日常生活中的道德失范、行为失信，破坏着人与人之间的社会信任，严重危害着社会与人之间的和谐。因此，在全社会开展崇德向善、全民修身的行动，是一项迫在眉睫、刻不容缓的重大任务。具体来说就是要做到明大德、守公德、严私德。

（1）明大德，铸牢精神支柱，坚定理想信念。理想信念是一个人的世界观、人生观和价值观的集中体现。一个人一旦确立了崇高的理想信念，就有了正确的方向和强大的精神支柱，就能抵御各种腐朽思想的侵蚀，就能义无反顾、矢志不渝地献身于伟大的事业而不畏任何艰险。

（2）守公德，强化文明意识，校正人生坐标。文明意识是一个人综合素质的集中体现，强化文明意识，也是提高公民文明素质的重要环节。一个高素质、有教养的现代文明人，必须有良好的文明礼仪。当前，在培育和践行社会主义核心价值观中强调崇德修身，强化文明意识，有许许多多的着力点，但特别重要的是从中国优秀的传统文化中汲取营养，充分发挥优秀传统文化怡情养志、滋养心灵、涵育文明的重要作用。用中国优秀传统文化中蕴含的丰富思想道德资源来强化全社会的文明意识，是非常有意义的。

（3）严私德，锤炼意志品质，恪守做人准则。修养犹如一面镜子，能够照见一个人的道德境界、做人准则与精神追求。在日常生活中，有的人在名利的诱惑中放任自流，有的人在义利纠结中迷失自我，有的人在利、色面前丧失做人的底线，滑向犯罪的深渊，这些都产生了极坏的社会影响，其中的教训也是非常深刻的。

第二章 中国传统文化与思想政治教育的关系和价值

当代大学生正处于我国社会转型期和改革深水期,各种文化思潮泛滥,影响着人们的价值观和世界观。传统文化对于当代大学生树立正确的价值观、养成良好的道德操守、坚定社会主义理想信念、增强爱国主义精神和社会责任感具有重要作用。而当代大学生能否养成正确的道德观和价值观,直接关系到我国的社会主义建设,关系到中华民族的伟大复兴和"中国梦"的实现,所以传统文化与大学生思想政治教育的结合具有重要意义。本章分为中国传统文化与思想政治教育的关系、中国传统文化对高校思想政治教育的意义以及中国传统文化在高校思想政治教育中的价值三部分,主要内容包括高校思想政治教育与文化的关联性研究、高校思想政治教育与文化的互动性研究和中国传统文化对大学生的意义等。

第一节 中国传统文化与思想政治教育的关系

一、高校思想政治教育与文化的关联性研究

高校思想政治教育与文化在许多方面具有共同点,这些共同点决定了它们之间存在着密切的内在关联。高校思想政治教育和文化之间"内容相长,互相渗透;职能相容,互相促进;方式互补,互相借鉴;系统一体,互相融通"。高校思想政治教育与文化有内在相关性。高校思想政治教育来源于文化,并以各种文化形态为载体。高校思想政治教育和文化有实践性、开放性和共时性等共同特征。但是高校思想政治教育与文化都有各自的运行逻辑,不能等同。也有一些学者提出,高校思想政治教育是文化建设的重要保证和有效动力,文化

建设是高校思想政治教育的重要载体和有效途径。这些论述在高校思想政治教育的研究论文中经常可以看到。

高校思想政治教育具有明显的文化属性。高校思想政治教育具有浓厚的文化烙印，能够反映文化的核心价值，是文化的重要组成部分。高校思想政治教育的开展需要借助文化教育的方法和载体。高校思想政治教育具有重要的文化选择、整合和创造功能。高校思想政治教育体现了一种文化力，有利于促进高校思想道德建设和文化建设，能够增强文化凝聚力。

高校思想政治教育与文化在对象和目标上具有内在关联。高校思想政治教育与文化的对象都是"人"，都是为了提高人的素质，实现人的全面发展。高校思想政治教育与文化发展的目标具有一致性，都是为了提高人的思想文化素质，培养健康人格，促进人的全面发展。高校思想政治教育离不开社会文化环境，无法游离于文化发展之外，同时，高校思想政治教育的健康发展，也为文化发展注入了时代精神的内涵。这两者是相辅相成的。

高校思想政治教育与文化在内容上具有内在关联。高校思想政治教育自始至终都必须存在于一定的文化之中，它的价值理想体现了这种文化的内在精神，它的具体内容反映了这种文化所要求的人伦规范。高校思想政治教育与高校文化建设在内容上的关系体现在两方面。一方面，高校思想政治教育是高校文化建设的核心内容，能够为高校的文化建设提供理论上的指导，能够为高校文化的健康发展指明方向；另一方面，高校文化中也包含着世界观、人生观、价值观、集体主义、爱国主义等内容。

高校思想政治教育和文化在过程上具有内在关联。从本质上看，实施思想政治教育就是"文化化人"的过程，也是文化价值的判断与选择、传承与创新的过程。从一定意义上说，高校思想政治教育源于现实文化，并超越和重构现实文化。文化本身就蕴含着高校思想政治教育的内容。

二、高校思想政治教育与文化的互动性研究

高校思想政治教育与文化是两个相对独立的体系，但彼此之间的相互关联性就决定了它们之间相互联系、相互促进，从而形成"双向建构"。文化与高校思想政治教育的"双向建构"具有应然性。先进文化是高校思想政治教育理论内容的重要来源，同时，高校思想政治教育的稳健发展又极大地丰富了文化的内涵。文化"介入"思想政治教育"发生—发展—转化"的整个运行境域，同时思想政治教育具有"文化选择—文化激活—文化创新"的实践反哺力，二者形成应然意义上的"双向建构"。

（一）高校思想政治教育与文化之间的"双向建构"

从高校思想政治教育的文化本质、文化价值和文化功能出发，实现高校思想政治教育对文化的建构。高校思想政治教育是一种尊重、满足、丰富和提升人的需要，促进人的全面发展的实践活动。它与文化有着天然的、本体意义上的内在关联，并在文化建设中肩负着重要责任。一是用社会主义核心价值体系引领多元化的社会文化，在全社会形成社会主义核心价值观占主导地位的和谐文化。二是培育社会成员的"文化自觉"和"文化自信"意识，使其形成建设先进文化的能力。三是彰显高校思想政治教育"激发人的自由自觉本性"的本源性价值，通过培养德才兼备的、具有文化创造力的人才促进社会主义文化事业的大发展、大繁荣，实现高校思想政治教育对文化的建构。文化建构应把握时代性、方向性与批判性；把握主导性、适应性与主体性；把握开放性、民族性与包容性。

所谓高校思想政治教育的文化功能，指高校思想政治教育作为一个系统对文化环境的功能和价值，反映了高校思想政治教育对文化的积极作用。高校思想政治教育不仅有传统的复制、再造功能，还有文化孕育、文化整合和文化预测功能。高校思想政治教育的文化整合功能，具体表现在能动选择、传承变异和渗透创造三个方面。高校思想政治教育在文化领域中处于价值主导地位，发挥着主导作用，能够引导人们的价值选择，在维护文化主导地位、引导文化选择方向、继承和弘扬民族文化等方面发挥着重要作用。

从文化的意识形态功能出发，实现对高校思想政治教育的建构。一般来说，文化在高校思想政治教育中发挥着重要作用，且是促进高校思想政治教育与时俱进的重要推动力量。实现文化对高校思想政治教育的建构，应充分发挥文化的意识形态功能，为高校思想政治教育活动的开展提供有效载体和重要途径。在高校思想政治教育过程中，文化自觉显示了巨大的力量和价值，体现为一种"文化信念、文化境界、精神支柱和内在力量"。

（二）高校思想政治教育与文化相互融入的方式和途径

高校思想政治教育融入文化建设，就是要充分发挥思想政治教育的文化功能，在文化建设中彰显思想政治教育的元素。在高校思想政治教育的运行过程中实现文化的有效融入，就要将文学、艺术、音乐、科技等文化形态作为高校思想政治教育的重要内容，使文化行为成为高校思想政治教育的基本行为。文化环境应积极"介入"高校思想政治教育的内化、外化和反馈的全部运行过程。它既是高校思想政治教育运行的外部环境，又直接参与高校思想政治教育的运行过程，能够使高校思想政治教育呈现为以一定文化形态为中介的互动过程。

同时，高校思想政治教育可以主动进行文化选择和创新，从而生成新的文化环境。

应有选择地吸收积极因素，创新高校思想政治教育的内容、方式、载体和机制，构建与大众文化相适应的高校思想政治教育新格局。具体来说，内容上应体现时代感、突显高品位和强化亲和力；方式上应增强互动性、把握规律性以及强化影响力；载体上应转向媒体化、增强适应性和强化辐射力；机制上应实现长效化、立足有效性和强化内动力。化解大众文化的消极影响，应坚持马克思主义理论教育，注重教育方法的创新；坚持核心价值体系建设，体现主导性与多样性的统一；坚持以人为本，确立现代思想政治教育的理念和方法。

三、中国传统文化与高校思想政治教育的关系

关于中国传统文化与思想政治教育的关系问题，大多学者认为，中国传统文化是高校思想政治教育的重要内容。高校思想政治教育要增强实效性，必须植根于中国传统文化的深厚土壤，实现与中国传统文化的有机融合。中国传统文化已经深深地融入中国人的思想观念、行为习惯和社会活动当中，已成为整个民族心理思想结构中不可缺少的一部分。中国传统文化具有塑造人、培养人的功能，是高校思想政治教育不可或缺的重要内容。它与马克思主义、与现代化并不冲突，而且可以相互融合。高校思想政治教育与中国传统文化相融合既是必要的，也是可行的。中国传统文化与马克思主义、社会主义及现代大学教育具有契合性。

（一）中国传统文化是思想政治教育体系的教育基础

中国传统文化是思想政治教育的重要资源，传统文化经过五千年历史的沉积、筛选，直到21世纪仍然有着强大的活力和巨大的教育意义，当代大学生的学习目标和培养价值与传统文化的教育意义不谋而合。

当代学生首先要具备"以天下为己任"的爱国主义精神和责任，这种精神凝聚了中国传统文化中的精华，也是中华儿女持续进步的动力。站在思想政治教育的角度来看，传统文化作为其教育基础是中国教育之幸事，爱国主义精神的锤炼有益于培养大学生的历史使命感，同时以国家民族责任为基础的思想政治教育资源将直接提升大学生的精神层次和水平。

大学生还要培养严以修身、慎独自省的道德修养方法。重视自身的品德修养源自我国的传统文化，修身的目的在于"齐家、治国、平天下"，慎独自省则是实现"修身"并提升道德修养的基本途径，其也是严于律己的精神再现。

（二）中国传统文化是思想政治教育功能性的体现

文化本身便具备了教育功能性，这是由文化的内涵所决定的。"文化"这一概念是由人类创造出来的，同时文化对于后世子孙来说还具有塑造人格的作用。从本质上讲，狭义的教育即人类接受文化的教导，中国传统文化亦是如此，孔子的《论语》就是古人对文化教育功能认知的总结，此后中华民族重视文化教育功能的传统就推广开来了。

源远流长的传统文化背景与思想政治教育相互关联，民族文化传统的普及性也会制约现代思想政治教育体系的发展。当代大学生是中国传统文化的继承人，其在多年的学习过程中已接受了大部分优秀的传统文化，其行为方式也受到传统文化的影响。

对待中国传统文化，应采取科学辩证的态度。中国传统文化是中华民族几千年的历史积淀，难免会带有历史的烙印，具有一定的时代局限性。随着社会的发展和时代的变迁，传统文化有合理和积极的一面，但也有不合理和消极的内容。高校思想政治教育的发展必须植根于中国民族文化精神的土壤，必须对民族文化传统进行创造性的价值吸收和开发利用，进行重新开掘、认识和评价，不断丰富、发展和充实，使之成为社会主义精神文明和先进文化的重要组成部分。中国传统文化具有过程渗透性、方法内省性、效果实践性等特点，对提高个人思想道德素质和国家软实力具有重要作用。

因此，应科学、全面地认识中国传统文化，坚持古为今用、推陈出新，坚持取其精华、去其糟粕，运用马克思主义的立场、观点和方法对中国传统文化进行挖掘和梳理，去除中国传统文化中的消极成分，继承和发扬中国传统文化中的积极成分。同时，应将弘扬传统文化与培育社会主义核心价值观结合起来。

此外，有些学者还就中国传统文化与思想政治教育的融合问题提出了自己的见解。实现大学生思想政治教育与传统文化的融合，应加强制度建设，加大传统文化教育比重，组织以传统文化教育为中心的校园文化活动，注重人格垂范等。

第二节　中国传统文化对高校思想政治教育的意义

一、中国传统文化对大学生的意义

（一）树立正确的世界观、人生观和价值观

华夏文明几千年，积累了许多的优秀传统文化，儒学、道学、佛学、易经、中医、武学、文学、书法、绘画、饮食……可以说不胜枚举，用四个字来概括中国传统文化，那就是——博大精深。在这博大精深的中国传统文化里面，中国传统教育重视受教育者的道德修养。传统教育注重培养德才兼备、具有"圣人""君子"品格的人，所以古代教育不是纯知识的技能性教育，而是全面培养受教育者人文品格的教育。从古代教育教学繁多的科目即可见分晓，它包括了礼、乐、射、御、书、数等，这些都只是作为全方位培养受教育者人文品格的必备项目而已，射、御、书、数等仅是一种技能而非终极教育目的，其目的最终是提升个体的道德精神和人文品格。

崇尚道德是中国传统文化的首要价值取向。儒家认为实践道德的生活，才是人类最理想、最完美的生活。在古代中国，个人追求的就是有道德的理想人格。子曰："仁乎远哉？我欲仁，斯仁至矣！"通过人们的努力实现"天下归仁"。在崇尚道德思想的规范下，德行构成了文化教育的中心内容，中国的传统教育主要不是知识教育，而是伦理教育，其认为道德教化和人格修养才是人生之要件，纯知识的追求是次要的，是第二位的。这种将道德教育，即做人的教育放在主导地位的教育思想对当代大学教育仍有借鉴意义。

在当今社会，传统的道德价值观受到了西方多元化价值观的冲击，一些不利于培养大学生正确道德价值观的信息侵入了大学生的生活，这在一定程度上造成了大学生的迷茫。但是优秀传统文化为大学生提供了优秀的道德典范，对大学生价值观的形成具有重要的导向作用。例如，孔子的思想及言行以及文天祥、梁启超和曾国藩等中国古代的仁人志士，他们身上散发出来的高尚情操和爱国主义精神，对大学生具有深刻的教育作用，能够为大学生提供道德实践的参考和典范，大学生可以从古代先贤身上学习很多为人处世的道理。

可见，中国传统文化对当代大学生思想政治教育的重要性是不言而喻的。中国传统文化是经过几千年的历史积淀，是先贤们不断探索研究的结果，其蕴含着大道理、大智慧，不仅对当时的社会具有重大意义，而且经过后人的"取其

精华，去其糟粕"，对历史现实也有重大的指导作用，影响了一代又一代的中国人。

将中国传统文化融入当代大学生的思想政治教育中有助于大学生树立正确的世界观、人生观、价值观。而树立和坚持正确的世界观、人生观、价值观是一个长期的艰苦过程，大学生必须要有坚韧不拔的毅力，甚至要牺牲个人的一些利益。只有这样，才能成为一个高尚的人、一个纯粹的人、一个有道德的人、一个脱离了低级趣味的人、一个有益于人民的人。

中国传统文化对提高大学生的思想文化素养有积极作用。中国优秀传统文化中蕴含着丰富的精神养料，包括科学艺术、思想观念和道德规范等各个方面。学习中国优秀传统文化有助于提高学生的文化素养，有助于塑造大学生的理想人格，特别是中国传统文化注重人与人关系的建立，注重集体主义和社会和谐，这就有利于大学生养成"仁爱孝悌"的传统美德，对培养学生正确的世界观、人生观以及价值观具有重要意义。

我国的改革开放正在不断地纵深发展，从传统计划经济形态向新的市场经济形态转化是一场深刻的社会变革。市场经济具有强大的改造力量，它有可能将一切都吞没在急功近利的欲望之中，还隐藏着反文化的旋涡、潜流和暗礁，甚至会表现出令人担忧的文化沙漠化，致使狭隘的功利主义、拜金主义、个人主义泛滥。所以，在高科技和经济飞速发展的时代，更应该呼唤人文精神，在创造物质文明的同时要加快建设社会主义精神文明，大学生在向科学进军的同时也要努力提高自己的人文素养。

（二）培养爱国忧患意识

当代大学生的爱国主义表现是多方面的，包括对祖国文化的热爱、对祖国大好山河的热爱以及对国家和同胞的热爱等，同时爱国主义也是我国的核心思想。因为只有发自内心地热爱同胞以及祖国，才能够使中国在历史的长河中屹立不倒，才能使灿烂的文明发展得更加美好。

爱国主义在中国的传统文化中表现得最为贴切。在发展的历史长河中，多少爱国主义先烈们用自己宝贵的生命诠释了这一点，为中国的发展做出了重要的贡献。尤其是革命先烈们，通过维护统一、热爱祖国以及同仇敌忾的爱国形式，把爱国主义的精神发挥到了极致，全国人民都应该为他们的这种精神感到自豪，同时也应该像他们一样肩负起实现我国伟大复兴的重要历史任务，书写中国未来发展的华丽篇章。历史实践证明，中国是一个伟大的国家，中华民族也一定会实现它的伟大复兴。

（三）树立民族自信心和自豪感

民族精神是一个国家、一个民族不断向前发展的强大精神动力。如果没有民族的自尊心、自信心与自豪感，一个国家、一个民族就不可能屹立于世界强国之列，甚至难逃任人宰割、凌辱的命运，而要树立高度的民族自尊心、自信心和自豪感，首先必须具备自强精神，要在实际行动中，充分继承和发扬爱国主义精神。

社会主义市场经济体制改革的不断深化，使得社会道德领域发生了新的变化，以宗法—血缘关系为基本纽带的传统伦理文化与价值观念，受到社会转型的剧烈冲击。不同社会阶层和利益群体会产生不同的价值观念、不同的利益诉求和不同的道德理想、道德标准。当代青年大学生是中华五千年文化的继承人，培养大学生的民族精神和民族认同感，事关中华民族在新世纪的伟大复兴事业，但是现在大学生呈现出来的一些精神面貌和精神状态令人担忧。

一部分大学生，存在自我中心主义，追求个人欲望的满足，追求与理性脱节的个人自由，致使整个社会陷入虚无主义、悲观主义的泥沼中。由此可见，维护高校稳定，激发学生的民族自尊心、自信心，使之树立民族自豪感，振奋其民族精神是非常重要的。而要做到这一点，加强学生的传统文化教育是关键，是行之有效的重要途径。

（四）养成崇高完善的道德品质

大学生的思想道德素质、科学文化素质和身心健康素质能够全面、协调地发展，是高校思想政治教育的根本目标。传统文化对大学生的影响具有全面性，既包括科学知识、专业技能的影响，又包括思想观念、道德规范等的影响。中国优秀传统文化注重从人与自身、人与他人、人与群体的关系三个方面进行探讨，为当代大学生正确处理人际关系提供了可借鉴的原则和方法，形成了中华民族的一系列传统美德。"仁爱孝悌"是中华民族美德中最具特色的部分。这些传统美德，有利于化解大学生内心的冲突，使其保持一种和谐、和顺的心理状态，有助于其塑造理想人格，形成崇高完善的道德品质。

（五）拓宽学习视野

通过对传统文化的学习，大学生不会再囿于目前的思想，他们会打开思路，联想古今，立足实际，求实创新，不断进取。在此要特别指出，我们所提倡的传统文化，是经过"扬弃"的传统文化，即按照辩证唯物主义与历史唯物主义的观点和方法，结合中国特色社会主义建设的实际，去其糟粕，取其精华，是适应并能促进社会主义和谐社会建设的中国传统文化。大学思想政治教育是高校教育工作的主要内容，关注的是人的本身与人的精神需求。其目的在于引导大学生形成正确的人生观，寻找人生的价值和意义，同时也是为了培养在新的历史条件下，符合时代发展需求的、德才兼备的人才，从而教育学生学会做人。而这些目的的实现，教育内容和途径是关键，因此，融入传统文化的教育内容和形式，对当代大学生的思想政治教育具有极其重要的意义。

（六）形成良好心态和健全人格

健全的人格指的是对人与其他各种关系的妥善处理以及对自身身心的一种完善。中国的优秀传统文化在发展的过程中一直比较重视对个人人格的建立。中国目前的高校在大学生的思想政治教育中应该继承和发扬优秀传统文化的优良传统，通过结合现代化的教学手段以及优良文化在教育中所发挥的优势，共同实现对公民健全人格的培养。而健全的人格，主要体现在一个人的意志、情感以及知识的和谐与统一上。

中国学者潘光旦先生是最早提出健全人格教育思想的人，他十分重视培养一个人的意志及情感。在他看来，优秀传统文化中包含了十分丰富的"士与君子"的思想，例如，"士不可以不弘毅，任重而道远"中的"弘"就是指培养情绪，而其中的"毅"，则说的是培养情绪的方式和方法。中国的儒家文化特别注重对人格的追求，其在健全人格方面具有一定的代表性，同时对完善大学生的人格也具有一定的帮助。例如，儒家思想中的"己所不欲，勿施于人"以及"己欲立而立人，己欲达而达人"等，都有一定的指导意义。

（七）激励进取精神

"天行健，君子以自强不息"，这正是鼓励青少年应该具备积极进取精神的重要体现。作为一个新时期的大学生，还应该有自己的责任意识，尽管人生观、价值观以及世界观非常重要，但更重要的是如何才能形成这三种观念，简单地说就是把正确的思想积极地落到实处，不能只是空想。其实人生价值的实现是一个漫长而又艰巨的过程，"路漫漫其修远兮，吾将上下而求索"正是人生观实现过程的一个真实的写照。新时期的大学生必须树立健康向上、积极进取的进取精神，加之自强不息的奋斗精神，如此才能在漫长过程之后逐渐地使自己的人生价值得到实现。"少壮不努力，老大徒伤悲"，天天坐享其成而又不思进取，最终只能导致遗憾终生而无所事事。

通过中国的优秀传统文化，不难发现自强不息而顽强奋斗的例子，如古代的神话故事中的精卫填海、夸父逐日以及愚公移山等，这些执着的进取奋斗精神都给后世产生了深远的影响。在几千年的发展过程中，中华民族之所以可以在历经各种挫折之后依然屹立，靠的就是这种自强不息的精神，在今天，这种精神同样可以激励大学生不断进步。

二、中国传统文化对教育理念的意义

中国传统文化历来非常注重对人们道德素质的培养，因此古代教育非常重视道德教化，并且强调要在实践中自省，在外在的言行上表现出自己的道德修养来。这些中国传统文化的教育思想充分体现了人们"以文化人"的精神。这些思想沉淀下来，也成了当代高校思想政治教育的宝贵资源，在现在的高校思想政治教育中，也要坚持这样的教育准则。

（一）培养整体观念

在批判继承的基础上，中国传统文化对当前的思想政治教育有积极的借鉴意义，从本质上说，中国传统文化植根于古老的农耕文明，是一种以宗法血缘关系为机制、以伦理道德为基础的、庞大而复杂的文化系统。它的存在，对中华民族的思维模式、价值观念、行为方式和风俗习惯等都产生了潜移默化的重要影响。而这种影响体现在思想政治教育领域则是以华夏子孙所特有的、富于民族特色的自然观念、民族精神、国家意识、社会理想和人生取向等因素表现出来的。

1. 追求"天人合一"

在我国传统文化中，人与自然环境的关系被称为"天人关系"。而"天人关系"的首要层面是人源于天，即人来自自然界。如道家有言："道生一，一生二，二生三，三生万物。"人源于天，但并非意味着人在天的面前就无足轻重。《周易》曾提出"三才说"，认为"有天道焉、有地道焉、有人道焉"。

值得强调的是，中国传统文化中对人在以天、地为标志的自然环境中地位的界定是建立在人性自我实现的基础之上的，而人性的自我实现则需依赖人"与天地合其德，与日月合其明，与四时合其序"，即"天合"。由此可见，作为自然界的一部分，由于人出于自然，以天地为父母，以万物为友朋，人对自然便应采取顺从、友善的态度。人类只有返璞归真、"知天命"而用之，合理地开发、利用和保护自然环境，才能达到与自然的相类、相通、相知和最终的相合。因此，人与自然的和谐与统一，便是人类自足其性并最终达到理想境界的基本路径。

2. 恪守"自强宽厚"

民族指人类历史发展过程中所形成的具有共同的、稳定的心理素质和精神品质的人的共同体。中华民族是由以汉族为主体的五十六个民族在长期的共同生活中逐渐融合而成的温暖的大家庭。在这个大家庭中，各族人民互帮互助、互谅互让，同心协力地应对自然和社会中的一切挑战，逐渐孕育出光辉灿烂的传统文化，并进而积淀出以爱国主义为核心的伟大民族精神。

我们的民族精神深深地渗透于以儒家思想为主流的中华民族特有的政治、教育和伦理道德之中，其基本要旨主要包括两个方面。其一是"天行健，君子以自强不息"。这句话形象地概括了中华民族刚健有为、奋发向上的民族精神。孔子说过："不知命，无以为君子也。"其弟子曾参也认为："士不可以不弘毅，任重而道远，仁以为己任，不亦重乎？死而后已，不亦远乎？"这对知识分子的刚毅品质提出了要求。这些都形象地体现了中华民族百折不挠的开拓精神和刚毅果敢、坚忍不拔的传统美德。其二则是"地势坤，君子以厚德载物"。这句话集中阐述了中华民族精神中宽宏博大、兼容并蓄的内在情怀。

3. 信奉群体至上

中国传统文化素以重视国家利益、集体利益和大局利益著称于世。这种为家、为民族的集体主义精神，既是中国传统文化的核心内容，也是传统国家意识的基石。在中国传统文化中，天、地和人是合而为一的整体，国、家和个人之间的利益也是一致的、统一的。总之，中国传统文化中的以群体至上为特征的国家意识不仅塑造了中华民族的整体主义精神，为国家的长期统一和稳定提供了心理支撑，而且孕育了伟大的爱国主义传统。而在这一传统的熏陶下，中华民族不仅涌现了无数矢志爱国的英雄人物，而且从爱国实践中升华出立志报国的人生观、价值观，形成了国家和人民利益高于一切的基本取向，从而为中国传统的道德教育积累了宝贵的财富。

4. 崇尚"和而不同"

"和"是中国传统文化的核心概念。孟子就曾有"天时不如地利，地利不如人和"的观点。在协调国与国之间的关系时，孔子及其弟子的"礼之用，和为贵""四海之内，皆兄弟也"的信条。中国文化中的尚"和"思想甚至给大洋彼岸的西方人也留下了深刻的印象。

（二）塑造圣贤品格

人格在我国传统文化中主要指道德水平。因此，特定的人格便成为一定道德层次的标志。对圣贤人格的追求，是中国传统文化的重要内容，也是传统文化中思想政治教育的基本目标。中国传统教育追求的是塑造具有圣贤品格特点的个体，道德品格的培养和社会责任意识一直居于古代教育的首位，古人提出了很多关于君子、圣人的标准，其要求人们去实践、去提升，最后达到"止于至善"的境界，这是最高的道德层次。

1. 圣人

圣人是中国传统文化中理想人格的最高境界。关于圣人，孔子在《论语》中共有四次言及。在这些论述中，他把尧、舜、禹、汤、文、武、周公等中国远古的最高统治者所统治的社会看作人类的理想社会，把他们本人当成圣人，认为他们的道德风尚堪称理想的人格典范。然而，孔子在肯定了古代先王圣人品性的同时，又对现实中圣人存在的可能性加以否定。究其原因，应该在于孔子制定的圣人标准过于严格。因为，从孔子留在《论语》中的相关言语来分析，他所崇尚的圣人品格，正类似于《左传》中所说的"太上有立德，其次有立功，其次有立言"的"三不朽"事业创造者所达到的道德境界。

与孔子界定的圣人人格标准截然不同的是他的传人孟子。孟子从其笃信的性善论出发，认为既然人人都有仁、义、礼、智之"四端"，其结果便是"人皆可以为尧舜"。孟子还站在儒家积极入世的立场上，把社会所需要的理想人格设计为善、信、美、大、圣、神六个不同的发展层次，并对每个层次的人格价值标准做出了相应的规定。他认为"可欲之谓善，有诸己之谓信，充实之谓美，充实之有光辉之谓大，大而化之之谓圣，圣而不可知之之谓神"。由此，孟子就为一般人经过努力而最终成为圣人理想的实现搭起了一座实实在在的桥梁。早在先秦时期，教育就以培养圣人人格为终极目标了，而这也正说明中国传统文化中理想人格教育有着悠久的历史。

2. 君子

君子是中国传统文化中理性人格的核心要素。从实践的层面上说，传统文化中的圣人人格由于标准太高，在操作上存在着困难。与之相比，君子人格则无论在理论阐释，还是在实际践行的层面上，都更容易为社会的不同阶层所接受。因而，对于君子人格的关注则成为以儒家为代表的中国传统文化的重中之重。

"君子"概念，最早见于《尚书》和《诗经》。《尚书》中有五六处出现君子一词，《诗经》中见于《国风》《大雅》和《小雅》者，则多达一百五十多处，其义大致指社会地位，如"窈窕淑女，君子好逑""彼君子兮，不素餐兮"等。

"君子"获得道德内涵，成为社会普遍人格的楷模则是春秋战国时期。据记载，儒家经典《论语》共四百九十二章，其中与君子有关的就有六十多章，计一百零七处，这突显出孔子对君子人格的重视。孔子认为君子是美好道德的追求者和体现者，是德才兼备的人，是理想人格的化身。对于君子人格的实现，孔子则强调君子必须摆脱物质利益的引诱，把远大的政治理想和抱负放在第一位。他说，"君子谋道不谋食"，"君子而耻恶衣恶食者，未足与议也"。他还要求君子必须具有崇高的道德气节,"临大节而不可夺",能够"无求生以害仁,有杀身以成仁"。

3. 士或成人

士或成人是中国传统文化中理想人格的基本标准。"士"的本意为具有"万夫不挡"之勇的武士和能够"运筹帷幄,决胜千里"的文士。从历史的角度看,不管武士或者文士,他们的出现都伴随着相似的政治目的,即辅佐统治者,凭借其"文韬武略""文治武功"的政治才能获得社会的充分肯定,实现人生价值。

无论是成士,还是成人,基本的礼仪规范和人格尊严是必备的条件。儒家道德的"成士""成人"之标志,首先是明晰"礼"的秩序。《礼记》有云:凡人之所以为人者,礼义也。礼义之始,在于正容体、齐颜色,顺辞令。正容体、齐颜色,辞令顺,而后礼义备。以正君臣,亲父子,和长幼。君臣正,亲父子,长幼和,而后礼义立。首先是确立凌云之志。孔子说:"三军可夺帅也,匹夫不可夺志也。"他还说,对于有仁德的君子,摧残其身体是小事,而侮辱其尊严则是不能忍受的,此所谓"士可杀,不可辱"。孟子也很重视人格尊严。他提出:"生亦我所欲,所欲有甚于生者,故不为苟得也。死亦我所恶,所恶有甚于死者,故患有所不辞也。"这就表明,所谓"所欲有甚于生者",是指人格的尊严;而所谓"所恶有甚于死者",则指人格的屈辱。为了保持人格的尊严,宁可牺牲自己的生命也绝不屈服。

由此可见,中国传统文化中对于士和成人人格理想的追求,着意于培养人的一种社会责任感,即帮助人们走出"私"的园囿,追求一种忘私、无私的道德境地。其目的在于引导人们向圣人、君子理想人格看齐,从而尽可能地提高自己的道德水平和人生境界。

总而言之,无论是"圣人人格""君子人格""士的人格""成人人格",都是中国传统文化中对人们道德品质的总体要求,也是人之为人的具体标准。客观地说,在中国长期的社会发展中,尽管成圣成贤的人格理想没有也不可能完全实现,但这种理想却实实在在地鼓舞了一代又一代的知识群体,并造就了不少令后人由衷钦佩的仁人志士,其思想政治教育的意义是显而易见的。

(三)注重言传身教

中国传统文化注重言传身教,强调教育应该遵循身正为范、因材施教和循序渐进等基本原则。崇德、重德,德教为先,是中国传统文化的光辉传统。孔子就曾对德教的重要社会作用作过说明,他说:"为政以德,譬如北辰,居其所而众星共之。"孟子也认为:"仁言不如仁声之入人深也,善政不如善教之得民也。善政,民畏之;善教,民爱之。善政得民财,善教得民心。"只要"德教溢于四海"，社会就能保持稳定，人民就可以安居乐业。中国传统文化在强调道德教化重要性的同时，也为其在社会生活中的实践作了较为详尽的规定，形成了许多富于操作性的思想道德教育原则。这些原则，从总的方面来看，可以归结为三个层面。

1. 因材施教原则

因材施教指在思想道德教育过程中，教育者根据教育对象的不同特点而相应地采用不同的教育方法，以充分调动受教育者接受道德教育的积极性和主动性，从而受到良好道德教育效果的一种德育原则。因材施教原则在中国传统道德教育中有着悠久的历史。早在两千多年前，孔子便在总结前人和自己教育经验的基础上首次提出了"因材施教"的思想。孔子通过日常观察，掌握每个学生的品德才识，由此确定不同的教育内容和进度。

2. 循序渐进原则

在思想道德教育中，无论是言传层面的因材施教，还是身教层面的率先垂范，都必须遵照循序渐进的基本原则。所谓循序渐进，指在思想道德教育过程中，教育者要根据道德教育本身的内在规律以及教育对象的生理和心理生长发育之特点，采取相应的教育对策，按部就班、有条不紊地对受教育者进行教育和引导，以实现其道德认识逐渐深化和道德行为模式不断完善的一种德育原则。

将言传与身教融为一体，形成合力，共同作用于思想道德教育实践原则体系的建构，一方面顺应了教育对象的身心发展规律，有利于提高其接受道德教育的自觉性与主动性，增强教育的实际效益；另一方面，这种体系内在的客观性和形式上的可操作性也为道德教育者认知、理解和在实际教育工作中践行提供了便利，而有助于增强思想道德教育工作的目的性和针对性，提高德育的工作效率。

3. 身正为范原则

在进行思想道德教育时，教育者自身的榜样力量和示范效应是非常重要的因素。孔子说过："其身正，不令而行；其身不正，虽令不从。"他还指出："君子之德风，小人之德草，草上之风，必偃。"这形象地说明了教育者自身的人品形象对受教育者的道德养成所起的重要作用。道德教育中榜样的力量不仅对于个人是如此，对于整个社会来说，它的作用也是不言而喻的。作为整个社会道德的楷模，统治者的道德品质状况也直接影响着社会群体公正秩序和良善风俗的形成和发展，是整个社会思想道德觉悟与水平的晴雨表。要想在社会上树立良好的德风，统治者自己必须率先垂范，带头培养好自己的德性。

（四）以人为本，以和为贵

以人为本、以和为贵是中国传统文化思想教育的重要内容。所谓和谐社会，就是在物质繁荣的基础上，每个人都能表达自己的诉求。和谐社会指出我们不仅要关注物质生活的提高，而且还要注重人在社会中的良好社会功能以及人与人的良性互动，这样的社会才是健康的社会。民族的伟大复兴最后还是人作为文明的建设者的伟大复兴。从这个意义上讲，和谐社会是对人的价值与存在意义的积极肯定，同时也对人作为社会的一分子提出了更高的要求。

以人为本的重要意义在于人是社会的细胞，人的进步是社会进步的前提，人的发展是社会发展的基础。同时，人的和谐是社会和谐的主要体现。

以人为本的原则几乎被运用到从古至今所有正确的战略与方针中。长期以来，中国是一个以农为主的传统国家，小农经济是封建统治的经济基础和整个国家财政收入最可靠的来源。与此同时，占全体国民绝大多数的农民是安居乐业，还是"啸聚倡乱"，直接关系着国家政权的稳定，影响着政治支持最大化目标的实现。因此，在漫漫历史长河中，围绕着"如何对待人民群众（其中主要是农民）"这一重要问题，无数先圣前贤都给出了诸多"高见"，如西周时周公的"敬德保民"、春秋战国时期孟子的"民贵君轻"、西汉淮南王刘安的"利民为本"、唐初李世民的"国以民为本"和"君舟民水"、清朝黄宗羲的"民为邦本"等，并逐渐形成和发展为"重农"和"民本"这一中国古代重要的政治学说。这一思想是在维护封建制度、不摒弃君民间不平等政治关系的前提下得以推行的，固然具有很大的历史局限性，但它在治国安邦、稳定政局和促进社会发展方面客观上也起到了一定的积极作用。因此，以人为本的思想是在对中国传统"重农""民本"思想彻底扬弃的基础上，关乎农民根本利益的政治思想。

这些传统思想精华的现代传承能够促进全方位、多层次的建设社会主义和谐社会，遵循这样的民本思想，能更好地推动社会各阶层的和谐相处。只有以人为本，才能做到尊重劳动、尊重知识、尊重人才、尊重创造，才能形成人人都可以成才、人才存在于人民群众之中的观念，才能做到群众利益无小事，并且使发展的成果惠及全体人民。只有所有社会成员都有了平等的国民待遇，才有可能在此基础上建设中国特色社会主义和谐社会，从而为中华民族的伟大复兴增添新力量。

三、中国传统文化对思想政治教育方法的意义

中国传统文化重视人格修养，强调律己修身。《礼记·大学》中说："自天子以至于庶人，壹是皆以修身为本。"这就是说上至天子，下至平民，一切都要以修身为做人处事的根本。只有"修身"，实现自我发展与自我完善，才能

齐家治国平天下。在传统中国的发展历程中，我们形成了一整套富有中国特色的修养方法，如慎独、内省、自讼、主敬、集义、养气等。其中最有代表性的就是曾子所说的"吾日三省吾身"，它体现的是一种自觉自律的道德要求，这正是优秀品德形成的内在动力。对大学生进行这方面的修身教育，可以充分激发他们的主体意识，把"你应如何"的外在要求，变成"我要如何"的内在律令，这将会极大地提高思想政治教育的实效性。传统的修身方法主要有以下几个方面。

（一）学思并重

子曰："学而不思则罔，思而不学则殆。"这就是说无论是通过书本学习，还是通过向别人请教学习，都必须经过头脑的认真思考，做到学与思的有机结合。

学是首要的。子曰："吾尝终日不食，终夜不寝，以思，无益，不如学也。"意思是说我曾经终天不吃饭，整夜不睡觉，思考问题，但没有益处，还不如实实在在地学。《韩诗外传·卷六》引孔子的话："不学而好思，虽知不广矣。"进一步阐述"思"必须以"学"为基础，思而不学，则"思"只能是无本之木，无源之水。首先，孔子非常重视在学习中养成勤于思考的习惯。孔子从锻炼学生的逻辑归纳和推理能力来培养其勤于思考的习惯，做到"闻一知十""举一反三"等。

在思想政治教育过程中，受教育者不是被动地学习，而是在思考中主动地学习，只有这样，才能使道德知识内化为个体的道德修养。最后，学思结合才能达到良好的学习效果。子夏曰："博学而笃志，切问而近思，仁在其中矣。"后来将其发展为"博学、审问、慎思、明辨、笃行"。学与思是一套组合拳，二者是统一的，它们相互促进，不可分割。

（二）慎独

所谓"慎独"就是《中庸》中所说的"莫见乎隐，莫显乎微，故君子慎其独也"。慎独也就是一个人独自居处的时候严于律己，戒慎恐惧，"如临深渊，如履薄冰"，防止有违背道德的思想或不符合道德要求的行为。强调君子在他人看不见、听不到自己言行的时候，也要特别注意检点自己。"戒慎乎其所不睹，恐惧乎其所不闻。"

慎独是我国传统文化提倡的一个十分重要的修养方法，它体现了严格要求自己的道德自律精神。《辞海》称："儒家用语，谓在独处无人注意时，自己的行为也要谨慎不苟。"早在《诗经》中就暗含了这种思想。《诗·大雅·抑》有云："相在尔室，尚不愧于屋漏。"意思是说，即使你独自一人在室也无愧疚,即在独处时或在暗处时也不做坏事或有坏的念头。虽然没有使用"慎独"这个字眼,但包含了"慎独"的意思。"慎独"作为道德修养的方法,组合为一个词最早出现在《大学》《中庸》里面。因为一个人在独处之时,最容易滋生一些坏的想法,去做不道德的事情,所以,道德修养尤其要警惕独处之时。

我们都知道越是隐蔽的地方越能看出人的品质,越是微小东西越能显示人的灵魂,品德高尚的人往往就是在这关键的时刻做到严于律己、提升道德境界的。朱熹说:"君子慎其独,非特显明之处是如此,虽至微至隐、人所不知之地,亦常慎之小处如此,大处亦如此;显明处如此,隐微处亦如此。表里内外、精粗显微,无不慎之,方谓之'诚其意'。"目前,在社会主义市场经济激烈竞争的压力下,一些大学生单纯重视自己知识和技能的提高,过分强调功利,囿于自己有限的认识问题的能力,而忽视人格的养成。所以,大学生的自我修养应从当下、从细微、从隐处做起,加强自律,树立正确的行为导向,以明辨是非、善恶、美丑,塑造完美人格。

(三)省察克治

所谓"省察",就是自我反省、自我检查,以此找出自己思想和行为中的问题进行探讨。所谓"克治",就是克服和整治,纠正不良倾向,改正毛病和坏的习惯。这为当代大学生正确处理人际关系提供了可借鉴的原则和方法,形成了中华民族的一系列传统美德。省察克治作为古代道德修养的基本方法,主要包括以下几个方面的含义。

1. 自省

"自省"就是自己要经常在内心反省自己的言行,扫除邪恶的东西,保留善的东西。要求人要经常反省自己的思想和行为,辨察自我意识和言行中的善恶是非,可以帮助及时改正自己的过错。孔子也说过"内自省",曾参曾说过"吾日三省吾身,为人谋而不忠乎",孟子则提出"反求诸己"的思想。自省相当于现代人所说的自我批评,是传统文化中儒家所倡导的一个重要修养方法。

自省是我国传统道德中一个基本的修养方法,强调道德修养的自觉性。孔子重视自省,《论语·颜渊》有云:"内省不疚,夫何忧何惧?"此处"内省"也指"自省"。孔子的自省不是闭门思过,而是时时处处的自我反省。例如,"见贤思齐焉,见不贤而内自省也""三人行,必有我师焉。择其善者而从之,其不善者而改之"。孔子的这些思想开拓了学习者学习和修养的视野,有利于我们随时随地地学习和提高自己。关于自省还有一句,那就是"吾日三省吾身——为人谋而不忠乎,与朋友交而不信乎,传不习乎",这句话的意思非常简单,关键就在于坚持去做。

2. 内察

"内察"已经不再是单纯的自省,它要求深入行为动机的层面,源于"自省"但又高于"自省",比自省更深刻、更严格。王阳明先生非常形象、生动地用猫捉老鼠的故事形容抓住头脑中一闪而生之邪念,即不正当的私欲,把它完全、彻底地克服掉。他说:"省察克治之功,则无时而可间,如去盗贼,须有个扫除廓清之意。无事时将好色、好货、好名等私欲逐一追究,搜寻出来,定要拔去病根,永不复起,方始为快,常如猫之捕鼠,眼睛看着,一耳听着,才有一念萌动,即与克去,斩钉截铁,不可姑容与他方便,不可窝藏,不可放他出路,方是真实用功,方能扫除廓清。"与"省""察"紧密相关的一个问题是改过,其实自省和内察的目的就是改过,只有改过才会提高修养。

改过关键在于勇气,在于对待错误的态度。子曰:"过则勿惮改。"有了过错就不要害怕改正,这是对待错误的唯一正确态度。"人非圣贤,孰能无过?过而能改,善莫大焉"。如果有了过错,坚持不了改正的话恐怕就是真的错了。"过而不改,是谓过矣!"孔子曾经称赞颜回"不贰过",说明颜回就做到了勇于改过,不重复同样的错误,善于从自己的错误中学习,通过改过来提高自己。可见,改过也是一种重要的学习方式,是一种提高自己道德修养的重要方法。

对待自己错误的态度,可以反映出一个人的品质。君子坦坦荡荡,光明磊落,从不遮掩自己的错误;小人则与之相反。子贡曰:"君子之过也,如日月之食焉;过也,人皆见之;更也,人皆仰之。"子夏曰:"小人之过也必文。"其讲的就是这个意思。

文化的发展具有历史继承性,我们要按照培养社会主义"四有"新人的标准,对传统文化的修养方法进行合理的取舍和改造。相信在立足传统的基础上,依据马克思主义的立场、观点和方法,充入今日社会的道德要求和鲜活的时代生活内容,会极大地丰富大学生思想政治教育的有效途径和方法。

四、中国传统文化对思想政治教育效果的意义

将传统文化应用于大学生的思想政治教育,有利于提高大学生思想政治教育的实效性。因为文化具有很强的渗透性、持久性,而中国传统文化有着深厚的历史内容,这些内容很容易影响大学生的思想情感,带来"润物细无声"的效果,进而内化为大学生的思想品质和外在品行。

传统的中国文学、戏曲、书法、礼仪等文化资源,又可以为大学生的思想道德教育提供更多的切入点,这种文化的浸染可以充分调动大学生学习的积极

性、主动性，提高其学习思想政治的兴趣，引起共鸣，这为进步扩展大学生思想政治教育的途径和方法提供了可能，让思想政治教育的方式多样化、丰富化，能够极大地提升大学生思想教育的感染力和吸引力，从而提高大学生思想政治教育的实效性。

第三节 中国传统文化在高校思想政治教育中的价值

一、中国传统文化的政治教育价值

（一）中国传统文化在社会主义核心价值观培育中的功能

传统文化是社会主义核心价值观养成的宝贵资源，有利于促进社会主义核心价值观的培育。

第一，示范功能。传统文化在我国成功传播的先进经验可以成为培育社会主义核心价值观的示范。我们可以借鉴培育传统文化的成功经验来培育社会主义核心价值观。传统圣贤的人格风范对于高校学生培育社会主义核心价值观具有重要示范作用。 中国古代先人的爱国、敬业、诚信、友善，对于全民族全社会都具有示范意义。

第二，引导功能。当前我国社会的主流意识形态存在被边缘的危险。引导人们自觉接受社会主义核心价值观是走出主流意识形态困境的好方法之一。一直以来传统文化教育都是教育的重要内容，在高校学生中间已经有较好的基础，用传统文化引导高校学生自觉接受、自觉践行社会主义核心价值观。

第三，资源功能。传统文化是一种在人们培育社会主义核心价值观的过程中可以被开发利用的重要资源。传统文化可以分为物质层面的传统文化、精神层面的传统文化和制度层面的传统文化。物质层面的传统文化可以通过中华民族艰苦的物质生活教育人民为实现中国梦而奋斗。精神层面的传统文化通过历史时期的民族精神和优秀的传统道德，能够帮助人民立志于建设社会主义事业。制度层面的传统文化让高校学生在实际体验中感受社会主义制度的先进性，自觉树立社会主义核心价值观。

（二）以中国传统文化培育社会主义核心价值观

高校要开展丰富多彩的各类活动，把传统文化深深植根于高校学生的精神世界里。在高校学生中开展传统文化教育和传播既是时代的要求，也是历史的要求。

第一，善用相关资源，有针对性地进行传统文化教育。首先，利用当地乡土资源进行传统文化教育。应当有效地利用这些身边的资源开展教育，通过身边的乡贤榜样熏陶能够取得更好的效果。例如，一些地方高校善于利用区位优势和特点，与周边的传统文化教育基地开展共建活动，建立若干相对稳定的社会实践基地，定期组织学生前往参观瞻仰，并取得了良好的效果。其次，开展传统文化教育也必须利用仪式教育。中小学通过冠礼等仪式培养学生的责任感。高校学生培养传统文化所包含的精神内涵也要采用各种仪式。最后，善于利用网络资源进行传统文化教育，善于利用时间节点和仪式进行传统文化教育。对高校学生进行传统文化教育要善用时间点。一个是高校学生在学校生活的重要时间点，如开学、毕业和获奖这几个时间点进行教育就特别重要。再如利用重大历史事件、纪念日，元宵节、端午节等这些重要时间点进行教育也可以取得不错效果。网络资源的利用不仅拓展了传统文化教育的内容和形式，还对高校学生的网络行为进行了规范，使他们养成了自觉浏览传统文化网站、自觉学习传统文化的好习惯。

第二，开展多种形式的传统文化教育。首先，在思想政治教学中融入传统文化教育。思想道德修养课教师可以在讲课中贯穿传统文化的内容，这样还可以提高学生的学习兴趣。太多古人的例子和光荣的历史可以作为思想政治理论课的案例。体现传统文化的内容天然地适合在思想政治教育课上讲授。其次，开设相关课程，举办各类专题讲座。开展传统文化教育也可以举办一些讲座。中国先辈的故事、中华民族波澜壮阔的历史、中国人奋勇拼搏为国增光的光荣事迹等，很受高校学生的欢迎。如果能请这些历史人物的研究专家现身说法，必然可以起到非常好的作用。最后，编写高校学生传统文化学习读本，推荐阅读传统文化书籍。传统文化读本的编写力求丰富多彩，贴近实际，可以介绍中国古人的奋斗事迹，可以介绍传统文化的起源和发展，以及历史上发生的奇闻逸事。

第三，开展传统文化实践活动。首先，通过丰富多彩的实践活动使高校学生切身感受到传统文化的魅力。高校管理者要高度重视高校学生的传统文化实践活动，为学生的传统文化活动提供条件，解决开展活动的实际困难。其次，开展高校学生践行传统文化精神实践活动。传统文化教育要落到实处就不能停留在认知、认同、内化等层面，而必须进行外化、践行。践行传统文化精神要求帮助高校学生要先找到自己的人生目标，树立为社会主义事业奋斗的远大理想。

在学习和生活中，以爱国、敬业、诚信、友善来要求自己。身体力行，做传统文化的践行者。最后，加强课外实践。利用传统文化资源培育大学生的社会主义核心价值观，不能停留在理论学习、理论思考的层面上，要将重点放在践行上。通过课外实践活动让高校学生走进历史遗迹、走进火热的现实生活，可以使高校学生更加真切地体会传统文化，使社会主义核心价值观的培育达到预期效果。

二、中国传统文化的思想教育价值

在马克思主义来到中国之前，中国人已经有了自己的世界观和价值观。中国传统文化是中国人接受马克思主义的良好思想基础。马克思主义能够在中国进行传播的一个重要原因就是马克思主义与中国传统文化的深度契合。中国的知识分子正是从马克思主义与传统文化的契合方面去理解马克思主义的。从历史角度分析，我国最为杰出的马克思主义者就是中共领导人，而他们都具有丰富的中国传统文化修养。

中国大学生的思想政治教育有着与时代相符的指导思想，但是离不开中国传统文化的思想土壤。教育者要挖掘中国传统文化中的思想道德资源，以优秀的传统文化为载体引导今天的大学生学会用整体的眼光和思维去看待问题，更加全面地给自己充电，激发学生更加广泛的学习和探究兴趣，而不是只囿于自己的学科和专业。同时加强心性的提升，使之真正意识到求真与求善、致知与修为的共通关系，重新评估自身的价值，正确定位自己，树立科学的世界观、人生观和价值观，在求学求知的过程中不忘本心，尊德崇德，从而真正实现自身的全面发展。

三、中国传统文化的道德教育价值

传统中国人非常注重道德修养。社会主义道德建设必须继承中国传统文化中"讲道德、尊道德、守道德"的文化传统。道德素质发展的目标是促进主体道德认识、道德意志的发展。

（一）提升主体的道德认识

中国传统文化中丰富的道德认识能够丰富主体的道德知识，提高其道德修养。首先，提供理性精神。德行与理性的一致性要求人们要依据理性的原则做事。中国传统文化的理性精神首先表现为不受宗教束缚，大多数中国人并没有宗教信仰。儒家学说不是宗教但却能够发挥宗教的作用。中国传统文化的理性精神还表现为具有唯物论和辩证法的传统，中国人总是力求客观地认识世界和自身。其次，奠定道德知识的基础。传统文化中有着丰富的道德知识，它可以奠定人们道德修养的基础。例如，传统文化中有许多的道德格言，一句"天下兴亡，匹夫有责"就让人们明白对国家和民族的道德责任。最后，培养共同的道德意识。中国传统文化不仅有助于个体形成一定的道德认识，还能在个体之间形成道德共识。

（二）激励主体的道德意志

传统文化有利于激励主体的道德意志，其主要通过榜样示范、外部强化和环境熏陶等机制来发挥作用。首先，砥砺顽强性。中国传统文化弘扬一种顽强的奋斗精神，重视气节，主体不管外部环境如何都要坚持自己的道德追求，不能改变自己的道德品质。中国共产党人正是继承了传统文化中顽强的品格才取得革命的胜利。其次，炼砺自制性。中国传统文化倡导专注和自我克制，"克己复礼"的道德要求使人们有了强大的自制力，能够按照社会的道德要求去行事。中国文化倡导忍耐，主张人们遇事忍耐。最后，锤砺果断性。中国传统文化推崇果断的意志品质，正所谓"言必信，行必果""谋而能断"，就是说做事情不要犹犹豫豫、瞻前顾后，想通了就迅速采取行动。

四、中国传统文化的心理教育价值

心理教育的最终目的是提高受教育者的心理素质。现代社会生活的飞速变化使人们的心理产生了不适应性，许多本身心理素质并不强大的人面对巨大心理压力会无法合理地进行心理调适，乃至患上了心理疾病。而中国传统文化中的心理思想有着独一无二的心理健康教育价值。大学生是心理疾病发生的高危人群。中国传统文化对于个体心理健康的形成有着重要的意义。

（一）以乐观精神培育积极的心态

中国传统文化有利于培养现代人积极的心态。积极的心态会促进人的身心健康发展，而消极的心态不利于身心的健康发展。

引导积极的情绪。积极的理性认识和积极的情绪并不相同，明明从理性上分析知道某件事不应该感到消极与难过，但是人的主观情绪还是会产生消极悲伤的情绪。举例来说，如果某个人面试失败了，从客观理性的角度来说，这只是一件很正常的事情，而且就算那个公司的发展前景一般，人还是会产生悲伤与消极的情绪。而中国传统文化可以引导人们产生积极的情绪。举例来说，古代文人如果遇到不愉快的事情就会用诗或词来抒发心中的不快，这样就排解了负面情绪，从而为产生积极的情绪提供了条件。

培育积极的理性。中国传统的哲学充满了乐观精神，从而为人们积极的心理提供了理性依据。中国传统辩证法认为矛盾总是相互转化的。事物的发展是曲折的，但是总体趋势是向前发展的。从培育积极心态的角度来说，这就是说积极心态的建立是一定会发生的，只是时间的早晚而已。中国传统辩证法尤其注意从事物的对立转化角度来对待消极的事物，强调要从困难中看到机遇，把危机化为转机，把坏的因素向好的方面转化。

激发积极的行动。心理问题大多是因为现实生活的不如意而引起的，只有改变不如意的现状解决心理问题。而中国传统文化激发出人们解决问题的行动力。传统文化中积极行动的榜样有很多。文王拘而演《周易》，仲尼厄而作《春秋》，屈原放逐乃赋《离骚》。中国传统文化充满了积极行动的正能量。

（二）以人伦精神形成和谐的人际关系

维护心理健康需要健康和谐的人际关系。中国传统文化中的人伦精神有助于形成和谐的人际关系。

化解人际冲突。人际冲突对和谐人际关系的建立是不利的。中国传统文化关于处理人际关系的内容有很多，这可以帮助我们化解人际冲突。传统文化中化解冲突主要办法有两种。第一，"以直报怨"。对待仇怨要该怎样对待就怎样对待，不能因为别人对自己有仇怨就故意给别人使坏。第二，"忠恕为本"。对于他人的过失，抱着一颗宽容之心，对于自己的事业，抱着一腔忠诚，忠于自己的人生职责。

促进积极沟通。人际关系建立的基本条件是沟通，传统文化中关于人际沟通的意义有许多论述。例如，《礼记·学记》说"独学而无友，则孤陋而寡闻"，意思是说和朋友在一起沟通对学业有促进作用。

营造和谐氛围。和谐人际关系的形成和整体的社会氛围、群体氛围密切相关。在人际关系方面中国传统文化强调要使五伦各得其所。

五、中国传统文化的创新教育价值

（一）中国传统文化的创新性

随着社会的发展，各门学科的边界正在被打破，一门学科要想创新，就需要和其他学科融合，交叉渗透。这种交叉，其实是科学发展的必然，没有哪一个学科是能单独存在的。只有这样，学科才能进行创新，获得新的生命力，获得新的发展与进步。思想政治教育也不例外，也与很多学科有着交叉渗透，从内容上看，它包含着哲学、历史学、心理学、美学等方面的内容，涵盖着多种与"人"有关的学科。而思想政治教育要想发展创新，也必须和这些学科深度交叉融合。

在我国，思想政治教育学科在几十年的发展历程中，成果丰硕，为社会主义建设做出了巨大贡献。但现代社会发展速度一日千里，已经与原来的发展形势不可同日而语，且比以往任何时候发展得都要快，经济一体化、信息全球化和大数据时代所带来的消费主义、快餐文化不断地冲击着我们的思想观念，在这种情况下，当代青年的认知方式和价值判断标准也发生了相应的变化，原有的思想政治教育形式和内容，都不能满足现实的需求，社会和时代都给思想政治教育提出了一定的要求。

推动中国传统文化与思想政治教育的渗透融合，能够充分挖掘和发挥中国优秀传统文化在思想政治教育过程中的育人功能、稳定社会功能和整体凝聚功能，能够拓展思想政治教育研究的新视角，把植根于中国人内心的优秀传统文化精神与马克思主义中国化理论相结合，这是引领当代中国思想政治教育良性健康持续发展的必由之路和科学选择。中国的传统文化从来不缺乏创造力。中国的传统文化向来推崇创新精神，它以自身独有的思维方式和价值取向为培养创新型人才打下了一定的基础。

1. 中国传统文化的创新实践

中国传统文化中有许多富有创新精神的实践活动，我们可以从思想文化、经济、政治和科技四个方面来分析中国传统文化的创新精神。

第一，思想文化创新实践。中国先秦时代的文化被称为轴心期文明。当时的思想学术就已经在世界范围内领先了。轴心期文明以后佛教传入中国，产生了中国化的佛教和新儒学，两大轴心文明完美融合，完成了文化的又一创新。后来中国文化传播到东亚一带，形成了东亚儒家文化圈，这代表了中国传统文化具有适应各个不同国家、不同民族文化的创新性。

第二，经济创新实践。中国古代在经济方面的创新实践也非常丰富。首先，经济制度的不断创新。西周实行井田制，春秋战国则实行土地私有制。战国时期，商鞅变法废井田、开阡陌，为经济发展注入了新的活力。秦朝实行土地私有制，统一货币。汉武帝时改革币制。西晋创立户调式这一经济制度。唐代先后开创租庸调法、两税法。明代开创一条鞭法。清代实行摊丁入亩。其次，经济流通手段的不断创新。商朝出现了商业经济，并且以贝类为货币。西周用金属作为货币。宋代则出现了世界上最早的纸币交子。

第三，政治创新实践。首先，中国传统文化的政治创新实践是创造了一个人口数量庞大、文化丰富的中华民族。其次，政治制度创新。中国古代的历朝历代实行了许多不同的政治制度。西周实行封建领主制度，秦则实行封建地主制政治体制。隋朝实行三省六部制，尤其值得一提的是创立了科举制。最后，政治改革创新。中国历史上出现了大量的政治改革实践。齐桓公任用管仲实行改革成为春秋五霸之首。战国时期先后有李悝在魏国的变法、楚国吴起改革、赵韩齐燕改革、秦国商鞅变法。

第四，科技创新实践。中国古代的科技创新有以下两个方面的特征。第一个是科技创新水平长期位于世界前列。在3世纪到13世纪之间，中国科技水平遥遥领先于西方。第二个是这些科技成果对世界各国都产生了广泛而深远的影响。

2. 中国传统文化的创新思想

中华民族是一个推崇创新的民族。《周易》讲的是变易之理。法家的变法理论强调创新。兵家推崇新颖的思考方式，出奇制胜。

第一，人才是创新之本。中国传统文化就十分重视人才的作用，强调创新要靠人才驱动。各朝代的君主帝王都十分重视人才，科举考试也是为了选拔人才，笼络人才。中国传统文化当中也有许多反映重视人才的格言警句，如"三军易得，一将难求"。

第二，创新应是一种自然的现象。中国传统文化认为变化才是生活的常态，生活的本质在于不断地变化，而创新和变化是分不开的。从政治关系来说，"一朝天子一朝臣"，政治权力格局在不断地变化。从财产关系来看，"千年的田地八百主"，财富永远处于变动的状态。从个人际遇来看，"黄河尚有澄清日，岂可人无得运时"，人生有高峰有低谷，并不是一成不变和一帆风顺的。

第三，创新的质量高于数量。中国传统文化十分重视创新的质量。古代文学家多年才出一部精品的大有人在。传统文化的创新质量观正是今天我们所需要的。

（二）传统文化经典与创新人才培养

在世界教育史上，经典曾经是最为重要的课本，经典教育曾经是最为重要的教育内容和教育形式。然而随着时代的变化、科技的进步，经典教育逐渐退出了历史的舞台。教育活动也变得丰富多彩起来，改变了以经典为唯一教授内容的狭隘境界，学生的发展由纯粹的偏向智力发展、学术发展向全面发展进化。在欧美等发达国家的世界一流大学，经典教育仍是高等教育的重要内容。重新审视我们的高等教育，我们发现经典教育的缺乏一定程度上限制了我们人才培养的数量和质量。补上经典教育这一课是我们的高等教育改革的重要任务。在今天我们需要适应时代发展需要的新经典教育。

1. 传统文化经典教育的方法

高校要提高创新型人才的培养质量就要积极破除教科书教育方式带来的弊端，采用经典教育方式。经典教育可以弥补教科书教育的缺陷，极大地提高高校创新型人才的培养水平。我们必须重视经典教育，在我国高校掀起经典教育热潮，让经典永远成为我们教育的底色。通过阅读经典让学生得到文化的熏陶、思维的训练、语言的享受，从而提高创新思维、创新能力。

首先，革新经典教育观念。说起经典人们最先想到的是"四书"、"五经"、《理想国》、亚里士多德等一大堆古老的名词。今天我们提倡的经典教育中的经典比这个范围要广泛得多，我们提倡的经典是古往今来所有的杰出著作，而不限定于先秦或者古希腊的经典。我们只有扩大经典的范围才能满足不同学校、不同专业、不同个体的教育需求。

每一个专业都有自己的经典，也有一些经典是综合性的，不属于某一个特定的专业领域，还有一些经典是属于整个民族、整个世界的。我们主张对这三类不同的经典都要读，而不是局限于某一类经典。在经典阅读上做到四个并重，即古今并重、中外并重、多学科并重和专业领域与公共领域并重。只有拓宽阅读的视野，才能让经典发挥更大的作用。

其次，加强经典教育意识。要培养创新型人才，就要鼓励广泛阅读古今中外的经典，开阔眼界增加思想创新的原动力。

最后，普及经典教育理念。在西方，几十年前就发起了名著阅读运动，名著阅读运动的支持者们认为阅读名著应该持续阅读更长的时间，十年、二十年，甚至是终身学习，因为这对人的心智有益处，对阅读技巧、交流技能、洞察力、理解力等都有很大的促进。普及经典教育对整个民族文化素质和理论素养的提高都有很大的益处。名著常读常新，永不过时，经典的阅读没有止境。

2. 传统文化经典教育的意义

经典教育可以切实提高大学生的理论思维水平、思想原创力水平、专业学习水平和人文精神。在高校创新型人才培养中，加强经典教育可以弥补教科书教育的弊端，起到画龙点睛的作用，有利于创新型人才的培养。原典的内在丰富性与启发性是二手资料难以比拟的，要在学问上得到最好的训练就必须进行经典阅读。

经典教育可以提高大学生的理论思维水平。经典著作一般比较难读，可以更好地锻炼人的理解力。读经典名著比读普通教科书要难得多，然而也正是因为难读，所以读起来收获也更大，更能激发人的思考、活跃人的思维，更能促进人的智慧的发展。

经典教育可以培养大学生思想的原创性。经典著作是最能给人启发的。经典著作不仅内容具有永恒性,而且方法也具有永恒性,蕴藏在经典著作中的方法不会因为时间的变迁而改变,会永远给人以启迪的。

经典教育可以提高大学生的专业学习水平。每一门学科都有自己的经典,经典是构成学科的根基。每一个学科之所以能够成立,就是因为它拥有自己的经典著作。没有一个已经建立起来的学科是没有经典著作的。经典著作是一个学科的根基所在。读好学科的经典无疑有利于学生对专业课的学习。其如果只是读教材就会满足于知道一些事实性的知识,而缺乏必要的学术训练,就难有学术发展。大学生在学术上的专业训练要从读经典开始。大哲学家费希特起初并不爱哲学,但是他读了康德的著作后,才对哲学入了迷。经典著作对于知识的探索者来说充满了无穷的魅力,故而对提高大学生的专业学习兴趣和专业素养有莫大的裨益。

第三章 文化视角下的高校思想政治教育分析

中国传统文化源远流长且博大精深,是中华民族的精神纽带、心理支撑和发展的基本动力。而我国的思想政治教育在传统文化教育这一方面却出现了断层和缺失,这是时代的悲哀。因此,我们在新的时期有必要、更有责任把中国优秀传统文化对思想政治教育的价值阐释清楚。本章分为高校思想政治教育中传统文化缺失的原因、传统文化融入高校思想政治教育的可能性与必然性分析、传统文化融入高校思想政治教育的现状分析三部分。主要内容包括高等教育自身发展过程中对传统文化教育的忽视、大学生对传统文化的情感认同度欠缺、中华民族的传统美德在大学生身上体现得不够、当今大学生所形成的特有时代心理、当代大学生对传统文化价值的认识不足、传统文化融入高校思想政治教育的可能性和必然性、融合过程中存在的问题、师资队伍急需加强建设和培训等。

第一节 高校思想政治教育中传统文化缺失的原因

一、高等教育自身发展过程中对传统文化教育的忽视

(一)传统文化教育的缺失

西方曾有过专业技术教育取代对"人"的教育失误,但是我国的高等教育并没有吸取其中的教训,也犯了类似的错误。现在,传统文化在我国的高校思想政治教育中的缺失,不能说不是个失误和遗憾。

中国在19世纪后期开始学习西方,发展专业技术教育。新中国成立后苏联

教育模式传入中国，1952年国家进行院系调整，支解了全国所有的综合大学，建起了大批单学科的学院（如水利学院、林学院、航空学院、药学院等）。

到了20世纪中叶以后，这种忽视人自身素质培养的专业技术教育的弊端越来越明显。科学技术的发展在给人类带来物质财富的同时，也给人类带来了很多社会问题，如核扩散、环境污染、精神危机、信仰危机，甚至出现了所谓的"发展综合征"。这些问题，是专业技术人员无法解决的。

（二）通识教育与专门教育

一些著名的大学开始注意到这个问题，并试图对其进行改进。哈佛大学1945年发表了题为"自由社会中的通识教育"的报告，被称为哈佛"红皮书"。这个报告将教育分为通识教育和专门教育。

通识教育主要关注学生作为一个公民的生活需要。专门教育则给予学生某种职业能力训练。通识教育包括学习人文科学、自然科学和社会科学的有关基本内容，其旨在帮助学生有效地进行思维、表达与交流思想、做出判断和鉴别，从感情和理智两方面促进人的发展，使个人的发展与社会的需要相适应。根据这个报告，哈佛提出了核心课程计划。后来其他大学也纷纷模仿，以必修或者选修等各种形式提出了自己的一般教育课程。

（三）传统文化教育是教育的重要内容

传统文化教育是人类教育史中不可缺少的一个内容，这是符合教育发展规律的。中国高等教育全面学习苏联教育模式，而自1952年院系调整以后，工程技术专业教育在整个高等教育中的位置被抬得过高，传统文化教育受到前所未有的忽视。这虽然是时代使然，但却给整个高等教育带来了不少的损失。

二、大学生对传统文化的情感认同度欠缺

（一）对传统节日的认同度

社会的和谐，首先是制度完善，其次是人际和谐。只有个人的价值与合理需求得到社会的认可，人与人之间的和谐关系才能为整个社会体系的稳定提供个体保障，从而和谐社会的发展才能得到社会关系的保障。中国传统文化中的精髓，不仅包含中国人对制度和道德的独特理解，而且还包括在漫长历史发展过程中形成的人与人之间的和谐共处的良方。这种和谐在清明、端午、中秋这些中国传统节日中，都得到了充分的体现。而传统的节日、音乐、戏剧，恰好为构建这种和谐提供了沟通和交流的驿站与载体。

在"我国现在把清明、端午和中秋等传统节日列为法定节日，你对此有何看

法"的调查中，74%的大学生持非常支持和比较支持的态度，但是在这74%的大学生中还有相当一部分人是因为过这些节日会放假，并不是因为它是传统文化的一部分而重视这些节日，9%的人持不赞成或反对的意见。当问到"你平时是否主动欣赏传统音乐？如京剧或者其他地方戏？"时，表示可以去看看的有40%，只有11%的人表示非常喜欢。

中国传统文化有着特定的文化内涵，其对于传承、传播中华文明，促进社会和谐起着重要的作用。2007年12月，中国人民大学校长、全国人大代表纪宝成连续四年将"除夕、清明、端午、中秋"四个传统节日纳入法定节假日的提案终于被采纳实施。民俗节日成为法定假日，体现了国家对传统文化的尊重。与之形成鲜明对比的是，随着各国之间文化不断交流，越来越多的西方节日传入中国，受到越来越多的大学生的追捧。

（二）对传统文化因素的认同度

四书五经中的一些观点，虽是几千年前的文化，但与现代文明并不矛盾，而且对我们现实的工作有重要的指导意义。学习国学知识，使大学生了解我国光辉灿烂的传统文化，能激起大学生强烈的民族自豪感和自信心。

随着西方文化的不断涌入，"我有我个性""我行我素"等西方思想左右着大学生的头脑，而传统文化中的"己所不欲，勿施于人""修身、齐家、治国、平天下"的思想离大学生渐行渐远。这种局面使中国传统文化得不到足够的继承和发扬，也使当代大学生的思想教育面临着严峻的挑战。在对大学生关于"先天下之忧而忧，后天下之乐而乐"这一传诵千古处事精神理解的调查中，有近一半的大学生表示"说不清"，对"人不为己，天诛地灭""人不犯我，我不犯人；人若犯我，我必犯人"这两种消极处世哲学，也有超过四成的大学生表示"说不清"。"说不清"就是不知道谁对谁错，是一种精神迷茫的表现，这应该引起思想政治教育的高度重视。

三、中华民族的传统美德在大学生身上体现得不够

中国的传统教育历来重视道德教育，历代的思想家、教育家都强调，教育的目的不仅是增加知识，而且还要教人成为有德行的人。我国目前正处于社会的转型期，加上多元文化的影响，中国优秀传统文化在渐渐失去权威，而整个社会尚缺乏一个明晰和统一的价值判断标准。经济的快速发展影响了大学生的价值观。在调查中，37.1%的学生认为"财富只是生活的资本，但不是生活的全部"，49.9%的学生认为"钱不是万能的，但是没有钱是万万不能的"，17.1%的学生认为"金钱至上"。功利主义的复苏，人与人关系的利益化、金钱化，

使大学生的功利价值取向渐渐明显。随着大学生逐渐融入社会，越来越多学生的价值观，对于金钱的看法发生了巨大的变化，40.1%的学生认为市场经济的发展是大学生价值观变化的罪魁祸首。

  以上数据说明，当代大学生的价值观在发生着变化，有相当一部分学生对于价值观的变化有着一定的认识，但是也有部分学生在被悄然地改变着，自己却浑然不知。当代大学生缺乏责任感已然成为社会的热点话题，其对社会上出现的一些不道德现象置若罔闻，没有意识到自己是社会群体中的一分子。有69%的学生认为，当集体利益与个人利益出现矛盾时，其会放弃个人利益；同时有24%的学生选择放弃集体利益，其认为一人之力很小，集体利益不缺自己的这一份。很显然，近三分之一的学生受个人主义和功利主义影响较大。这部分学生有的只是索取，只关心自己和自身的利益，缺乏对社会责任感的认识，不知自己是集体利益的直接受益者。

  中华传统美德是宝贵的历史遗产和财富，每个社会成员都应将其发扬光大，然而，目前高校中存在的一些与传统美德不相符合的现象，确实令人忧心。尤其是传统文化最重要的部分——师道和孝道，在当今的很多大学生身上体现得不够充分。大学生集体主义和社会公德意识淡薄，心理素质较差。一些大学生以自我价值的实现为核心，强调个人本位，社会、集体次之；在物质和精神的关系上，过分关注眼前的机会和发展，忽视长远的理想和目标，甚至有不少人把实现较高经济收入、过上安稳生活放在人生追求的首位，从而淡化了社会责任感，甚至陷入了极端个人主义的泥沼；在索取与奉献的关系上，其则一味地强调索取，认为个人贡献应与社会索取等价。

  身处当今社会中的大学生，是伴随着科学技术的迅猛发展成长起来的，他们接收的信息量大、范围广、速度快，但是由于缺乏辨别能力，"极端个人主义"的消极思想在不少个体中有所抬头，这使其对事业献身和对集体奉献的精神有所减弱。在一些大学生中甚至还存在"信义失范"的现象，如考试作弊、请人代考、抄袭论文、谎报特困生申请补助、银行助学贷款不按时归还等，这些都违背了"明礼诚信"的传统道德规范，可是大学生却认为这没什么不妥，认为是很平常的事。另外，当今的很多大学生在尊敬师长、孝顺父母方面做得也很不到位。其和老师、父母发生冲突的现象时有发生，但他们根本认识不到自己本身有什么不对。很多时候他们认为起冲突的责任不在于自己，而在于老师和父母，这种现象值得我们深思。

  总体来说，不少大学生缺乏远大的理想抱负，重物质利益、轻无私奉献，重金钱实惠、轻理想追求，重等价交换而不愿付出爱心，重个人利益、轻国家集体利益。在其个人意识中,传统道德的"师"道和"孝"道淡漠。很多人凡事以自我为中心,不尊重长辈、不敬重老师的现象时有发生。

四、当今大学生所形成的特有时代心理

(一)西方文化的强烈冲击

随着信息技术和网络技术的发展,文化全球化已成为一种不可阻挡的发展趋势。各种文化相互激荡、相互竞争。如日本人宣称日本文化是最先进的文化,要用日本文化去改造世界,而西方国家也宣扬自己的文化是最先进的,而且现实是西方文化是今天世界的主流,影响着其他国家,其实这就是"文化霸权"、"文化渗透"和"文化侵略",是利用文化全球化实施"文化殖民化""文化西方化",推销西方的意识形态和价值观。

(二)网络文化的全面渗透和挑战

网络是一个信息的集合,既能给大学生带来"学习的革命",为其提供便捷的学习和交流机会,也能传播非健康的信息。当前网络文化中的网络伦理和网上行为失范主要存在两个方面的问题。

1. 互联网的全球性特征,将导致一些青少年的思想混乱。

网络是无国界的全球性媒体,各方面的原因使有用与无用的、正确与错误的、先进与落后的信息充斥着网络,腐蚀着一些大学生的灵魂,对其良好道德品质的培养产生了强大的冲击。

2. 互联网还对现有的道德观念、价值观念产生了影响和冲击

针对诚信这一问题,多数学生认为,在网络这一虚拟空间里没有必要讲诚信。只有少数学生认为网络能提高社会道德水平。有调查表明,15.3%的人认为网络的使用会降低社会的道德水平;26.3%的人表示"黑客有高超的技术,令人佩服";16.7%的人认为"黑客的行为促进了网络技术的发展";还有24.4%的人表示"不好说";只有24.2%的人明确表示,"黑客的行业具有社会危害性,应严厉惩罚并尽力杜绝",这对传统文化中所倡导的诚信是一个冲击。

五、当代大学生对传统文化价值的认识不足

中国优秀传统文化既然能够传承到现在,那么说明它具有超时代的价值,是具有生命力的。唯物史观认为,能够大力推进社会发展的,能够促进人的全面发展的,含有科学性、人民性、进步性因素的,可批判地继承的传统都是精华。中国传统文化经过几千年的历史沉淀,有精华也有糟粕,这就要求我们对中国

传统文化的价值要有充分的认识,要辩证地利用。不能只看到糟粕就将其全盘否定,这样做是片面的、不客观的,这种以偏概全的想法在一些大学生中较为常见。

20世纪全盘西化的思想曾风靡一时,但是在实践的检验下其不攻自破。一种思想的流行,是要适应时代的要求的,现今的文化融合日趋加快,受中国传统文化影响较大的东亚国家,现在已将保护和传承文化作为重中之重,而国内对传统文化的重视程度还不是很高,这种外界的推动,要求大学生要紧跟时代的脚步,认识和肯定中国优秀传统文化的价值,重拾中国优秀传统文化。只有先肯定其价值,进而学习和传承它,才能使中华优秀传统文化彰显其独特魅力,才能使中国优秀传统文化重新屹立于世界文化之林。

一个无法回避的现状是中国传统文化的声音在当代中国乃至世界的发展过程中十分微弱。在目前的现实生活中已经很难感受到传统文化的气息了。有观点认为,中国传统文化对呼唤民主与科学的中国发展无太大益处。持这种观点的人不乏一些知名的教授学者。回顾历史,我们发现传统文化的发展屡屡碰壁。19—20世纪的中国社会现实和世界发展潮流使大部分中国人对本民族文化丧失了自信,只有少数思想家仍然能在新旧体制交错的夹缝中读到中国传统文化的希望。新中国成立后,传统文化事业百废待兴,然而其发展道路十分坎坷,这在很大程度上使传统文化失去了民众基础。今天,有些外国人对于中国文化有着很大的兴趣,甚至有些人的兴趣超过了大部分国人。很多中国传统文化典籍在国内早已被锁入旧纸堆中无人问津,反而在日本、韩国还有一些西方国家其备受推崇,这样外国人的学习热情反过来刺激了中国人,使国人回过头来重新发掘被自己遗忘的角落。

现在很多大学生的偶像是一些影视明星,而不是历史上做出突出贡献的伟大人物。可是这些影视明星他们自身又对传统文化了解多少呢?有位歌星不知道岳飞是谁,还要请岳飞给她写歌词;有位节目主持人不知道董存瑞,认为其是电视剧里虚构的人物。像这样的现象还有很多,这已经不是一个简单的社会娱乐事实,而是一个凸显了中国当今文化走势的文化现象。

中国传统文化是我们这个拥有五千年文明历史古老国家的灵魂所在,它在铸造中华民族的国民性以及中华儿女的民族魂、在中华民族历经磨难仍自立于世界民族之林的过程中,发挥了巨大的作用,可以说中国传统文化形成了中华民族的稳定性与巨大凝聚力,它的精华部分有着独特的价值和永恒的魅力,对于今天我国的现代化建设仍发挥着重要作用。文化是有连续性和继承性的。当代大学生作为 21 世纪中国文化的建设者和创造者,首先应继承和弘扬传统文化,因为没有民族化就没有世界化。中华民族的崛起离不开传统文化。

近十几年,中国的经济建设取得了举世瞩目的成就,这是公认的事实。但是,没有精神和文化文明保障的经济增长是难以推动社会健康发展的。一个民族,如果只有经济成就,还不能成为世界上真正的强国。恩格斯早在一百多年前就曾深刻地指出:"一个民族要想站在科学的最高峰,就一刻也不能没有理论思维。"而理论思维的获得靠学习专业知识是不行的,必须学习人文科学,特别是学习哲学,我国的传统文化有着丰富而深刻的哲学思想。所以,中华民族要想站在科学的最高峰,必须加强传统文化的文化建设,在世界精神文明宝库里做出应有的贡献。只有这样我们的国家才能成为经济强国、科技强国、文化强国,这样的中国才是真正意义上的世界强国。

第二节 传统文化融入高校思想政治教育的可能性与必然性分析

一、传统文化融入高校思想政治教育的可能性

(一)目标的最终指向一致

中国传统文化与思想政治教育在教育目标的设置方面都直接指向人,指向人思想道德素质的提高,同时,它们在目标的最终指向属性都回归到了政治属性上,这体现了二者目标的一致性;二者除了在目标设置与指向属性上有着一致性外,在内容方面也存在着许多相通相合之处;而二者在教育模式方面的不同,则使二者有了很强的互补性。这些都为中国传统文化与思想政治教育之间的融合创造了重要的可能性条件。

传统文化具有思想政治教育功能,同时,传统文化和思想政治教育在教育目标、共生性和形成机制方面有着跨越时间和空间的亲缘性,这些都为思想政治教育借鉴并应用传统文化提供了机遇和可能。

1. 文化的思想政治教育功能

文化具有重要的思想政治教育功能。文化是人类经过几千年历史创造的,但文化反过来还有塑造人、培养人的功能。从根本上说,人类所受的教育,是文化的教育。我国古代向来重视文化教人、育人的功能,《论语》中就有"孔子

指点孔鲤学诗学礼"的典故。大学生是中国传统文化的现实接受者，其思想无时无刻不受到传统文化的影响。在思想政治教育中，采取一定的文化方式，通过文化武装人的头脑，陶冶人的情操，从而使人的素质得到全面提高，实现人的"全面而自由"的发展，就是文化的思想政治教育功能。

2. 思想政治教育与传统文化的一致性

（1）思想政治教育的目的性与传统文化传承的目标具有一致性

中国传统文化重在培养健康的人格，提高人们的思想道德修养，丰富人们的精神世界，增强人们的精神力量。这些都符合今天人们所追求的道德理想，而且和思想政治教育中培育有理想、有文化、有道德、有纪律的"四有新人"的目标相一致。

（2）思想政治素质与文化素质的共生性

大学生的基本素质包括思想政治素质、文化素质、专业素质和身心素质，其中文化素质是基础，思想道德素质是根本、灵魂。每一种素质都不能独立存在，都和其他素质相辅相成，思想素质与文化素质更是密不可分，二者具有共生的特点。

（3）思想政治素质和文化素质形成机制的相似性

思想政治素质和文化素质的形成机制基本相似，其就是教育者根据一定的社会思想道德要求，对受教育者施加有目的、有计划、有组织的教育影响，通过将相关知识内化，使之形成学生的主观体验，进而形成社会所期望的思想政治品德的过程。

中国优秀传统文化光辉灿烂，是我国人民智慧的结晶，在我国的各个历史时期和阶段都发挥着不同的作用，中国优秀传统文化与大学生思想政治教育结合的可能性，主要是由优秀传统文化中蕴含着的丰富教育资源和教育功能决定的。

（二）内容具有相通之处

在思想政治教育和中国传统文化各自所包含的内容方面，二者存在着许多相通相合之处。

1. 理想教育与"大同思想"的相通

思想政治教育中的理想教育与中国传统文化中的"大同思想"之间存在着相通相合的关系。思想政治教育中的理想教育是以共产主义理想为核心的理想教育。在马克思所描绘的共产主义社会里，没有私有制、没有阶级、没有国家；财产社会公有，人人地位平等；大家各尽所能，各取所需；人性得以充分发展。而在中国传统文化中，早在中国第一部诗歌总集《诗经》中，人们就有追求公平、幸福的"乐土""乐国""乐郊"的期待；在《春秋公羊传》里，也有"衰乱世，升平世，太平世"的三世说。在这个世界中，人人平等，亲密无间，人尽其才，物尽其用，个人与社会浑然一体。中国传统文化中的"大同理想"与思想政治教育内容中理想教育的共产主义理想之间存在着一定程度的相似，这种相似性的存在使中国先进的知识分子更容易理解和接受马克思主义的共产主义理想，从而促进了其在中国的传播。

2. 科学的世界观教育与朴素的唯物辩证法思想的相通

思想政治教育中最根本性的教育内容，即科学的世界观教育与中国传统文化中朴素的唯物辩证法思想之间亦有相通相合之处。思想政治教育中的世界观教育包括辩证唯物主义和历史唯物主义两方面的内容。辩证唯物主义以世界的物质同一性为基础，以辩证法为方法论，以对立统一、质量互变和否定之否定大规律为主干，坚持人类社会是由简单到复杂、由低级到高级的螺旋式上升和波浪式前进的历史辩证法。历史唯物主义则揭示了人类社会发展变化的终极原因是经济因素，并由此强调了社会存在对社会意识的决定作用，物质生产对社会发展的基础作用，以及人的实践对社会发展的推动作用。而中国传统文化则一贯重视"经世致用"，其善于从物质生产条件以及民心向背的角度来思考历史的兴衰更替，善于从人民的物质生活角度出发研究社会的道德与文明。春秋时期的管仲提出了"仓廪实则知礼节，衣食足则知荣辱"的观点，认为社会物质条件是人民群众精神生活的基础前提。孔子提出的"庶之、富之、教之"的思想则解释了人口的繁衍、社会财富的增加、人民生活的富足和道德教化取得的成效之间的依次决定关系。由此可以看出，中国传统文化中的这些观点其实与历史唯物主义的观点有着相通相合之处。

除此之外，中国传统文化还蕴藏着朴素的辩证法思想。道家学派的创始人老子提出了"万物负阴而抱阳，冲气以为和"的观点，即任何事物都有对立的两个方面，即"阴""阳"二气，这两个方面在相互作用中实现了统一之"利"。儒家经典《易经》中的"一阴一阳谓之道""刚柔相推而生变化"等观点意在强调阴、阳和刚、柔的相互作用推动事物发展变化。宋明理学的张载亦认为"一物两体，气也。一故神，两故化，此天地之所以参也"，意在强调矛盾双方对立统一的关系。基于以上分析，我们可以看出，中国传统文化中所蕴含的朴素唯物辩证法思想，与辩证唯物主义和历史唯物主义之间在价值定位和思想倾向上亦存在着相通相合之处。

3. 政治思想方面的相通

在政治思想方面，有"民为邦本"与"以人为本"、整体主义与集体主义的契合。

中华传统民本思想是"以人为本"思想的文化基因。传统民本思想可追溯到殷商之际。春秋时期，周公提出"保民"的治国理念；孔子提出"节用而爱民，使民以时"（《论语》）；孟子也提出"民为贵，社稷次之，君为轻"（《孟子》）；荀子则把君民的关系与水和舟的关系联系起来，认为"君者，舟也，庶人者，水也，水则载舟，亦则覆舟"（《荀子·王制》）；及至西汉，贾谊更明确地提出"民为国本"的观点（贾谊《新书》）。这些历史文献充分说明，民本思想在中国源远流长、内涵丰富。尽管它们与社会主义的以人为本思想存在着本质上的区别，但中国共产党提出的"为人民服务""立党为公""执政为民""坚持群众路线"等主张，无疑是传统民本思想在新时代的复活。

中华传统的整体主义原则是社会主义集体主义的文化基因。整体主义原则是贯穿于中国封建社会最重要的道德准则，其基本精神是封建统治集体的整体利益绝对高于个人利益。其表现在政治领域，是春秋大一统、"普天之下，莫非王土"的观念和"王道"；其表现在社会领域，是家庭、宗族、国家不可分割的情感纽带和社会组织；其表现在意识领域，是兼收并蓄、利而不同的宽容精神；其表现在伦理领域，是顾全大局、牺牲个人或局部利益的价值取向。尽管它在很大程度上压抑了个性、维持了封建秩序，且与科学社会主义提倡的集体主义相去甚远，但是，却与社会主义的集体主义原则有着天然的亲和关系，且为中国人选择集体主义提供了肥沃的土壤。

4. 经济观念方面的相通

在经济观念方面，有"天下为公"与"公有制"、"均贫富"、平等观念的契合。中华传统的"天下为公"思想是社会主义公有制思想的文化基因。在数千年的历史长河中，"公"始终是中华民族的崇高追求和价值标准，是判断善恶的重要标尺。这里的"公"有公产、公利等几层含义。在公产方面，由于历史的局限，我国古代不可能提出生产资料公有制的理论体系，但是很多人认识到了私有制的众多弊端，主张财产公有。在公利方面，在中国历史上，统治者总是从自身的地位和利益出发，不约而同地反对"人不为己，天诛地灭"的极端自私言论，宣称为天下人谋福利。尽管这些公有主张与社会主义公有制之间还有一定的差距，但是，即使是文化程度较高的文人学者，在马克思主义传入中国初期，也会把社会主义公有制等同于中国古代的公有主张，甚至有人认为中国古代的井田制就是社会主义。"公"作为最高的伦理道德，不仅已经融入当代的社会主义道德建设之中，而且也融入了中国特色社会主义文化理论的建设之中。

众所周知，平等是社会主义的基本原则和核心价值。而在《论语》中，孔子就主张:"不患寡而患不均,不患贫而患不安。盖均无贫,和无寡,安无倾。"在历史上,许多知识分子最强烈、最高的诉求就是均贫富。中华人民共和国成立之后,改革开放以前,中国社会意识形态的基本取向仍然是反对收入差距,主张经济平等、分配平均。尽管古人不可能像今天的学者那样准确、科学地界定平等,不可能认识到权利平等、机会平等、结果平等等系列平等观,但是,中华传统的平等观念,确实为中国人理解马克思主义、接受科学社会主义打下了坚实的基础。

5. 文化理念方面的相通

在文化理念方面,有"贵和思想"、"天人合一"与和谐文化的契合。追求和谐是中华民族传统文化的主题。传统文化中"贵和"的思想理念和"求同存异"的宽容精神,形成了中华民族重要的价值取向,形成了严于律己、宽厚待人、与人为善、先人后己、舍己救人等民族精神。这种"天地与我并生,万物与我为一"的和谐思想铸就了中华民族热爱和平、追求和谐的民族性格,教育引导着世世代代的中华儿女,是构建社会主义和谐社会的基本理念,是科学发展观的重要思想基因。

可以说,正是由于中国传统文化与思想政治教育内容之间的这种相通性,才使二者有了融合的可能性,进而思想政治教育可以在中国传统文化这一丰厚的历史土壤中不断获得新的发展。

(三)教育模式具有互补性

思想政治教育的方法多种多样,有理论灌输法、实践锻炼法、自我教育法、榜样示范法、比较鉴别法、咨询辅导法等,其中,理论灌输法是思想政治教育最主要、最基本的方法。作为一门意识形态色彩极为浓厚的学科,思想政治教育自然需要通过理论灌输法来对受教育者进行马克思主义理论教育。不过,在我国以往的思想政治教育实践中,人们往往对其意识形态功能过分强调,而对其文化功能缺乏应有的关注,这就使思想政治教育一直偏重于简单空洞的理论说教和意识形态的直接灌输。不仅如此,在思想政治教育过程中,思想政治教育工作者往往也不考虑受教育者的具体情况,不分层次,不问对象,经常采用"我讲你听""我说你做""我令你止"等居高临下、简单粗暴的教育方式,受教育者也只是消极被动地接受,而非积极主动地内化吸收这些科学理论,这就使思想政治教育工作显得呆板枯燥、索然无味,思想政治教育的实效性也会因此大打折扣,思想政治教育亦难以适应新形势的发展要求。

思想政治教育对意识形态的过分强调使其自身的文化属性和人文精神被遮蔽。中国传统文化的教育方式则正好弥补了现代思想政治教育模式的不足。

（1）中国传统文化注重渗透而非灌输，强调"以文化人"，受中国传统文化影响而形成的个性品质、思想观念、行为模式等，一旦形成就会内化、积淀、渗透在社会成员的灵魂深处，很难改变。

（2）中国传统文化注重培养人内心深处的自觉意识，善于引导人们通过"自省""内省""慎独"等内在自省的方式反思自身的思想和行为中的不足与过错，进而使人们在认识上达到真正的"知"，不断提升自身的道德修养，使自己不断接近圣人的道德境界。不过，以自觉内省的方式来提升自身道德修养最终是为了付诸道德实践。

（3）中国传统文化注重"知行合一"的道德实践，可以说"知行合一"是我国传统文化经过长期的实践探索和理论总结形成的极具特色的思想道德教育方法论系统，《易经》："履，德之基也。"先秦墨家学派代表人物墨子就对道德实践十分重视，他认为评价一个人是否真正为"仁"，"非以其名也，亦以其取也"。即一个人是否真正为"仁"，不是看他是否知道"仁"的含义，而是看他在行为上是否有真正"仁"的举动。明代思想家王阳明则明确地提出了"知行合一"的思想。可见，中国传统文化不仅注重道德教育中的自觉自省，更注重在自觉自省基础上的道德实践，注重"知"与"行"的辩证统一。

上述中国传统文化所倡导的种种教育模式，弥补了我国现代思想政治教育因过分重视和强调意识形态而形成的思想政治教育单一、空洞以及枯燥的理论说教和灌输模式。当然，作为一门意识形态色彩极为浓厚的学科，思想政治教育离不开理论灌输这种教育模式，只是当我们忽视了文化对思想政治教育的内在渗透力，忽视了受教育者对思想政治教育内在的自觉自省意识，忽视了思想政治教育者与受教育者在思想政治教育过程中的道德实践，而过分强调这种理论灌输的教育模式时，灌输的力度再大，思想政治教育也难以取得理想效果，甚至会起反作用。

因此，我国目前的思想政治教育应该借鉴和吸收中国传统文化所提倡和践行的这些潜移默化的渗透、自觉的内在自省以及"知行合一"等教育模式，改变我国当前思想政治教育模式单一枯燥的现状，弥补我国当前思想政治教育模式的不足，进而引导全体社会成员积极、主动、自觉地反思自身，不断地提升自身的思想道德素质。

二、传统文化融入大学生思想政治教育的必然性

（一）探索思想政治教育新路径的必然选择

思想政治教育具有文化属性，需要以文化为依托。中国传统文化与思想政

治教育相融合，是应对目前思想政治教育存在的困境、探索思想政治教育新路径、提高思想政治教育实效性的必然选择。当前在全球化的时代背景下，多元文化并存态势越来越明显，大学生的价值观念、思维方式和行为方式等都较以前发生了剧烈变化，这对高校思想政治教育提出了严峻挑战。

一方面，目前我国大部分高校的思想政治教育主要还是通过课堂教学来进行，而且在思想政治教育课堂的教学过程中，教学内容单薄枯燥，授课模式单一，教师往往采用社会学、心理学等学科方面的知识与技术，表面化和浅显化地临时解决问题，而对中国传统文化的挖掘和运用不够重视，即使以中国传统文化为依托，也大多停留在"机械融合"或"单纯说教"式的灌输层面上，没有深入考察中国传统文化的实质内涵、时代背景、阶级立场等，这些都使中国传统文化在思想政治教育中的运用和渗透非但没有达到预期效果，反而在某种程度上淡化了学生的民族自信心与自豪感，削弱了中国传统文化在思想政治教育中的重要应用价值，思想政治教育的有效性因此大打折扣。

另一方面，在全球化时代的背景下，多元文化交流频繁，并存态势日趋明显，各种价值观论调不可避免地对一些大学生的生活态度、思想观念产生了严重影响。很多学生既没有真正了解外来文化、思想、观念之精髓，也没有深刻领会中国传统文化、思想、观念之精髓，因此，在多元文化的碰撞中，他们的价值观极容易走向偏激或急功近利：在学习上，他们只重视能够谋生课程的学习，而对思想政治教育课程不屑一顾；在生活上，他们更愿意追求金钱与物质的利益；在精神上，他们则只考虑自己，不考虑集体和他人，缺乏对共产主义的理想与信念，缺乏对人生目标的冷静思考。我国以往惯常以说教和灌输为主的思想政治教育模式，无法及时为这些问题提出行之有效的解决方法，而中国传统文化中的精华也因大学生对其的了解与掌握知之甚少，而无法发挥其在大学生思想政治教育中的积极作用。

（二）马克思主义与传统文化发展的内在要求

以马克思主义为指导思想和核心内容的思想政治教育与传统文化的融合是两者发展的共同需要。

首先，马克思主义是一个世界性学说。在马克思主义产生以前，民族性是文化的主要特征，像老子、孔子、康德、黑格尔等伟大的思想家，对其民族均产生过一定的影响，但由于历史和阶级的局限性，他们的思想影响仅仅停留在文化交流和传播的层面上。而马克思主义揭示了人类社会发展的一般规律，是一种超越民族和地域局限的世界性革命学说。但是，马克思主义的世界性必须借助一定的民族文化才能实现。黑格尔曾经说过，只有当一个民族用自己的语言掌握了一门科学的时候,我们才能说这门科学属于这个民族。这一点,对于哲学来说非常重要。就当代中国而言,把马克思主义与中国革命的具体实践相结合的过程,同时也是把马克思主义同中国传统文化相结合的过程。

其次,自近代以来,各国文化都面临着如何实现从传统向现代转型的问题。这里所说的传统文化,指中华民族从先秦到五四运动这三千多年间形成的文化,它是中华民族对自然和人类社会认识的结果。秦汉以后,中华大地上的各民族文化类型大致可以分为三类,即北方草原游牧文化、南方山地游耕文化、中原定居农业文化。在长达三千年的历史进程中,上述三种文化类型以中原定居文化为中心,多方面交汇融合,正是在它们相互冲突又相互融合的过程中,传统文化得以最终形成。由于传统文化在相当长的历史时期内表现为建立在小农经济基础上的封建文化,故其很难直接开发和培养出适合现代社会和现代化需要的现代文化精神,而在 20 世纪初传入的建立在高度工业化基础上的马克思主义,本质上是一种具有现代性,乃至后现代性的文化,对传统文化来说,其毫无疑问是一种具有极大互补性的优势文化。传统文化正是通过与马克思主义的有机结合,才发扬了自身的优势,抛弃了自身的糟粕,实现了自我提升与现代转型。

(三)在高校思想政治教育中借鉴传统文化的可行性和有效性

中国人民的伟大哲学智慧,是各朝、各代、各种文化思想碰撞同化的产物,更是在中国人民经济、文化、政治生活的实践活动中总结归纳出来的一种思想。也正是因为传统文化来源于人民、来源于实践,故其具有一定的群众基础,也易于被群众接受。思想政治教育者应该学习和发现中国传统文化中的哲学智慧,发掘中国传统文化在现代社会生活实践中的结合点,发扬中国传统文化对大学生思想品德教育的重要价值,用好中国传统文化,对大学生进行思想政治教育,培养他们的人文素养和民族意识。

从春秋战国时期形成中国哲学的基本形态开始,在此后两千多年的封建社会中,中国哲学都十分强调伦理修养。孔子以伦理亲情为社会基础的仁学思想,倡导恭、宽、信、敏、惠五种品德,及孝、悌、忠、恕等伦理纲常。孟子继承发扬了孔子的重义轻利、仁者爱人的思想,并提出了人性本善的论题。孟子"天人合一"的大一统观念和"居仁由义"的大丈夫思想,激励了许多仁人志士以兴天下为己任。墨家主张"兼爱",追求"上同",以义为利,义利共举。以老子为代表的道家则以"无为""无欲""不争"为他们的道德准则。中国传统的哲学文化思想博大精深,包罗万象。因此,在实践中应以马克思主义的立场、观点和方法论对传统文化进行分析辨别，取其精华，去其糟粕，如此才能获得源源不断的思想政治教育资源。

（四）形成和发挥文化软实力的基本保证

文化软实力指一个民族、国家或地区的文化影响力、凝聚力和感召力，是国家软实力的核心因素。这是因为，文化作为一个国家的灵魂或血脉，凝聚着这个民族对世界和生命的历史认知和现实感受，积淀着其最深层的精神追求和行为准则，同时承载着整个民族自我认同的核心价值取向。就一个民族或国家自身的发展来说，文化软实力主要表现为一种精神上的整合力，它有利于国家凝聚力的形成和民族性格的养成，有利于民族的团结、国家的统一、政权的巩固和文化的自信。一个国家如果对本民族或本国的传统文化缺乏自信，忽视自身文化软实力的开发和建设，那么就等于其放弃了本民族或本国的文化主权，这样做结果自然会导致本民族或本国人民价值取向的混乱，以及精神家园的丧失，甚至是民族的离散和国家的分裂。因此，作为一个由56个民族组成的统一的多民族国家，加强对传统文化软实力的开发和建设，充分发挥其对全国各族人民的思想教育和价值引导作用，就显得尤为重要。

中国传统文化和世界上其他民族的传统文化一样，是植根于民族的土壤的。其从总体上反映和代表着一个民族或社会的思维方式、价值观念、伦理道德，体现在人们的生活方式、风俗习惯、心理特征上，内化、积淀、渗透在每一个社会成员的心灵深处，作为一种注重道德教化的伦理型文化，中国传统文化自身就具有显而易见的、能动的思想政治教育功能，而我国思想政治教育本身所具有的文化属性和民族属性，也使其无法离开五千年来中国传统文化留下来的精华。因此，中国传统文化软实力要最终实现其对外的亲和力和渗透力以及对内的凝聚力和创造力，必须通过思想教育来完成，中国传统文化和思想政治教育的有机融合，正是中国传统文化软实力得以形成和充分发展的基本保证。

（五）"文化自觉"与"文化自信"的要求

习近平同志在党的十九大报告中提出，要坚定文化自信，推动社会主义文化的繁荣兴盛。没有高度的文化自信，没有文化的繁荣兴盛，就没有中华民族的伟大复兴。所谓"文化自信"，指一个国家、一个民族、一个政党对其自身文化传统和内在价值的充分肯定，对其自身文化生命力的坚定信念。"文化自觉"指"生活在一定文化中的人对其文化有自知之明，明白它的来历、形成过程、所具有的特色和它发展的趋向，不带任何文化回归的意思，不是要复旧，同时也不主张全盘西化或全盘他化。"换言之，即文化的自我觉醒、自我反省、自我创建，这其中有其积极的方面，同样也有其消极的方面。"一个民族的文化能否实现自觉和自信,很大程度上取决于对人们传统文化扬弃的客观与科学态度。"可以说,对传统文化的理性批判、合理继承、勇于创新是"文化自觉"的本质要求。

也就是说,一个民族能否对其自身的传统文化进行客观的评价和认识,关系着一个民族"文化自觉"的实现与否。中国传统文化是勤劳善良的中国人民在长达五千年的社会发展中创造出来的且从未间断过的,这在世界文化史上是独一无二的。只有认识、理解、接受并内化中国传统文化,我们才能理解自己民族身后的历史底蕴,才能知晓我们是从哪里来的,并对我们现在的生活和未来的美好图景进行规划。反之,如果失去对中国传统文化的认同与理解,我们必定会失去对自己民族文化身份的认同感和归属感,进而会导致我们在思想文化上无家可归。

因此,对数千年来世代延传下来的中国传统文化能不能进行客观的评价、认识和科学合理的扬弃,关系着中华民族"文化自觉"的实现与否。那种轻率地对中国传统文化全盘否定的态度与做法,很容易造成中华民族的文化断层或文化"无根"现象的出现。二十世纪六七十年代,中国社会所爆发的文化大革命和80年代盛行的全盘西化就是如此,它给中国传统文化造成了严重的损失,造成了整整一代人对中国传统文化在认识上出现了断层。因此,当前我国思想政治教育的重要任务之一,就是在马克思主义的指导下,按照"取其精华,去其糟粕"的原则,充分肯定中国传统文化的内在价值,坚定中国传统文化的自信心,努力挖掘中国传统文化的当代价值,不断包容借鉴其他外来文化中的精华并将其吸收,使中国传统文化和现代思想政治教育能够实现优化整合,从而实现中国传统文化的现代转化和创新发展,进而真正实现"文化自觉"与"文化自信"。

第三节　传统文化融入高校思想政治教育的现状分析

一、融合过程中存在的问题

（一）学术研究层面存在的问题

1. 研究意识与创新性不足

目前，我国在古代思想政治教育史、中国传统文化与社会主义核心价值体系等方面取得了一定的成就，但学术界对研究意识的重视程度仍存在明显的不足，且没有进行过专门的讨论，也未达成共识；大部分研究者注重对相关论文的分析，而常常忽略对研究成果的分析，这说明研究者在对中国传统文化以及思想政治教育方面的研究缺乏持久性和深入性。另外，目前学术界在进行相关研究时，选题较为单一，存在内容重复的问题，多数研究侧重于简单操作性层面的问题，而忽视理论层面的思考；不少研究者存在视野狭隘的问题，其研究内容相对传统，若仅从政治学和教育学的角度对中国传统文化中有关政治教育和思想教育的内容进行研究，很难突破思想政治教育内容理论框架的束缚。除此之外，学术界在对中国传统文化和思想政治教育进行研究时缺乏创新。

2. 研究广度与深度均有所欠缺

第一，目前相关的研究方向偏向于宏观性阐释。其主要从中国传统文化的宏观角度出发，提炼对思想政治教育具有启示意义的教育资源，而且提炼的资源较为相似。

第二，在对中国传统文化与思想政治教育之间存在的内在关系进行解读时，其只是进行空泛的讲解，这在很大程度上存在选题空泛、内容以及观点类似的现象，且缺乏对两者有机融合的系统阐述与深入研究。

第三，在研究中国传统文化与思想政治教育时，大多以儒、释、道三种主流思想为主进行研究；在研究不同流派的传统文化与思想政治教育的融合状态时，人们大多以各流派代表人物的相关思想为主要对象来挖掘相关的教育资源，而缺乏对不同流派在思想政治教育中进行应用的分析。

第四，中国传统文化中与思想政治教育相关的教育资源异常丰富，而且这些资源随着时代与社会的发展不断变化，如何对传统文化中这些教育资源在历史发展过程中的变化做出解释，是目前学术界应该深入研究的问题。

3. 相关学科与人才建设有待加强

只有在中国传统文化以及思想政治教育领域都具备一定学术功底的研究者，才能在这一研究方向上取得较好的成绩。但当对目前参与研究的研究者学术背景进行分析后发现，多数研究人员学科背景复杂，专业知识结构单一，即使是相关方向的研究者也无法满足上述要求。有些研究者侧重于思想政治教育理论，有些学者侧重于中国传统文化，但很少有兼具两方面学术背景的人。这就导致研究人员在进行中国传统文化与思想政治教育的研究时，只是浅显的泛泛而论，往往缺乏深度，这对他们学术研究的成果产生了一定程度的影响。

近年来，这一研究方向逐渐被重视，许多高校都开展了相关方向的教学研究，其中部分高校针对这一方向开展了更加深入的研究，并建立了相关方向的硕士以及博士研究生教育。尽管如此，这一研究方向的范围仍然较窄，在学术界的影响力仍旧较小。随着这一研究方向在学术界不断扩展，许多与之相关的硕士论文和博士论文相继出现，并有新的研究力量不断加入，在此背景下出现了与之相关的专著，但专著的数量仍然较少，学者发表的相关论文的级别仍旧较低，而且数量较少。

4. 学科立场的辨识度不足

由于这一方向的研究涉及多门学科领域，因此，在进行研究时要借鉴这些领域的研究成果。目前，从中国传统文化与思想政治教育的研究情况来讲，虽然一些学者已经意识到了要在学科交叉中展现独特的理论发展体系，但如何进行展现仍没有明确的答案。除此之外，学术界对如何界定"古代思想政治教育"的内涵与特质观点并不统一，这也对学科的辨识度产生了一定的影响。

在目前学术界的研究中，一种观点认为，可以通过西方政治教育来表示古代思想政治教育。中国古代的教育包括哲学教育、宗教教育、人伦道德教育、法制教育、人生价值教育以及政治教育，其中道德教育是中国古代教育的主要内容。由于政治教育只是思想教育中的一部分，所以可以使用思想教育来替代思想政治教育。今天我们所讲的思想政治教育，并不是将两者放在等同的位置上，而是强调思想教育的政治性。

在古代，各流派的政治教育占据主导位置，道德教育则是各流派的核心内容。而且，古代思想教育是以"成德"和"成人"为目的的。但是，其并未对古代政治教育与道德教育之间的关系以及政治教育并非思想政治教育核心的原因进行解释。实际上，对上述两问题的研究也存在各种不同的观点。

另一种观点认为，古代有关思想教育的著作大部分是以道德教育来解释"德育"的内涵的。从广义内涵来讲，"德育"与"思想政治（道德）教育"存在相通之处，因此，"德育"能够体现思想政治教育的学科立场。《教育学辞典》

的解释是，广义上的德育包括政治教育、思想教育以及道德教育等。从狭义内涵上看，德育特指道德教育。

上述两种观点虽然对古代思想政治教育的特征进行了阐述，但其叙述方式仍是结论性的，且并未对其依据进行深入思考。因此，这一解释也具有一定的模糊性。如果在研究过程中，相关人员没有对这一问题进行深刻的解释，那么在构建理论体系时很可能会出现生搬硬套或牵强附会的问题，如此会导致古代思想政治教育的研究落入误区。

5. 研究方法存在误区

学术界在进行中国传统文化与思想政治教育研究时，在研究方法上还存在误区。其主要体现在以下几方面。

（1）用当代思想政治教育理论对中国传统文化进行肢解。研究者大多是研究思想政治教育或马克思主义的人，其缺乏对中国传统文化的深刻了解，这就使其在对中国传统文化进行阐释时，只能通过当代思想政治教育对中国传统文化进行直接的呈现，而无法体现中国传统文化的原本面目和精神气质，从而导致传统思想政治教育的逻辑体系缺乏自足性。值得注意的是，我们可以通过新学科去审视传统文化，这一方式能够促进传统文化理论的创新。但是，在通过新学科对传统文化进行创新时，必须尊重古人的思想。

（2）以逻辑推衍的方法来代替实证研究的方法。目前，学术界主要通过逻辑推衍的方式进行中国传统文化与思想政治教育的研究，或者是在中央文件精神的指导下，将中国传统文化作为一种解释性资源进行研究，或者是在对传统文化文本的解读中找出能够借鉴的资源；同时，许多研究人员在进行研究时，常常会忽略社会大众群体对中国传统文化的认知、认同以及不同的社会群体对中国传统文化的需求差异，这就无法体现中国传统文化在实际生活中的应用价值，无法使其更好地为社会现实服务。

（二）大学生思想政治教育层面的存在问题

1. 中国传统文化在大学生思想政治教育中缺失

中华文明具有厚重的文化底蕴，在历史发展过程中，形成了以爱国主义为核心的传统文化思想，这对中华儿女产生了深刻的影响。将中国传统文化融入思想政治教育中，有利于推动大学生的思想政治教育工作与学科发展。然而，目前我国许多高校都缺乏对应的传统文化教育课程，只有少数高校设计了与中国传统文化相关的选修课。

从目前我国大学生思想政治理论专业课程的设置情况来看，我国大学生思想政治教育的必修课程没有与中国传统文化相关的内容，只是在思想政治教育的部分章节中体现了一些与中国传统文化相关的内容。虽然高校设置了与中国传统文化相关的课程，但其仅以选修课的形式出现且普及程度有限。有关中国传统文化与思想政治教育方向的课程及教材更是少之又少。由此可见，我国高等教育的思想政治教育主要是突出其政治性，对文化性的重视程度还不够。中国传统文化在大学生思想政治教育的课程设置中存在严重的结构性缺失问题。

不仅如此，在我国大学生思想政治教育实践活动中，以中国传统文化为主题的活动处于随机开展状态，没有固定的时间和形式。思想政治教育工作者对中国传统文化的态度，也决定了以中国传统文化为主体的活动开展情况，中国传统文化中许多优秀的资源没有被开发利用，造成了教育资源的浪费。这也是导致我国大学生思想政治教育缺少中国传统文化的重要原因。

2.大学生思想政治教育专业教师的传统文化功底欠缺

中国传统文化与思想政治教育这一研究方向，需要研究者同时兼具这两个领域的学术知识，并且具备进行两种甚至多种学科交叉渗透的综合研究能力。然而遗憾的是，我国大部分高校相关领域的教师都无法满足这一要求，他们的专业知识结构较为单一，更没有较强的学科综合交叉渗透研究能力。

目前，从事思想政治教育的教师大多具备马克思主义理论知识，这些教师大多是专门从事与思想政治教育相关的教学和研究工作，他们对中国传统文化没有太多的兴趣，其专业知识结构也偏向于思想政治教育理论。教师只具备较少的中国传统文化相关的知识，是无法将中国传统文化中与思想政治教育相关的资源传授给学生的；而其中少数具备较强传统文化功底的教师，则主要是从事中国传统文化相关研究的学者或专家，其思想政治教育理论相对薄弱，也缺乏中国传统文化与思想政治教育相融合的综合研究能力。因此，可以说，在我国大学生的思想政治教育中，将两种领域的知识有效地传授给学生的教师是比较缺乏的，这直接导致中国传统文化和思想政治教育这一研究方向难以开展，从而严重地影响了思想政治教育的创新与发展。

3.大学生思想政治教育的培养目标以及教学模式、方法、内容等单一片面

（1）从培养目标以及价值定位来看

我国思想政治教育的根本目的是通过促进人思想道德素质的提高以及人全面自由的发展，激励那些为建设中国特色社会主义、实现共产主义而努力奋斗的人。但长期以来，思想政治教育在价值取向方面，过度强调"社会本位"和"无私奉献"，而忽视人的全面自由发展，这就导致思想政治教育缺乏理性精神与人文情怀。

（2）从教学模式来看

我国长期以来实行以教师为主导的课堂教学模式，这种模式的特点主要体现在以下几方面：一是片面强调教师的权威，强调对学生进行外部约束管理，而忽视学生的主动性、积极性以及自我约束力；二是在思想政治教育过程中，使用统一标准对学生进行评价，忽略学生的差异性；三是在思想政治教育方面缺乏对学生的交互式引导，忽视学生的情感需求等。

（3）从教学方法来看

我国的思想政治教育主张以理论灌输方式对学生进行教育，这种教学方法过于僵化，未能从人性化的角度关注学生的内在需要、引导学生进行自我发展，而是以说教为主，要求学生的无条件服从。这种教学方法较为单一且缺乏灵活性，不利于思想政治教育发挥其实效性的作用。

（4）从教学内容来看

思想政治教育目标设定得不准确，我国在进行思想政治教育实践时过度注重意识形态方面的教育，忽略了对学生进行思想道德教育。思想政治教育教材的内容陈旧单调，缺乏我国在发展过程中出现的问题以及大学生关注的热点问题或敏感问题。这样的内容设置无法解决学生在思想上的困惑，无法满足学生的精神需求，亦难以引起学生的学习兴趣和情感共鸣。

4. 大学生关于传统文化的基础较弱

中国传统文化是中华民族经过数千年积淀形成的文化，对中华民族的发展具有重要的指导意义。作为新时代的大学生，了解祖国传统文化能够增加自身的民族自豪感和自信心。不过，从有关调查报告的结果来看，我国大学生在中国传统文化的接受程度以及认知程度方面并不乐观。大部分学生对中国传统文化比较感兴趣，但对中国传统文化的了解程度非常一般，大学生并未对中国传统文化中的思想精髓进行深入理解，对中国传统文化相关的知识也只是偶尔阅读；大部分学生能够了解繁体字的意思而无法自如地运用；绝大多数学生认为，传统文化对于解决当下中国社会问题具有积极作用，但对于传统文化的未来发展问题却感觉很迷茫。

调查报告仅能反映我国部分地区大学生对中国传统文化的认知情况。不过，从上述几种情况来看，虽然当代大学生对我国传统文化具有浓厚的兴趣，也认同传统文化在当代社会中的价值与作用，但他们对传统文化的认知和理解还有诸多不足之处，大学生整体的传统文化素养相对较低。除此之外，我国当代大学生由于受应试教育、市场经济环境、西方价值观以及网络文化等方面的影响，传统道德观念较为薄弱，且追求个人主义、自由主义、拜金主义、享乐主义，缺乏社会责任感和奉献精神。

二、师资队伍急需加强建设和培训

高校师资力量的强与弱直接关系到教学效果、教育质量的好与坏。传统文化融入大学生的思想政治教育尽管受多方面因素的影响，但在众多因素中，师资队伍建设无疑是最为重要的一个环节。大学生思想政治理论课是大学生思想政治教育的主渠道和主阵地，在思想政治理论课教育中开展优秀传统文化教育有着非常重要的作用和价值。思想政治理论课教师在这些使命和任务的实现方面，发挥着不可替代的作用。

（一）存在的问题

一是理论素养存在的问题。极少数教师缺乏对马克思主义的坚定信仰，其只把教学当成谋生的手段，只专注于教学科研等与个人有关的工作，这使其对共同理想越来越淡漠，政治方向感越来越模糊，缺乏教师应有的政治素质和政治敏锐力。也有极少数教师对马克思列宁主义、毛泽东思想一知半解，对中国特色社会主义理论体系学习得不够、理解得不透。

二是师德建设存在的问题。如职业认同感欠缺，敬业意识淡薄；自律意识不强，示范作用欠缺。

三是科研育人工作主要存在的问题。科研育人的意识有待进一步强化，科研育人的内容有待进一步拓展，科研育人的方法有待进一步创新，科研育人的合力有待进一步形成。

（二）加强教师师德素质培养

师德作为教师专业素质的核心，能够从教师的人格素质中体现出来。人们常提的"为人师表"、"以身作则"、"循循善诱"、"诲人不倦"以及"躬行实践"等，既是教师的师德素质，又是教师良好人格品质的重要体现。

1. 铸炼师德

教师不仅要对学生言传，还要进行身教。这就要求教师在进行教学时要不断自省、自励、自强，以身作则，做到言行统一，在行动上为学生做表率。教师对学生的根本教育就是教会学生如何做人，教师只有为人端正才能教育学生端正、正直。教师要时刻以大局为重，自觉遵守法律法规和社会公德，遵守学校规定，为学生树立榜样，这样才能教育学生遵纪守法。

教师要为学生树立终生学习的榜样，始终坚持学习。在科学技术飞速发展的今天，国内形势瞬息多变，教师只有始终学习才能保证与时俱进，具备持续发展的能力，为学生树立榜样。教师在保持勤奋学习的同时，还要将这种能力传递给学生，使学生能够不断进步。

2. 促进教师师德的提高

"师爱"指教师对学生的爱。教师热爱学生在一定程度上就是热爱教育事业。但如何热爱学生，如何让学生感觉到教师的热爱是一件十分困难的事情。

所谓的师爱，就是教师对学生不计回报的无私付出，这种爱是在教师教育学生的感情基础上发展形成的。学生只有感受到这种感情，才会更加尊师重道。所以说，师爱就是师魂。当教师与学生能够实现同心同德时，学生的学业就能顺利完成，从而促进教学效果达到最佳。反之，则可能对学生造成伤害，影响全班学生学习的积极性。

3. 不断锤炼教师的心理素质

锤炼教师的心理素质可从以下几方面着手。首先，解放思想，培养开放的意识。教师应从自我封闭的状态中解放出来，立足我国国情，不断拓宽视野，掌握国内外最新教育改革动态。寻找自我素质的定位，不断对素质教育的模式进行创新。其次，接受来自学生的各种挑战。在教学活动中，教师作为教育者而学生作为受教育者，两者可以相互促进，共同进步。教师将自身掌握的知识教授给学生，促进学生成长，学生将学习成果反馈给教师，这样有助于教师进行自我检验，这就是所谓的教学相长。在教学过程中，教师要能够虚心接受他人给出的意见或建议，虚心向后辈或学生学习。

（三）转变教师教育思想

1. 重视学生的个性发展

发展的根本动力在于受教育者心理的内部矛盾。学生作为学习活动的主体，其学习是主动的过程。为了更好地调动学生的积极性，教学活动应能激发学生的内在动机，使之形成积极的学习态度。教书育人的本质是一种教学。教师在对学生进行思想政治教育时，应重视发展学生的个性和自主性。新时期的教书育人工作应当建立在师生间的民主、平等交流、友善合作的基础上，教师也应把育人的过程视为学生的个性发展与完善的过程。

2. 重视智能教育

教学的焦点不是理性探究的结果，而是理性探究本身，是怎样认识、为什么认识，而不是认识什么，因为教师传授了知识并不代表学生的能力得到了发展。学校教育所培养的人，最终都要能够自主地解决其所面临的问题，特别是在当今国际国内形势飞速发展变化的情形下，学校要培养能够独立自主解决未来社会生活工作中的困难的人才，这种能力的培养就显得尤为重要。教学活动要在告诉学生什么是真理的同时，教会学生如何认识真理。

掌握真理的过程是一个追求真理、探求真理的过程。教育者要成为学生探索真理的引路人，关键是把学生看成具有一定思考能力与思想方法的人，引导他们寻求真理，进而教会他们运用辩证的思维与科学的分析方法，学生只有在学习的过程中，感到寻求真理的乐趣，才能真正地拥有自我教育的积极性，从而实现教师教书育人的目标——培养合格人才。

3. 强调育人方向

学生要具有辩证唯物主义的世界观与人生观，要热爱祖国、人民和劳动；要具有强烈的事业心、责任感和协作精神，还要有坚忍不拔、拼搏进取的精神。

现行的思想政治教育强调学生要将努力学习与个人出路联系在一起，以对得起父母、对得起自己为激励手段，以是否"出事"为标准，这种行为是对育人的误导，这样会使学生无法拥有崇高的精神追求。

（四）整体推进教师的专业成长

教师作为教育事业发展的重要资源，是教学事业能够稳定发展的前提条件，因此，师资队伍的建设是教育改革的重中之重。

1. 整体推进的内容

（1）对教学管理人员进行培训

随着办学模式的不断变化、学校教师数量的不断增加，许多教育集团开始实行"一校多区"的办学模式。学科组长可以将教学管理部的要求传递给教师，并带领学科组的教师进行教材的深入研究，如此可在组内形成浓厚的教学研究氛围，从而提高教师的教学质量。由此可见，学科组长在教育教学管理中发挥着至关重要的作用。教学管理者要定期对学科组长进行培训，从而提高其学科管理能力。

学校还应设立对应的专项经费，用于院校骨干教师参加国家、省、区、市等各级别的专题培训，从而使教师的眼界不断被拓宽，使教师的研究能力、教育践行和反思能力进一步提升，进而建立一支高素质、高能力的教师队伍。

（2）专家引领提高教师的科研能力

专家的引领可以不断促进教师专业的成长，学校可以邀请信息技术专家以及教育、教学专家构建专业的研究团队，引领全校教师开展有意义的课程研究。学科各课题负责人通过各种方式积极与课题组的专家进行联系，并及时向相关领导汇报研究的进程、阶段成果以及研究过程中出现的问题，通过与专家进行不断的讨论，得到适合本校实际情况的具体研究方案。专家们的参与，不但能够从理论层面，对各课题研究的重要性有更加深刻的理解，提升本校教师的理论水平，拓宽教师的视野，使其接触最先进的教育教学理念；而且能够明确指出教师进一步研究的方向，坚定教师进行研究的信心，并对教师进行具体的指导，帮助教师积极有效地开展研究工作。

（3）拓宽教师视野的国际、国内培训

院校在进行校内教育教学工作与校本教研工作整合的同时，还可以派出大量优秀教师进行国际、国内培训，从而拓宽教师的视野，这样有利于教师及时吸收国内、国际最前沿的教育教学信息。

（4）提升课堂魅力的示范培训

随着课堂教学研究的深入进行，教师及学生的能力都到了巨大的提升，院校的教学质量及教学影响力得到了明显的提升。此时，院校就能够承担一些大型的研究活动。除了承担大型研究活动外，学校也要经常组织全校性的课题研讨活动，或者跨学科、跨校际的课题研讨活动。这样的大型课题研讨活动能够激发教师参与研究活动的积极性。

2. 教师培训整体推进的策略

（1）学校层面

根据学科的发展需求，确立相应的激励机制，不仅对教师进行物质奖励，还综合考虑学校长期发展与教师终身成长进行激励机制的设置。众所周知，学校信息技术的发展必须以硬件的大量投入为基础，片面地追求高规格、高技术、高投入，忽略管理的问题，会产生人力、物力以及财力的浪费。因此，学校在进行硬件投入时一定要考虑如何充分发挥它们的作用。

在进行常规管理时，学校要每个月对信息技术的使用情况进行评估，并对教师进行信息技术的培训，还对网络的使用情况进行及时的总结、评价。随着学校办学规模及信息化水平的不断提高，学校要对办学理念进行进一步弘扬，不断与时俱进，打造学校文化特色，并在不同校区根据教师的特点增设新的内容。

（2）教师团队层面

从团队建设角度来看，要建立不同类型的研究团队，如"名师工作室"、"新教师团队"、"特级教师工作室"以及不同课题组等。教师可以依据自己的喜好选择团队，而团队要根据教师的特点对其进行相应的培训。

专家培训可以帮助教师解决思想认识方面的问题，为教师搭建各种发展的平台，为教师提供学习的机会。教师通过这一学习过程，可以找到自我发展的新途径和归属感。对制度以及机制进行及时调整，可以保证学校各专业的正常发展。

教师通过教学设计，可以使学生充分理解教材，进而使其更好地掌握教材中的知识。教师虽然在课前做了许多准备，但在实施过程中难免会出现不同的问题。因此，教师必须不断地进行自我反思，通过积累经验不断进行调整，及时发现新问题，将教学实践提升到新的高度，从而实现自我超越。

反思主要分为两部分：一是任课教师的反思，二是听课教师的反思。课堂结束后的教师反思：一方面对学生的学习过程、特点及内容进行思考，寻找有利于学生学习的教学方法；另一方面，通过对教学过程和教学知识进行反思，促进信息技术与教学过程的融合，从而提高教师的自生能力。

教学过程本就是一个反复循环的过程。通过"认识—实践—再认识—再实践"的过程，不断提高教师的教育教学水平。教师也在这一过程中对自己的教学方法进行不断调整与改进，从而提高自身的专业素养。

（3）教师个人发展层面

在对教师进行专业素质的培养时，不能仅局限于教师自己的圈子，还要不断拓宽其视野，促使其专业素质不断提高。

在进行全校教师专业素质的培养时，教师的教与学要同时进行，并不断对教学实践过程进行反思，对经验进行系统的总结，将总结的经验运用到教学实践中，经过这样一个过程教师的思维水平和理解水平都会有明显的提升。而经过这一过程，教师也能从不同层面对同一问题进行研究，从而实现思想的交流，最终形成看法，形成良好的学习氛围，实现"和而不同"。所谓的"和"就是教师不断地反思，在相互交流中形成的学习氛围，"不同"则指教师反思方法的差异，其主张通过信息化的手段实现教师的专业化成长。

（五）加强教师科研素质管理

在当今社会，科技竞争是国际高校竞争的焦点，因此，必须加强教师科研素质的培养。

1. 教师必备的科研能力

（1）具备科研开发的能力

随着科学技术的飞速发展，高校教师必须站在科学发展的前沿，使高校教学内容具备较强的流动性和变异性。这就要求高校教师不仅要具备扎实的知识，透彻了解所教课程的全部内容，而且还要涉猎与教学内容相关的知识。科研就是高校教师获取最前沿科学知识最直接、最有效的途径。教师通过对学科进行深入研究，可以促进学科向更深、更广的领域发展。

（2）具备科技创新能力

创新能够促进民族进步和国家发展。具备创新能力的教师可以促进学生创新精神的发展，可以培养学生的创新能力。教师应当主动对科学知识与技术进行进一步的探索，对教学思想、教学方法以及教学模式进行创新，以探索出独具个性的教学风格。

（3）团队协作能力

科研领域的开发仅依靠个人的能力是远远不够的，还要依靠团队进行工作。但团队成员的性格迥异，这导致了在进行团队协作时，要先处理好团队间的人际关系，避免整个科研项目因为个人的不配合而停滞不前。只有处理好团队中成员之间的关系，科研项目才能够快速、有效地进行。因此，团队协作能力是进行团队科研开发必备的能力之一。

2. 提高教师科学能力的必要性

（1）科学研究能够促进师资水平的提高

科学研究不仅能够促进教师形成合理的知识结构，还能够培养教师的创造性思维和创新能力。开展教学研究与科学研究，能够不断深化教师科研的意识，有利于促进创新型师资团队的建设，从而打造一支高质量的创新型师资队伍。

（2）科学研究能够促进学生培养创新能力

教师只有具备了较强的创新能力和意识，才能促进教学工作的创新。因此，教师要不断增强自身的创新能力，融入国家的创新工程中。这一过程需要教师和学生共同参与科研活动，需要教师运用已学的理论知识去解决实际问题，将书本知识转化为创新能力，学生参加科研活动可以使自身形成良好的研究习惯，并培养自身的创新能力。

（3）提高教师科研能力是培养创新型人才的要求

我国始终致力于实现建设创新型国家的战略目标，高校作为培养人才的主要基地，担负着培养创新型人才的重要责任。高校教师具有培养学生创新能力的职责，这就要求高校教师要不断提高自身的科研能力。高校教师作为科研的中坚力量，能够促进国家的科技创新，保障我国科技创新的可持续发展。

（4）提高教师科研创新能力是实现教学与科研共同发展的要求

高校的主要职责是教学，而科学研究则是高校的灵魂，两者缺一不可，教学与科研是衡量高校教师素质的重要指标。高校教师只有明确了教学与科研之间的关系，才能在教学工作中正确地运用科研方法与成果，从而促进教学质量的提高，引导学生用发展的眼光看待问题，促进学生创新能力的提升。

3. 提高教师科研能力的途径

（1）建立完善的知识结构

科研能够进一步提升教师的教学水平，使其在新的高度上开展教学工作。科研也能够促进教师教学方法和手段的进一步完善，提高教师开发新课程的能力，教学和科研作为教师工作的必要内容，必须和谐发展。这就要求高校教师在教学的基础上注重对科研能力的培养，学习该专业的前沿知识和理论，了解国内外的学术动态，根据自身实际情况有针对性地培养自身能力。与此同时，还要对相关领域的专业知识进行深入了解、学习，以丰富自身的知识结构，满足科研工作的要求。

（2）确立正确的科研方向

高校教师开展科研活动必须选择正确的研究方向。高校教师必须根据自身所处的阶段的差异，有针对性地确定科研方向。例如，刚进入岗位的青年教师应根据自身的专业知识及从事的岗位确定科研的方向，只有明确了目标才能有所作为。而科研方向的确定需要教师具备扎实的专业基础，掌握本专业的研究方向，对研究内容能够进行进一步的创新。如此，教师才能开辟出一条适合自己的研究道路，从而避免无用功或重复研究。

（3）创造和谐的科研环境

良好的科研环境能够促进教师科研能力的进一步提升，教师作为高校发展的基础，其科研能力的高低将直接影响高校教学水平的好坏，高校要尽全力营造良好的学术氛围，处理好教师团队之间的人际关系，激发教师进行科研工作的热情和积极性。同时，在科研团队中不断加强对青年教师的培训，让具备较强科研能力和丰富经验的专家对青年教师进行系统指导，从而促进青年教师科研能力的提升。

除此之外，高校还要建立一套完善的科研管理体系，建立公平的竞争机制，为教师进行科研工作提供便利条件，确保科研工作的顺利开展，想方设法地改善教师的科研条件，为教师提供一个既公正、合理，又充满竞争的科研环境。

第四章 中华优秀传统文化融入思政课的逻辑

第一节 中华优秀传统文化融入思政课的状况及原因

近代以来,中华传统文化受到抨击并开始没落始于1915年的新文化运动时期。当时,半殖民地半封建的中国已经结束帝制走向共和,但是民族危亡的局面依然严峻。于是中国的知识分子开始反思问题的原因,最终落脚于中国国民性的麻木。为了改造中国的国民性,新文化运动兴起。新文化运动反对以儒家思想为中心的旧教育,呼吁建立以科学和民主为中心的新教育,尤其反对"尊孔复古"的做法,后来泛化到反对一切传统的东西,甚至有人主张全盘西化,用拼音取代汉字。1929年国民党政府召开的中央卫生会议甚至通过了"废除中医"的议案。这一时期的学校教育不再延续中国两千多年的四书五经教育,将传统文化中的精华部分分散到了其他课程之中。如初等小学、高等小学、中学中开设的修身课、国文课、本国历史课;大学开设的哲学课、文学课、历史学课。此时从西方传过来的思想文化没能和中国本土文化很好地融合,其中的拜金主义、个人主义等糟粕思想在中国开始盛行。

中国共产党是中华优秀传统文化的忠实传承者和弘扬者。早期中国共产党人陈独秀、李大钊对中华传统文化采取辩证分析的态度,毛泽东提出用"古为今用,洋为中用"的方法理解和处理民族文化和外来文化,刘少奇在《论共产党员的修养》中大量引用了中华优秀传统文化。新民主主义革命时期中国共产党开办的学校主要是宣传共产主义,对群众进行政治宣传教育提高其政治觉悟和扫盲文化教育提高其文化水平,对中华优秀传统文化教育涉及不多。从新中国成立到1978年改革开放,中华优秀传统文化在学校教育中的状况是缺位的,学校思政课就是单纯的政治课。这源于新中国初期新生政权亟待巩固的需要。毛泽东曾经在中共七届三中全会上强调，"有步骤地、谨慎地进行旧有学校教育事业和旧有社会文化事业的改革工作"，突出强调"反对一切封建思想和迷信思想"。"文化大革命"时期，中华传统文化被列为"四旧"，属于"横扫"的对象。学校思政课内容以社会主义思想和无产阶级专政教育为主，突出强化了课程为无产阶级服务的政治属性，思政课的价值取向全部是政治性的，中华优秀传统文化教育没有被提上日程。随着时间的推移，很多有识之士已经意识到中华优秀传统文化的重要性，意识到中华优秀传统文化是中国的根，预示着传统文化的复兴是未来的必然趋势。从1978年改革开放到党的十八大，中华优秀传统文化在学校教育中开始复苏。这一阶段，党中央为推进中华优秀传统文化教育制定了一系列方针政策。邓小平说："了解自己的历史很重要。青年人不了解这些历史，我们要用历史教育青年，教育人民。"江泽民说："全国人民特别是广大青年，都要认真学习和了解祖国的历史，尤其是近代以来的历史。"胡锦涛说："推进小学、中学、大学有机衔接，教学、科研、实践紧密结合……""全国广大青少年一定要深刻了解近代以来中国人民和中华民族不懈奋斗的光荣历史和伟大历程。"三代领导核心都强调了思想政治教育的重要性，都认为青少年的思想政治状况关乎改革开放和社会主义现代化建设的成败，关乎中华民族的前途命运，要加大对青少年的国情教育，这里的国情就包括中华优秀传统文化教育。而此时的学校教育，除了大学的中国哲学、古汉语等专业外，各级各类学校的中华优秀传统文化教育的普及几近缺失，更没有把中华优秀传统文化教育摆到"培养什么人"的高度去认识，中华优秀传统文化中的家国情怀、传统美德、人文精神等思政元素得不到很好地利用和传承。学生难以领会中华优秀传统文化的精髓，严重影响了中华优秀传统文化在学生群体中的普及和认同。党的十八大以后，习近平同志于2013年首次提出推动中华传统美德的创造性转化、创新性发展，此后又提出了推动中华文明和中华优秀传统文化创造性转化、创新性发展，指导中华优秀传统文化融入学校相关课程的顶层文件相继出台，中华优秀传统文化融入大、中、小学思政课也提上日程。

造成上述状况的原因复杂，主要表现为以下几个方面。

一、历史因素

随着近代以来西方列强的入侵和资本主义文化的传入，一些人开始对中华优秀传统文化产生怀疑，"为何具有五千年之久文明的中国竟会被西方打败，难道是中华优秀传统文化真的不如西方的自由民主"？这样的声音从五四新文化运动开始越来越严重，以至于五四以来中华传统文化出现了"粉碎性骨折"，形成了国民的文化自卑。20世纪二三十年代,不仅提出了"打倒孔家店"等口号,甚至还要废除汉字,更甚者说要改良中国的人种,而方法竟是和洋人通婚。到了三四十年代,少年皆骂孔子、毁六经。当时的熊十力敏感地察觉到,"欧美学风,渐以东被,三尺学童皆有菲薄儒术、图弃经传之思,而于西学又不得其精意,撷拾名词,长其骄吝鄙倍之习。士气人心,不可复问。先圣曰,道之不明也,我知之矣。其逆睹今日之事哉"?熊十力认为,特殊的中华传统文化之精神价值能否救治人们在工商业竞争的紧张下出现的无所依归、无所适从的精神和心理危机,信念价值处于迷茫之中。五四运动以来对中华传统文化的冲击、毁谤之后留下的一大片精神和心理的空间如何弥补,是一个亟须解决的问题。王国维也认为,中华传统文化和世界文化的关系已经改变了,中国再也不是老大帝国了。到了八十年代,实行改革开放政策,国门打开。国人惊羡于西方的物质文明,越发自惭形秽,进而在经济、社会、文化、制度等方面,进行了全方位的反思,甚至是自我批判和否定。这给中华优秀传统文化的传承和发展造成了沉重的打击。加上长期以来中华优秀传统文化在教育过程中的缺失,社会缺乏中华优秀传统文化的引导,传承和弘扬中华优秀传统文化的氛围不足,都导致了学生对中华优秀传统文化缺少认知和理解。中国人要彻底抛弃文化自卑的意识,最终还得取决于自己的传统文化,要结合时代特点对中华传统文化进行创造性转化和创新性发展,复兴中华优秀传统文化。这是"解铃还须系铃人"的道理。

二、多元文化因素

经济全球化的快速发展,互联网的普及,带来了文化的多样性。多元化的文化广泛地影响着当代学生的思想和行为。年轻的学生们思维敏捷活跃、易于接受新事物、可塑性强,但思想不成熟,世界观、人生观、价值观尚未完全形成,缺乏判断力。所以,网络上一些不良信息容易影响学生的思想,导致其消极甚至扭曲的心态产生。西方的个人主义、享乐主义和拜金主义易于冲击学生的价值观,而学生们缺乏对外来文化的批判和鉴别,盲目崇拜外来文化,不加分析地接受和认同,最终使中华优秀传统文化在学生群体中淡化和缺失。此外,相比于中华传统文化,学生们更注重应用性强的专业知识,他们认为中华传统文化学与不学都能正常毕业拿学位,也帮不上就业的忙,还不如把时间用在专业的计算机、外语、社会技能等方面的学习上。

近年来,西方社会思潮借助于网络和新媒体平台,以曲折、隐喻的方式隐匿在网络空间中,而这些消极错误的思想观念会在学生群体中滋生和蔓延,给我国的主流意识形态安全造成了巨大威胁。尤其是历史虚无主义、新自由主义、宪政民主等，是西方资本主义实施"和平演变"思想的核心组成部分，它以"分化""西化"中国为战略企图，否定马克思主义在中国主流意识形态领域的主体地位，否定中国共产党的领导，以此达到摧毁中国特色社会主义的政治企图。而作为马克思主义意识形态、中国共产党领导，以及中国特色社会主义重要思想来源和制度基础的中华优秀传统文化，是抵制与消解历史虚无主义的重要历史资源与教育内容，它在学生群体中的内化与实践，可以成为当前维护主流意识形态安全的一道屏障。也就是说，西方资本主义自由、平等、民主、博爱、人权的价值观在本质上和中华优秀传统文化的爱国主义、求真务实、艰苦奋斗、服务人民等价值理念是不一样的。西方价值观占领学生头脑后不利于中华优秀传统文化在思政课教学中教育作用的发挥。

三、学校因素

目前，大多数高校的思政课还是采取大班授课的传统模式，学生人数较多的现状造成课堂纪律不易控制，教学环节也不易操作，从而使课堂整体效果不佳。由于思政课在大多数高校属于公共课，相对于主要专业课而言，学生对思政课的重视度普遍不高，大多数学生缺乏足够的学习动力及兴趣。教育政策对一个国家和民族教育的发展具有重要的指引作用。我国现行的高考制度使学校和家长专注于学生的应试成绩，而忽略了学生人文素养的熏陶及思想政治素质的养成。当前学生思想品德教育及思想政治理论教育是以思政课为载体开展的，其中很少有中华优秀传统文化教育的内容，基本也没有单独设置中华优秀传统文化教育课程。2014年以来，随着国家顶层设计文件的出台，国学热的兴起，除了文史类专业的学生能够接触到一些关于中华优秀传统文化的内容外，其他专业的学生很少接触到相关内容，尤其是理工科的学生。有条件的少数学校设置了相关选修课程，但课程覆盖面十分有限，主要是诵读、讲述《三字经》《弟子规》《老子》《论语》《大学》《礼记》《中国传统文化概论》等方面的内容，没有形成氛围，教学效果不明显。有的学校仅仅局限于口号和表演形式，应应景而已，还是把时间和精力用在专业知识和技能教育上。加之学校缺少对中华优秀传统文化的传播、引导、监督和保障措施，导致中华优秀传统文化没有很好赋能思政课教学和学生们的思想政治教育。

四、学生因素

当前,学生对中华传统文化的认知、学习状况不太乐观,对中华优秀传统文化的具体把握比较有限。在中小学阶段就缺乏中华传统文化教育,人文知识储备相对薄弱。在课程设置方面,大中小学忽视了中华优秀传统文化学科课程的开设,虽然教育部印发教社科〔2014〕3号文《完善中华优秀传统文化教育指导纲要》以后,有条件的学校开始以各种方式在教育中融入中华优秀传统文化的内容,但是还非常有限,导致学生对部分概念及人文史实不甚了解。学生人文素养的缺乏导致他们很难清晰把握住马克思主义理论及其中国化的演变历程与深刻内涵。将中华优秀传统文化融入思政课教学是突破困境、走出现状的有效尝试。中华优秀传统文化是新时代中国特色社会主义文化建设的养料和来源,将它们有取舍地融入思政课教学,可以充实课堂内容,提升教师和学生的课堂获得感,改善思政课教学效果不佳的尴尬局面。

大学生在思维方式上具有求异性,在目标追求上具有求新性,常常对新奇事物表现出强烈兴趣。而随着社会信息化的高度普及和网络自媒体的迅猛发展,微信、微博、抖音、快手等社交媒体成为学生日常沟通交流的重要手段,而且成为学生了解外部世界的主要方式。然而,网络上以中华优秀传统文化为内容的平台,仅有的内容也因学生头脑中传统文化积淀太少而没有吸引力。相反,网络媒体上的明星八卦、网络红人、网络游戏等新式娱乐资源,因其娱乐性、新奇性、生活性的特点而深受当代学生们的追捧,其内容的肤浅化、庸俗化、拜金化方向也会给学生的成长带来不良影响。网络新式娱乐资源的娱乐性、消费性、碎片化的特性与中华优秀传统文化的严肃性、精神性、系统性的特征存在巨大差异,其精神实质也不同于中华优秀传统文化,学生很难用坐冷板凳的精神去深刻理解和把握中华优秀传统文化中蕴藏的精华,十分缺乏学习中华优秀传统文化的自觉性、主动性及兴趣。要么是学生面对就业、生活的压力更加务实,重视专升本、考研、考证、就业、创业;要么各种新事物雨后春笋般地涌现,吸引着学生的眼球。历史悠久的中华优秀传统文化很难吸引学生群体的注意力,以至于学生对其的学习弱化于无形,造成学生的中华优秀传统文化素养不高。

五、教师因素

学校缺乏具有中华优秀传统文化素养的专业教师,各学科教师的中华优秀传统文化素养是不达标的,主要体现在这些教师不能将中华优秀传统文化和自己学科课程的教学内容进行很好地融合。要改善这一问题，一方面可以引进具备较高中华优秀传统文化素养的各学科教师，另一方面要对原有的教师进行中华优秀传统文化素养培训。然而，目前教师的各种培训体系里并不包括专门的传统文化培训。因此，对于师范生的教育培育应该加入专门的中华优秀传统文化的学习内容或培训内容。各学校对教师的考核也应该加入中华优秀传统文化融入学科教学这一标准，以提高各学科教师的中华优秀传统文化素养。

大部分教师除了中华优秀传统文化素养不高之外，思政课堂还存在教师"给"与学生"得"的矛盾。

第一，绝大多数的教师在思政课课堂上还是传统的以讲为主，在讲课的过程中，拘泥于课本的内容太多，对知识的所以然讲解得不够，学术界的观点和评价以及自己对知识点的看法和评价涉及不多，要么根本就不涉及，要么关注多的是教学任务的完成，没有顾及大学生的接收情况。这种课堂教学只关注自己的"给"，而忽视了大学生的"得"，必然让一些大学生游离于课堂之外，或迟到，或早退，或上课看手机，或睡觉，或说话，或看其他书，或做其他作业，或神游，或逃课，并导致课堂秩序混乱，教学效果不理想，学生不喜欢、不重视思政课，提不起上课兴趣。

第二，有一些教师在思政课课堂上也做了一些改革，如融入讨论法、案例法、探究法等，大概一学期也就那么一两次，其余的还是传统的教学法。在那一两次的讨论课或案例课上，有上得很成功的时候，也有讨论不起来，案例分析不下去的时候，究其原因是对学生前期的知识积淀和准备情况等了解不够，有的大学生甚至有抵触情绪，本来到课堂了，讨论问题时喊几遍名字也不站起来，因为不愿意参与讨论，直到考勤点名时才发现他们其实是在课堂上的。可见，在教学方法的改革上，如果对大学生了解不够，"给"与"得"的通路也会被阻塞。

第三，部分师生和校领导对思政课的重视程度不够。除去部分想考研的大学生外，一些大学生认为思政课不是专业课，对自己将来就业帮助也不大，因此，对思政课持一种消极敷衍的态度，即使到课也不认真听讲，认为期末考核是开卷，难度不大，考前一周突击过关即可。这种状况下，教师课堂内容讲得再好，学生也接收不到，"给"与"得"的通路依然不畅通。有些学院的专业课老师、领导也认为思政课课时多，对大学生的专业帮助和就业促进都不大，挤占了专业课的时间，竟允许本院学生在有思政课的时候请假去做别的事情，这样的引导导致部分大学生也不重视思政课的学习，更谈不上感兴趣了。"给"与"得"的矛盾也阻碍了中华优秀传统文化融入思政课。

六、社会环境因素

中国社会选拔人才的主要方式还是高考，由于这种教育体制的影响，各学校虽然日渐重视培养学生的综合素质，但如何应对考试还是学校教学的主要任务。因此，学生学习文化知识的任务仍然很重，学校、家长、社会也把抓学生学习成绩放在第一位，在学习之外的有限时间里，家长让孩子选择中华优秀传统文化教育学习的寥寥无几。学校的课外活动和社团与传统文化相关的也是相当有限的。从整个社会来看，补习班和特长班比比皆是，有关中华优秀传统文化的培训班相对较少，幼儿时期的国学幼儿园还能看到一些。因为有市场，出版社更愿意出版习题集，针对适合大中小学生的中华传统文化读物的比例有待提高。政府部门的领导和公务员也很少有时间完整地读完一本国学经典，在落实国家相关传统文化政策的时候也不是特别到位。这些因素都不同程度地造成了中华儿女中华优秀传统文化素养的缺失。

七、政策因素

2014年，教育部印发《完善中华优秀传统文化教育指导纲要》。为了有效落实〔2014〕3号文，中共中央办公厅、国务院办公厅印发《关于实施中华优秀传统文化传承发展工程的意见》。为进一步加强中小学中华优秀传统文化教育，2019年，教育部会同中央宣传部、科技部、文化和旅游部、国家体育总局、中央军委政治工作部、共青团中央等有关部门研究制定了《加强和改进中小学中华优秀传统文化教育工作方案》。国家对各级各类学校落实中华优秀传统文化教育的开展情况检查不到位、缺乏激励机制、对不具备开课条件的学校了解不够、支持保障措施不能及时到位，造成中华优秀传统文化融入思政课的困境。

第二节 中华优秀传统文化融入思政课的可行性

中华优秀传统文化融入思政课并不是生搬硬套，而是有着深刻的内在联系。中华优秀传统文化融入思政课，首先要搞清楚融入什么、在哪些方面融入、在何种程度上融入，要致力于二者的相融相通，准确把握互为融通的要义。互为融通是基于中华优秀传统文化与思政课之间有相当多的、相当大的契合性，应该将蕴含于它们之间的契合点挖掘出来，做好中华优秀传统文化与思政课的精准对接。从思政课创新方面看，主要是从中华优秀传统文化中获取思政元素补充和原典支撑；从中华优秀传统文化传承弘扬方面看，主要是从思政课中的马克思主义理论那里得到方法指导和主题引领。内容上的联结、方法上的契合与价值上的会通，是互为融通的本意所在，是互为融通的路径所向。这就是融入的可行性。

一、中华优秀传统文化与中小学思政课内容的契合点

中小学的学科教学是学校的中心工作，是学校最主要的教育教学活动。中小学思政课程中蕴含着丰富的中华优秀传统文化资源，可通过深入发掘、提炼、整合、拓展课程当中蕴含的传统文化元素，结合思政课内容的契合点，精心进行教学设计，将中华优秀传统文化教育有机融入思政课教学中。

2016年9月1日起，义务教育小学、初中年级《品德与生活》《思想品德》教材统一更名为《道德与法治》。教材从《思想品德》到《道德与法治》的更名，意味着课程内容的丰富与深化。道德是培养中、小学生良好的品德，法治是培养中、小学生的法律意识。小学、初中的"道德与法治"课是一门以小学、初中学生生活为基础，引导和促进小学、初中政治、思想、道德发展为根本目的的课程。该课程将法治、道德与中华优秀传统文化紧密结合在一起，以立德树人为根本任务，帮助学生树立正确的人生观、价值观和世界观。

高中思政课也是落实立德树人根本任务的关键课程，以培育社会主义核心价值观为目的，帮助学生树立正确的政治方向，提高思想政治核心素养，增强社会理解和参与能力的综合性、活动性学科课程。高中思政课的核心素养包括政治认同、科学精神、法治意识和公共参与四个方面，为实现核心素养所设置的课程有必修课四门："中国特色社会主义""经济与社会""政治与法治""哲学与文化"。选择性必修课三门："当代国际政治与经济""法律与生活""逻辑与思维"。选修课三门："财经与生活""法官与律师""历史上的哲学家"。以上课程的教材内容与中华优秀传统文化有很大的契合性，需要思政课教师在准备教材时找出。

中华优秀传统文化融入中、小学思政课与中、小学思政课新课标相契合，与中华优秀传统文化传承发展工程意见相契合。2022年，国家新颁布了义务教育新课程标准，在中小学思政课课程标准中强调：要用优秀人类文化和民族精神陶冶学生心灵，提升学生的人文素养和社会责任感；在课程目标之分类目标的情感、态度、价值观中提出要亲近自然、爱护环境、珍惜资源、勤俭节约、孝敬父母、尊重他人、诚实守信、乐于助人、热爱劳动、热爱祖国、热爱和平等，都是中华优秀传统文化的题中之义。让学生认同中华文化，弘扬民族精神，在认识国情、爱我中华中学习和了解中华文化传统，尊重不同的文化和习俗，认

识到文化的多样性和丰富性。2020年修订的《普通高中思想政治课程标准》中学科核心素养的政治认同中有认同中华民族、认同中华文化；课程目标中提到了要坚定文化自信。可见，在中小学思政课课标的不同部分都提到让学生了解和弘扬中华优秀传统文化，为中华优秀传统文化融入中小学思政课教学提供了依据。

2017年，两办印发的《关于实施中华优秀传统文化传承发展工程的意见》中明确要求："围绕立德树人根本任务，……把中华优秀传统文化全方位融入思想道德教育，贯穿于启蒙教育、基础教育修订中小学道德与法治、语文、历史等课程教材。"这说明，学校是传承中华优秀传统文化的重要场所和必要途径，在小学、初中"道德与法治"课、高中各门思政课教学中融入中华优秀传统文化已经成为中小学思政课程的一个内在要素和必然要求，两者在教学目标、教学方法、教学内容等方面都有很大的契合性。

中华优秀传统文化能促进中小学思政课教学目的实现。两者都强调对人的正确世界观、人生观、价值观，高尚品德，健全人格及优良性格的养成，两者的契合点很明显。中小学思政课的教学目的是助力学生的健康成长与成才，中华优秀传统文化中蕴含着丰富的做人、做事的人生哲学，这有助于对学生处理人与人、人与自然、人与社会等关系的合理引导，使学生形成正确、科学的思维方式、行为方式、价值观念，实现人与人、人与自然、人与社会的和谐。中华优秀传统文化十分重视道德品质的修养，如修身、齐家、治国、平天下中修身是基础，将其融入中小学思政课中，有助于学生养成良好的道德品质。能够为初中生形成正确的世界观、人生观、价值观，奠定良好的基础。中学生的批判意识与自我思考欲望逐渐增强，处于世界观、人生观、价值观形成的萌芽阶段，中华优秀传统文化的融入能够潜移默化滋养学生正确世界观、人生观、价值观的形成。中华优秀传统文化为中小学思政课提供了丰富的授课方法和原则，如孔子提出的"因材施教""有教无类"等，在当今的思政课教学中依然没有过时。中华优秀传统文化与中小学思政课教学内容要求基本一致，具有契合性，体现在如下所述。

（一）小学"道德与法治"课与中华优秀传统文化的契合点

小学6个年级，共有部编版《道德与法治》教材12本。在小学《道德与法治》教材中，中华优秀传统文化教育主要围绕传统节日、民风民俗、家风家训、传统礼仪、积极的民间文化、中国汉字、科技发明、中医药等题材进行。在挖掘教材内容、教学资源选取、教学活动设计与实施等方面，还可以有以下扩展。结合"我是小学生啦""校园生活真快乐"等内容可以融入《弟子规》的相关内容。结合"我和大自然""绿色小卫士""让生活多一些绿色""爱护地球""我们的责任"让学生初步了解老子"天人合一"的自然观。结合"我爱我家""家是最温暖的地方""为父母分忧""我们一家人"可以让学生了解我国的孝文化、家风、家庭成员关系等知识。结合"我想和你们一起玩""我们好好玩""同伴与交往"让学生感知孔子的"己所不欲，勿施于人"的人际交往原则，了解接触古代一些传统游戏。结合"我们的节日"可以融入中国的四大传统节日。结合"我们的班级""我们的学校""同学相伴""与班级共同成长"的讲授可以融入长幼有序、兄友弟恭的思想，尊师重教的思想，个人服从集体的思想。结合"让我试试看""我会努力的"让学生体悟敢为天下先、百折不挠、屡败屡战的精神。结合"我们的公共生活""多样的交通和通信"融入无规矩不成方圆的思想。结合"做聪明的消费者""美好生活从哪里来"融入崇尚劳动、勤俭节约的思想。结合"多姿多彩的民间艺术"融入我国一些非物质文化遗产的相关知识。"骄人祖先，灿烂文化"单元专题讲中华优秀传统文化，可补充相关材料进行扩展。"百年追梦，复兴中华"可结合近代的革命文化相关内容。结合"完善自我，健康成长"内容让学生初步了解严于律己、宽以待人、吾日三省吾身、"慎独"等思想。结合"让世界更美好"让学生了解大道之行、天下为公的"大同"思想。

（二）初中"道德与法治"课与中华优秀传统文化的契合点

初中3个年级，共有部编版《道德与法治》教材6本。教材内容由导言（每个单元以及每一课的引导语）、正文和辅助文（包括"运用你的经验""探究与分享""阅读感悟""相关链接""拓展空间""方法与技能"）三部分组成。教材中呈现出丰富的中华优秀传统文化内容，主要分为古人名言、典籍典故、传统习俗、传统思想、古代哲学等。教材中涉及中华优秀传统文化内容的有162处（具体内容在附录中有列举），辅助文中最多，正文中其次，导言中最少。导言中多是经典语句，正文中以古人名言、典籍典故为主，辅助文中以传统习俗、传统思想、古代哲学为主。

七年级上下册《道德与法治》教材中涉及的中华优秀传统文化内容非常多，主要集中在七年级上册中。八年级上下册教材中涉及的中华优秀传统文化内容相对其他年级来说最少。七、八年级的教材中，中华优秀传统文化内容都是零散融入，需要教师讲课时由点到面地加以系统化。在九年级上下册教材中涉及的中华优秀传统文化内容比较丰富，主要集中在九年级上册。在九年级教材中有三目内容比较系统地介绍中华优秀传统文化，即上册第三单元第五课"守望精神家园"两目"延续文化血脉"和"凝聚价值追求",下册第三单元第五课"少年的担当"第二目"少年当自强"。

教材中的中华优秀传统文化相关内容呈现碎片化,比较分散,教师要结合学生认知规律,有意识地帮助学生整理知识点,使相关内容条理化、清晰化,能够激发学生的学习兴趣,浸润学生的心灵。

(三)高中思政课与中华优秀传统文化的契合点

高中阶段的学生有了一定的古文基础,处于世界观、人生观、价值观的"灌浆期",要着重结合中华优秀传统文化中的立志、修身、爱国方面的内容讲授思政课。古代先哲们非常重视立志,在培养学生理想方面可融入孔子说的"三军可夺帅也,匹夫不可夺志也",孟子说的"士贵立志,志不立则无成",荀子说的"锲而舍之,朽木不折;锲而不舍,金石可镂",班超的"投笔从戎",诸葛亮说的"志当存高远",蒲松龄说的"有志者,事竟成,破釜沉舟,百二秦关终属楚;苦心人,天不负,卧薪尝胆,三千越甲可吞吴"等。还有司马迁因李陵之祸惨遭宫刑,受刑后司马迁的自尊心受到极大伤害,他忍辱负重,历经14年终于完成了"究天人之际,通古今之变,成一家之言"的史学名著《史记》,学生应当学习他高尚的人生追求和进取的人生态度。在培养学生的修身养性方面,可融入孔子说的"见贤思齐焉,见不贤而内自省也";孟子笔下的"大丈夫";《大学》中的修身、齐家、治国、平天下;张载的"为天地立心,为生民立命,为往圣继绝学,为万世开太平"等。在培养学生的仁爱思想方面,可以融入孔子的"己所不欲,勿施于人""己欲立而立人,己欲达而达人";孟子的"老吾老以及人之老,幼吾幼以及人之幼";墨子的"兼相爱,交相利";清朝张英的"六尺巷"等,让学生修养"推己及人"的品质,拥有一颗感恩之心,与家人、同学、他人能和睦相处,培养和谐的人际关系,和谐的身心关系。在培养学生的诚信方面,可以融入"人而无信,不知其可也""民无信不立""与朋友交,言而有信"等,体会孔子将诚信扩展为治国理政、人际交往的规范,明白诚信是做人的重要品格,也是道德的根本。在中华优秀传统文化中,人际交往最根本的就是以诚待人、诚信为本,帮助学生树立诚信意识,自觉把诚信作为高尚的追求,努力养成诚实守信的优良品质,真正做到"言必信,行必果"。在爱国方面,中华优秀传统文化中有非常丰富的资源。爱国主义自古就是我国民族精神的核心,是中华文明生生不息的纽带,已然融入华夏儿女的血液之中。如司马迁说"常思奋不顾身,而殉国家之急",范仲淹说"先天下之忧而忧,后天下之乐而乐",陆游说"位卑未敢忘国忧",文天祥说"人生自古谁无死,留取丹心照汗青",顾炎武说"天下兴亡,匹夫有责",

林则徐说"苟利国家生死以,岂因祸福避趋之"等。中华优秀传统文化中的爱国情怀和民族气节,融入思政课的学习中,能让学生在体验、感悟中升华爱国情感,勇于担负起中华民族伟大复兴的历史重任。

高中3个年级,共有思政课教材10本,其中有四门必修课,六门选修课。以四门必修课来梳理中华优秀传统文化与高中思政课的契合点。

1. 中华优秀传统文化融入"中国特色社会主义"的契合点

"中国特色社会主义"是必修一(2020年7月第2版,2021年8月第1次印刷)。该教材有四课内容,主要讲述了社会主义从空想到科学,从理论到实践的发展过程;中国人民在新民主主义革命的洗礼中选择了社会主义,挽救中国于民族危亡之中,从此中国人民站起来了;以邓小平为核心的第二代领导集体在改革开放的大潮中开创、发展、完善了符合中国国情的中国特色社会主义,从此中国人民富起来了;中国特色社会主义进入新时代,以习近平同志为核心的党中央提出了中华民族伟大复兴的中国梦,在坚持和发展中国特色社会主义的过程中,解决了许多长期想解决而没有解决的难题,办成了许多过去想办而没有办成的大事,中国正在以不可逆的趋势走向世界舞台的中央,从此中国人民强起来了。每一课由正文、探究与分享、相关链接、专家点评、插图构成。中华优秀传统文化主要融入在探究与分享、相关链接、插图之中,正文中极少涉及。

第一课中可融入中华优秀传统文化之处有:第1页的探究与分享之原始社会的生产和生活状况部分,可融入文字的产生、民俗文化、古代神话传说等;第2页的相关链接可融入氏族制度的内容;第3页的探究与分享中可融入私有制、禹的儿子启对待有扈氏的故事;第4页的甲骨文图片和玉琮图片证明了奴隶社会文字已经出现以及我国悠久的历史、灿烂的文化;第5页的探究与分享可融入两汉时期的封建生产关系内容,这一页的相关链接可融入城市的起源内容;第6页的相关链接可融入封建制度下的政权、族权、神权、夫权;第11页的探究与分享可融入中国的《桃花源记》和空想社会主义作比较;第17页的相关链接可融入以人为本,知行合一,苟日新、日日新等内容,类比马克思主义是人民的理论、实践的理论、开放的理论;第19页的正文中"共产主义一定要实现的信念是不可动摇的"处可融入"天下为公""大同思想"。第二课没有。第三课第31页的改革开放处可融入中国历史上知名的变法改革,如春秋时期齐国管仲改革、秦国商鞅变法、王安石变法、张居正改革、洋务运动、戊戌变法等。第四课第42页的探究与分享的内容和图片中,现代科技成果可与中华优秀传统文化相融合,如天宫、蛟龙、悟空、墨子等。第43页的图片国产水陆两栖飞机"鲲龙"AG600

首飞体现了我国的重大科技成果。第47页的探究与分享中华民族的辉煌时期融入了四大发明；16世纪以前，影响人类生活的重大科技发明有300项，其中中国人的发明占175项；文景之治、贞观之治、康乾盛世等。

2. 中华优秀传统文化融入"经济与社会"的契合点

"经济与社会"是必修二（2021年7月第3版，2021年8月第1次印刷）。该教材有两单元四课内容，主要讲述了我国公有制为主体，多种所有制经济共同发展的生产资料所有制；市场在资源配置中起决定作用的社会主义市场经济体制；新发展理念指导下的现代化经济体系；按劳分配为主体，多种分配形式并存的分配制度。每一课由正文、探究与分享、相关链接、名词点击、插图构成。中华优秀传统文化主要融入在相关链接之中，其他部分涉及极少。

第一课第9页的相关链接中的图片，天问一号火星探测器，蛟龙号载人潜水艇体现了我国经济在向前瞻性、战略性新兴产业集中，关键核心技术创新水平不断提高；第16页的相关链接中融入了司马迁《史记·货殖列传》的一段话："故待农而食之，虞而出之，工而成之，商而通之。此宁有政教发征期会哉？人各任其能，竭其力，以得所欲。故物贱之征贵，贵之征贱，各劝其业，乐其事，若水之趋下，日夜无休时，不召而自来，不求而民出之。岂非道之所符，而自然之验邪？"以此来说明解释市场决定资源配置；第30页的正文中"诚信是社会主义市场经济的基础"处可融入"仁、义、礼、智、信"；第36页的相关链接中融入了《管子·轻重甲》中的"为人君而不能谨守其山林菹泽草莱，不可以立为天下王"，《孟子·梁惠王上》的"不违农时，谷不可胜食也。数罟不入洿池，鱼鳖不可胜食也。斧斤以时入山林，材木不可胜用也"，《荀子·王制》中的"草木荣华滋硕之时则斧斤不入山林，不夭其生，不绝其长也……斩伐养长不失其时，故山林不童而百姓有余财也"，《吕氏春秋·孝行览》中的"竭泽而渔，岂不获得？而明年无鱼；焚薮而田，岂不获得？而明年无兽"，以此来解释说明人与自然和谐共生的思想；第43页的相关链接中融入了海上丝绸之路和陆上丝绸之路，来说明"一带一路"，说明新发展理念中的开放；第51页的相关链接中融入了《周礼·地官司徒》中的"掌邦之委积，以待施惠。乡里之委积，以恤民之艰厄；门关之委积，以养老孤；郊里之委积，以待宾客。野鄙之委积，以待羁旅；县都之委积，以待凶荒"，《管子·轻重甲》中的"民无以与正籍者予之长假，死而不葬者予之长度。饥者得食，寒者得衣，死者得葬……"，《礼记·礼运》中的"故人不独亲其亲，不独子其子，使老有所终，壮有所用，幼有所长，矜寡孤独废疾者皆有所养"，来说明中华优秀传统文化中

— 91 —

的社会保障思想，以映照当今的社会保障政策；第 61 页的探究三中"实现乡村振兴和共同富裕"的理论评析中融入了"民生在勤，勤则不匮"的传统文化。

3. 中华优秀传统文化融入"政治与法治"的契合点

"政治与法治"是必修三（2019 年 12 月第 1 版，2022 年 1 月第 1 次印刷）。该教材有三单元九课内容，主要讲述了中国共产党的领导是历史和人民的选择，中国共产党的先进性及坚持和加强党的全面领导；人民当家作主的政治制度，我国的根本政治制度即人民代表大会制度，中国共产党领导的多党合作和政治协商制度，民族区域自治制度和基层群众自治制度；全面依法治国的基本方式和基本要求。每一课由正文、探究与分享、相关链接、专家点评、插图构成。中华优秀传统文化在各部分中均有融入，但涉及的内容不多。

第 63 页的探究与分享中融入了我国的佛教和道教，思政课教师可以对佛教、道教的产生、发展，以及我国实行的宗教、政策、法律稍作展开讲解；第 75 页的相关链接融入了《唐律疏议》来说明中华法系的源远流长，正文中还有从春秋战国，到西汉、唐朝时期的法律发展过程；第 90 页的探究与分享中融入了司马迁的《史记·商君列传》中的"徙木立信"的故事，以此来说明政府要有公信力；第 100 页的正文内容中融入唐朝王勃说的"法立，有犯而必施；令出，唯行而不返"和明朝张居正说的"盖天下之事，不难于立法，而难于法之必行"，以此说明严格执法的内涵；第 104 页的探究与分享中融入了《说文解字》对"法"的解释，还有古代代表公平正义的独角兽獬豸的文字解释和图片；第 107 页的正文中，在全民守法的内涵处融入了孟子说的"徒善不足以为政，徒法不能以自行"。

4. 中华优秀传统文化融入"哲学与文化"的契合点

"哲学与文化"是必修四（2019 年 12 月第 1 版，2021 年 8 月第 1 次印刷）。该教材有三单元九课内容，主要讲述了哲学的含义和基本问题，世界的物质性，物质是普遍联系和永恒发展着的，其运动是有规律可循的，规律是可以被人类所认识的，这些认识来源于实践，还要通过实践来检验其真理性。还讲到了唯物辩证法的实质和核心，社会历史的本质、发展、主体，价值和含义与人的价值观、价值判断、价值选择、价值创造和价值实现。第三单元第七课专题讲了中华优秀传统文化的继承与发展，第八课讲了正确对待外来文化，第九课讲了发展中国特色社会主义文化。每一课由正文、阅读与思考、相关链接、名人名言、插图构成。中华优秀传统文化在各部分中均有融入，涉及的内容很多，是融入中华优秀传统文化最多的一门课程。

第 3 页的相关链接中融入了《尔雅》《说文解字》关于"哲"的解释。《尔雅》中说："哲，智也。"《说文解字》中说："哲，知也。"在古汉语中"知"通"智"。

第4-5页的阅读与思考中融入盘古开天辟地的图片来说明人们认识世界的方式，融入玉兔二号巡视器在月背留下第一道痕迹的图片来说明科学把握世界的方式。

第6页的阅读与思考中融入《周易》中的"形而上者谓之道，形而下者谓之器"来说明哲学和具体知识（事物）之间的关系。

第10页的相关链接中融入古代朴素唯物主义把水、气、火、土等具体的物质形态等同于物质，看作是世界的本原。

第18页的阅读与思考中融入了《周易》中的"阴阳是天地万物的本原"，老子的"万物负阴而抱阳，冲气以为和"，《尚书》中的"五行"说，即把金、木、水、火、土这五种物质元素作为"天所以命万物"的根本，以此来说明中国古人已经认识到世界本原的物质性。

第21页的阅读与思考中融入《周易》中的"日往则月来，月往则日来，日月相推而明生焉；寒往则暑来，暑往则寒来，寒暑相推而岁成焉"，以此说明正文中规律的客观性。

第22页的阅读与思考中融入《坛经》中的"时有风吹幡动，一僧曰风动，一僧曰幡动，议论不已。惠能进曰：'不是风动，不是幡动，仁者心动'"来说明运动与物质的关系。

第23页的阅读与思考中融入了《孟子》中记载的揠苗助长的故事，以此来说明能动地认识世界、改造世界要遵循客观规律。

第25页的相关链接中融入了班固《汉书》中的"实事求是"和唐朝颜师古对"实事求是"的解释。

第27页的阅读与思考中融入成语故事和俗语：唇亡齿寒；围魏救赵；城门失火，殃及池鱼；物无孤立之理；鱼儿离不开水，瓜儿离不开秧；名师出高徒来说明联系的普遍性、客观性、多样性。

第28页的相关链接融入文字版的中国古代建筑风格和图片版的中国建筑中的飞檐，以此说明联系的客观性和主观能动性的关系。

第31页的阅读与思考融入了唐朝韩愈说的读书要用"提要钩玄"法和宋朝苏轼说的读书要用"八面受敌"法，以此说明整体与部分的关系。第31页还融入陈澹然的名言"自古不谋万世者，不足谋一时；不谋全局者，不足谋一域"以说明整体与部分的关系。

第32页的阅读与思考融入了古老的"结绳记事"计算工具的变化，图片算筹、算盘等，来说明世界处于永恒发展之中。

第 33 页的阅读与思考融入古代哲人留下的名言警句，如老子的"合抱之木，生于毫末；九层之台，起于累土；千里之行，始于足下"，荀子的"不积跬步，无以至千里；不积小流，无以成江海"，《周易》中的"善不积不足以成名，恶不积不足以灭身"，来说明量变和质变的关系。

第 34 页的阅读与思考融入了古诗："人事有代谢，往来成古今""沉舟侧畔千帆过，病树前头万木春""长江后浪推前浪，浮事新人换旧人"，以此说明世界是永恒发展的，新事物代替旧事物。

第 36 页的阅读与思考中融入了老子的"天下皆知美之为美，斯恶矣；皆知善之为善，斯不善矣""有无相生，难易相成，长短相形，高下相倾，音声相和，前后相随""天下之至柔，驰骋天下之至坚""知其雄，守其雌""知其白，守其黑""知其荣，守其辱""兵强则灭，木强则折""祸兮福之所倚，福兮祸之所伏"，孙武的"乱生于治，怯生于勇""投之亡地然后存，陷之死地然后生"，以此说明矛盾的对立统一性。

第 37 页的阅读与思考融入史伯说的"夫和实生物，同则不继"和孔子说的"君子和而不同，小人同而不和"，来说明矛盾的同一以对立和差异为前提。

第 38 页的相关链接中融入了张载说的"一物两体"，朱熹说的"一分为二"，方以智的"合二而一"，王夫之的"阴阳统一体"来说明矛盾的对立统一及辩证法思想。

第 39 页的相关链接中融入了汉乐府的《敕勒歌》歌词以及诗歌"日出江花红胜火，春来江水绿如蓝"，描写了不同的自然风光，《水浒传》中一百单八将的人物刻画得有血有肉，各具特点，以此来说明矛盾的特殊性。

第 41 页的阅读与思考融入了俗语"金无足赤，人无完人"，以此来说明矛盾的主要方面和次要方面。

第 43 页的阅读与思考融入了有关孔子回答不同人问"孝"给以不同回答的故事。孟懿子问孝，子曰："无违。"不违背礼仪就是孝。孟武伯问孝，子曰："父母唯其疾之忧。"父母最担心孩子生病，保持自身的健康就是孝。子游问孝，子曰："今之孝者，是谓能养，至于犬马，皆能有养，不敬，何以别乎？"孝的关键是敬，而不是简单的养活父母。子夏问孝，子曰："色难。"在父母面前经常保持愉悦的容颜就是孝。以此来说明具体问题具体分析的哲学道理。第 43 页的相关链接部分融入了《三国志》的内容："府吏儿寻、李延共止，俱头痛身热，所苦正同。陀曰：'寻当下之，延当发汗。'或难其异，陀曰：'寻外实，延内实，故治之宜殊。'即各与药，明旦并起。"用同病异药的故事进一步说明具体问题具体分析是正确解决矛盾特殊性的关键。

第 44 页的综合探究处融入了古代名人说的话。老子说："人法地，地法天，天法道，道法自然。"韩非子说："古今异俗，新故异备""世异则事异""事异则备变"。因此，统治者应该"因时变法"，"欲以先王之政，治当世之民，皆守株之类也"。董仲舒认为，"古之天下亦今之天下，今之天下亦古之天下"，"道之大原出于天，天不变，道亦不变"。因此，"大纲，人伦道理，政治教化，习俗文义"应当"尽如故"。郭象认为，"万物独化""物各自主""独生而无所资借""突然自生""忽然自死"，即天地万物的生成和变化都是彼此独立、互不相关的。以此让学生探究辩证法和形而上学之间的差异和斗争。

第 48 页的阅读与思考融入了老子和荀子说的话。老子说，"不出户，知天下；不窥牖，见天道"，"圣人不行而知，不见而名，不为而成"。荀子提出没有什么"生而知之"，而是"求之而后得"，认为人的知识和才能并非"天性"，而是后天学习积累而成。以此来说明人的认识是从何而来的。

第 51 页的图片是我国成功发射的名为"悟空"的暗物质粒子探测卫星，来说明认识产生于实践的需要。第 51 页的阅读与思考融入了庄子的"齐是非"和"是非莫辩"的思想，以说明检验认识真理性的标准是实践，而不是某些人的思想观点。

第 53 页的名人名言融入了陆游的一首古诗《冬夜读书示子聿》："古人学问无遗力，少壮工夫老始成。纸上得来终觉浅，绝知此事要躬行。"以此来说明实践是认识的来源。这页的相关链接中融入了陶行知改名的故事，用以说明知与行的关系。

第 56 页的阅读与思考中融入嫦娥奔月和探月工程的关系，来说明认识具有反复性和无限性。

第 61 页的阅读与思考融入了管子的"仓廪实则知礼节，衣食足则知荣辱"和孔子主张的先使民"富之"，然后才能"教之"，来说明物质生产在社会的存在和发展中的重要作用。

第 70 页的相关链接中融入了中国的先哲们对义、利及其关系的讨论，来说明人类很早就开始了对价值问题的思索。

第 75 页的阅读与思考融入了李白的诗《观祈雨》："桑条无叶土生烟，萧管迎龙水庙前。朱门几处看歌舞，犹恐春阴咽管弦。"说明不同立场的农民和地主会有不同的价值选择。

第 85 页的综合探究正文中融入清朝的龚自珍在《定庵续集》中的话："欲知大道，必先为史。灭人之国，必先去其史。"以此说明历史虚无主义对国家和民族的重大危害。

第 88 页的第七课专题讲继承发展中华优秀传统文化。这页的阅读与思考中融入了《周易》和《说苑》中对于文化内涵的理解。

第 90 页的阅读与思考融入了《周易》、《礼记》、《说文解字》、甲骨文对"文"字的解释，来说明文化的功能。

第 92-94 页的战国简、云冈石窟、《兰亭序》临本、《论语》、苏州园林、秦始皇陵兵马俑的图片，以及阅读与思考中的介绍秦始皇陵兵马俑的文字，相关链接中李约瑟在《中国科学技术史》一书中列举的从公元 1 世纪到 18 世纪由中国传到欧洲等地的重要发明，共计 26 项。中国的数学早于西方几百年。中国的天文立法以农业应用为本，对天体位置的计算十分精确，历法应用规模之广、延续时间之久为世界罕见；中国古代蚕丝织物带来了丝绸之路的长期繁荣；中国的瓷器名扬四海，在中世纪的西方比黄金还贵；中国铁器领先世界两千年之久；中国的农学著作发表之早、数量之多为世界之最；中国医药学自成一家，为世界瞩目。以此来说明中华优秀传统文化的内容和特点。

第 97 页的阅读与思考中融入老子的话"执古之道，以御今之有。能知古始，是谓道纪"，来说明今天文化的发展离不开对传统文化的继承与创新。融入了古代雕刻艺术，已经由竹雕、石雕、玉雕、木雕创新发展到了沙雕、冰雕、果核雕……还有在头发丝上进行的雕刻。还融入了文学创作的不断创新发展，由诗经、楚辞到汉赋、唐诗、宋词、元曲及明清小说。

第 98 页的阅读与思考融入了《周易》中的"天行健，君子以自强不息。地势坤，君子以厚德载物"，来说明中华民族精神。

第 100 页的阅读与思考中的天坛图片展现了中华民族特色的建筑艺术。

第 101 页的阅读与思考中的良渚古城遗址展现了中华民族早期城市文明。

第 102 页的正文中融入了"物之不齐，物之情也""一花独放不是春，百花齐放春满园"，来说明文化的多样性既是发展本民族文化的内在要求，也是世界文化繁荣的必然要求。

第 103 页的阅读与思考融入了儒家学说对德国哲学家莱布尼茨的哲学思想产生过影响，也对近代欧洲的伏尔泰、歌德、雨果等产生过影响。孔子在两千多年前提出的"己所不欲，勿施于人"被誉为处理国家间关系的"黄金法则"。以此说明文化交流对文化发展的影响。还融入了古丝绸之路不仅是通商易货之路，更是知识交流之路。提到了张骞出使西域，郑和七下西洋，用驼队和善意、宝船和友谊架起了东西方和平交流与合作的桥梁。

第 104 页的阅读与思考融入了沈绣的文字和图片，以说明文化交融促进了世界文化的交流和发展。

第 106 页的阅读与思考融入了宋明理学一方面借鉴佛、道二教的思辨化哲学思想成果，一方面仍然回归儒家经典，展现了中国传统文化成功吸收、整合外来文化为我所用的能力。

第 115 页的相关链接融入了敦煌莫高窟的相关内容。这里有来自中国、印度、希腊以及中亚、西亚等不同国家和地区的多种文化不断交流融汇，是古代丝绸之路上不同文明对话和交流的重要见证。

第 116 页的阅读与思考融入了《管子》中的一段话："国有四维，一维绝则倾，二维绝则危，三维绝则覆，四维绝则灭。倾可正也，危可安也，覆可起也，灭不可复错也。何谓四维？一曰礼，二曰义，三曰廉，四曰耻。"以此说明建设文化强国需要提高人们的道德修养。

第 117 页的阅读与思考融入了我国的传统戏曲艺术，如京剧《白蛇传》、昆曲《牡丹亭》、豫剧《程婴救孤》、越剧《寇流兰与杜丽娘》等。以此说明文化强国离不开文化产业的发展强大。

二、中华优秀传统文化与大学思政课内容的契合点

国家在 2005 年对高校思政课进行了改革，改革后的高校思政课包括四大主课，即"思想道德修养与法律基础""马克思主义基本原理概论""中国近现代史纲要""毛泽东思想和中国特色社会主义理论体系概论"。四门思政课各有分工，又有机统一，帮助大学生树立马克思主义的世界观、人生观、价值观；树立马克思主义信仰，坚定共产主义信念；树立中国特色社会主义共同理想，坚定中国共产党的领导；落实立德树人根本任务，自觉践行社会主义核心价值观；最终把大学生培养成社会主义事业合格的建设者和可靠接班人。四门课都是马克思主义理论研究和建设工程重点教材，由教育部组织全国高校和哲学社会科学界专家教授精心编写，并经中共中央政治局常委审定，由高等教育出版社出版，全国大中专院校思政课教学统一使用的指定教材。教材出版后，随着中国特色社会主义的实践发展和理论创新，结合国家重要的形式、政策、会议、讲话及高校思政课的教学实践多次修订完善，体现了思想政治教育和马克思主义中国化的最新理论成果和实践经验。

（一）中华优秀传统文化融入"思想道德修养与法律基础"的契合点

"思想道德修养与法律基础"课（以下简称"基础"课）是以理想信念教育、爱国主义教育、价值观教育、道德教育及法治教育为主要内容，融思想性、政治性、知识性、实践性于一体的课程。以思想引领到行为养成为逻辑思路，帮助大学生树立正确世界观、人生观、价值观、道德观、法治观。课程各个章

节的内容不同程度地都涉及中华优秀传统文化,内容上有相当大的契合性。如"基础"课教材的第三章至第五章,分别讲了中国精神、社会主义核心价值观、中国道德,这三部分内容与中华优秀传统文化中的民族精神、"五常"、中华传统美德有很大的契合性。这部分内容有深厚的历史积淀,与中华优秀传统文化有着极为密切的关联性,是传承中华优秀传统文化的重点章节。

1. 人生观教育

人生观教育包括人生目的、人生态度、人生价值三部分内容,旨在帮助大学生理解"什么是人""人生应该怎样度过"等人生观问题。张岱年说:"世界上关于人生哲学的思想,实以中国为最富,其所触及的问题既多,其所达到的境界亦深。"中华优秀传统文化关注人的社会性,重视用道德的力量约束人,重视人格的塑造。中华优秀传统文化中关于人性善恶的讨论,珍爱生命,追求福、禄、寿的生命价值观,尊老爱幼、长幼有序的伦理观,刚健有为、自强不息的进取观,天下兴亡、匹夫有责的爱国观,仁者爱人、推己及人的人文观,中庸处世的人生观等内容都与"基础"课的人生观教育相契合。两者的融合能帮助大学生领悟人生真谛、创造人生价值,提高人生境界。如大学生处理人和自然的矛盾与冲突、化解自己与他人之间的紧张与冲突时,调动中庸价值观就能提升解决问题的能力,有利于身心修养。调节自己身心不适与冲突时思考"喜怒哀乐之未发谓之中,发而皆中节谓之和"(《中庸》)这句话的意义,有利于保持身心健康,促进个人与社会的和谐相处。

2. 理想信念教育

理想信念教育能使大学生提高精神境界,坚定科学的马克思主义信仰,树立对中国共产党的领导和中国特色社会主义道路的信心,不断为实现中华民族伟大复兴而奋斗。中华优秀传统文化中诸如孔子、王阳明、曾国藩等历史名人,李白、文天祥等的立志故事,有关修身立志的名言名句、诗歌、散文、小说、辞赋中的爱国主义内容等与"基础"课的理想信念教育相契合。如《论语》中记载着孔子与其弟子们谈论彼此理想的一段文字。子路问孔子的志向时,孔子答道:"老者安之,朋友信之,少者怀之。"表达了孔子希望天下万民皆有所养、皆有所安的伟大政治理想。这与习近平同志所提出的"中国梦"息息相通。在立志方面,孔子认为"三军可夺帅也,匹夫不可夺志也",我们可以借此引导大学生树立远大理想时要将个人理想与社会理想结合起来,在实现"中国梦"的奋斗过程中实现自己的远大理想。用中华优秀传统文化中的名言警句激励大学生迎难而上,以坚忍不拔的意志力实现自己的人生理想。如孟子的"天将降大任于斯人也,必先苦其心志,劳其筋骨,饿其体肤,空乏其身,行拂乱其所为，所以动心忍性，增益其所不能"，司马迁的"文王拘而演《周易》，仲尼厄而作《春秋》；屈原放逐，乃赋《离骚》；左丘失明，厥有《国语》；孙子膑脚，兵法修列；不韦迁蜀，世传《吕览》；韩非囚秦，《说难》《孤愤》；《诗》三百篇，大底圣贤发愤之所为作也"，以此激励那些生活环境优越，没有经历过什么挫折，在实现理想的过程中一旦遇到困难，就很容易放弃目标，甚至会萎靡不振、虚度大学时光的大学生，学习古人们迎难而上、胜不骄、败不馁的精神。

3. 中国精神教育

中国精神是兴国强国之魂，中国精神是以爱国主义为核心的民族精神和以改革创新为核心的时代精神。爱国主义始终是把中华民族坚强团结在一起的精神纽带，改革创新始终是鞭策我们在改革开放中与时俱进的精神力量。通过这部分内容的学习，使当代大学生担当起民族复兴的时代使命，做忠诚的爱国者，用实际行动展现出中国精神。这些中国精神与中华优秀传统文化中的民族精神有相当大的契合性。在讲中华民族的爱国主义传统时，要通过大量传统文化中的史实让大学生了解中国人民历来将国家利益放在至高无上的地位，无数仁人志士为了国家的富强和民族的团结抛头颅，洒热血，学习他们"天下之本为国""国而忘家，公而忘私""苟利国家生死以，岂因祸福避趋之""先天下之忧而忧，后天下之乐而乐"的精神。要围绕中华民族五千多年的发展中形成的以爱国主义为核心的团结统一、爱好和平、勤劳勇敢、自强不息的伟大民族精神讲授如何做一个爱国者。以中华民族的图腾"龙"的形成过程让大学生了解中华民族的团结统一精神根植于华夏大地，深深印在中国人的民族意识中，是中华民族的立身之本。

4. 社会主义核心价值观教育

核心价值观是一个民族、一个国家最持久、最深层的被全社会共同认可的力量，体现着一个社会评判是非曲直的价值标准。社会主义核心价值观是当代中国精神的集中体现，凝结着全体人民共同的价值追求。这部分内容可以让大学生深刻领会社会主义核心价值观的重要意义和科学内涵，自觉践行社会主义核心价值观，努力成为培育和弘扬社会主义核心价值观最积极、最活跃、最充分的青年先进代表。在本质上，社会主义核心价值观和中华优秀传统文化是一脉相承的，两者的契合性表现在多个方面。社会主义核心价值观源于中华优秀传统文化。社会主义核心价值观是一种意识形态，中华优秀传统文化是社会主义核心价值观的思想源泉，是社会主义核心价值观的民族基础。以国家层面的社会主义核心价值观为例作一说明。"富强"一直是中华民族的千年夙愿，有记载的富民、富国的思想可追溯到先秦时期。《尚书》中的"裕民"思想。春秋时孔子的"富而后教""民富先于国富"的富民论。战国时期的孟子主张实行"仁政","仁政"的目的之一就是富民。荀子著有《富国篇》,提出"不富无以养民情"。墨子把"民富国治"看作古时候的社会理想,提出"强必富,不强必贫"。管子提出:"凡治国之道,必先富民。民富则易治也,民贫则难治也。"韩非子主张富国强兵。司马迁提出"上则富国,下则富家"。王安石变法的目的是富国强兵……从西周的"成康之治"到后来的"文景之治""武宣盛世""贞观之治""开元盛世""康乾盛世",富强成为中国古代的代名词。"民主"是中华民族的政治传统。在中国古代除了有"普天之下,莫非王土;率土之滨,莫非王臣"的专制王权,还有丰富的民主思想。在中国传统文化中,"民主"就是为民做主的意思。中国古代"民主"一词最早见于《尚书·多方》中,"天惟时求民主,乃大降显休命于成汤""代夏作民主"。《管子》中记载了黄帝、尧、舜、禹治政时,善于听从臣民意见的民主作风,"选贤任能","询于刍尧"。周公在总结商亡时的经验教训时说:"天惟时求民主。"孟子提出"得天下有道,得其民,斯得天下矣",强调了得民心者得天下的民本思想。墨子认为"民有三患,饥者不得食,寒者不得衣,劳者不得息,三者民之巨患也",反对劳民伤财的国家之"乐"。他还提出了国家应该通过"选天子"来确定国主,选"天下之贤"来确立"三公"良臣。荀子提出了"立君为民"的思想。贾谊提出"民为政本"的思想。黄宗羲提出"民主君客"的思想。在民主制度上,古代发明并完善了谏议制度和监察制度,这是君主专制制度下,统治阶级内部发扬民主,制约皇帝权利的民主行为。"文明"是中华民族被称为礼仪之邦的缘由。"文明"最早出现在《易经》中:"见龙在田,天下文明。"这里的"文明"指礼节、仪式完备。随着社会的不断进步,"文明"有了教养、开化之意。如《尚书·舜典》称赞舜说:"浚哲文明,温恭允塞。"《礼记》说:"是故情深而文明,气盛而化神,和顺积中而英华发外。"这里的"文明"是个人内在的德行和文化素养外显的结果,不但个人神采奕奕,而且能让他人如沐春风。讲文明、讲礼仪是中华民族生生不息的优良传统。文明的核心思想是"仁"和"礼"。"仁"和"礼"是古代中国的核心价值观,是一个人、一个社会、一个国家文明程度的一种重要表征和直观展现。"和谐"是中华民族对社会状态的憧憬。古人在处理人与自然的关系、人与人的关系、人与社会的关系、国与国之间的关系时,都强调和谐协调,形成了和合文化。"和谐"一词源自《春秋左传·襄公十一年》。"和谐"指不同要素间的相互激荡、融会贯通、相异相成。在人与自然的和谐上,老子说:"人法地,地法天,天法道,道法自然。"把人尊重自然规律作为最高准则。庄子对"天人合一"有较多论述,认为那是人与自然和谐相处的最高境界。在人与人的和谐上,孔子提出:"君子和而不同,小人同而不和。"孟子说:"天时不如地利,地利不如人和。"荀子强调"群居和一"。墨子认为"和合"是处理人与人关系的根本准则。在人与社会的和谐上,孔子提出"四海之内皆兄弟也"。孟子提出"与民同乐"。管子提出"富上而足下,此圣王之至事也"。富裕了,各方面的矛盾就容易化解。

5. 道德素质教育

道德教育能帮助大学生培养良好的道德品质,提高道德实践能力,规范自己的道德行为。"基础"课的这部分内容中涉及中华传统美德的内容。中华优秀传统文化的核心是道德思想,中华优秀传统文化中蕴涵着丰富的道德资源,在"基础"课这部分的教学中,要给大学生们讲清、讲透中华传统美德。中华传统美德包括:孝敬父母、尊师敬长、团结友爱、立志勤学、自强不息、谦虚礼貌、诚实守信、严己宽人、人贵有耻、见义勇为、整洁健身、求索攻坚、勤劳节俭、见利思义、敬业尽责、清正廉洁、爱国爱民、天下为公等。但归纳起来,在历史典籍里加以明确、历代历朝基本形成共识的内容主要是"仁、义、礼、智、信"五个要素。当然,在传统美德方面还有很多表述,但大部分都包含在这五大要素之中,或者是这五大要素的延伸,或者是这五大要素的丰富,或者是这五大要素的发展。如"仁",是儒家思想的核心。孔子主张"仁者爱人""己所不欲,勿施于人""己欲立而立人,己欲达而达人"。孟子发展了孔子的思想,提出"亲亲而仁民,仁民而爱物",把"仁"分为三层含义:首先是亲亲,即要爱自己的亲人;其次是仁民,要推己及人,关爱别人;最后是爱物,要爱自然界的万物。儒家还将"仁"引入政治领域,提出"仁政""治国以德"等政治理念。通过对"仁"的思想学习,引导大学生在与同学相处时能够互相谦让,互相关爱。再如"信",是指一种诚实不欺、遵守诺言的品格。君子要"言必信,行必果"。引导大学生践行"信"的传统美德,为将来进入职场走向社会打下基础。又如"律己修身",是中国古代非常重视的人格修养。《礼记·大学》中有:"古之欲明明德于天下者,先治其国;欲治其国者,先齐其家;欲齐其家者,先修其身;欲修其身者,先正其心;欲正其心者,先诚其意;欲诚其意者,先致其知,致知在格物。物格而后知至,知至而后意诚,意诚而后心正,心正而后身修,身修而后家齐,家齐而后国治,国治而后天下平。"只要道德修养良好的人,就能做到齐家、治国、平天下。教学中要引导大学生重视个人修养,教导大学生学习古人"闻过则喜""有则改之,无则加勉""见贤思齐焉,见不贤而内自省也""吾日三省吾身""学思并重""慎独自律""积善成德""知行统一"等道德修养方法。

6. 法制教育

法制教育可以使大学生了解并尊重法律权威,依法行使法律权利,树立正确的法制观念,了解以德治国和依法治国两者之间的内在关系以及对全面建设社会主义现代化的重大意义。中华优秀传统文化中儒家的德治思想和法家的法治思想与"基础"课的法制教育相契合。通过二者的融合使大学生认识到中国古代德治思想和法治思想的历史必然性、历史合理性、历史局限性及对当今依法治国的借鉴意义。讲课时运用辩证唯物主义和历史唯物主义的方法分析孔子、孟子有代表性的德治思想,商鞅、韩非子变法实践的功过得失,使大学生清醒地认识到法治强调的外在他律和德治注重的内在自律都是每个大学生应该共同遵守的社会规范,使大学生认识到以德治国的推行需要以法律为前提,依法治国的推行需要道德基础助力。这样可以帮助大学生形成他律与自律相结合的人生原则,成为符合社会主义道德要求和法律规范要求的合格公民。

(二)中华优秀传统文化融入"马克思主义基本原理"的契合点

"马克思主义基本原理"课(以下简称"原理"课)是使大学生认识和理解"什么是马克思主义?为什么要始终坚持马克思主义?如何坚持和发展马克思主义?掌握马克思主义的世界观和方法论,从整体上把握马克思主义的科学内容和精神实质"的一门课程。作为中华民族几千年一脉相承的中华优秀传统文化,与"原理"课的生产资料公有制、满足全体社会成员需要的生产目的、按劳分配原则、合乎自然规律地改造和利用自然、实现人的全面而自由发展、建立共产主义社会等基本观点,具有内在的相通性,这是中华优秀传统文化融入"原理"课的逻辑起点。将二者融合起来进行讲授,能够深化大学生对"原理"课知识和中华优秀传统文化知识的认识,坚定大学生的马克思主义信仰,提升中华优秀传统文化的传播力、影响力和认同度,增强大学生的文化自信,对实现中华民族伟大复兴具有重要而深远的意义。

1. 中华优秀传统文化中的朴素唯物论与马克思主义辩证唯物主义的契合性

中华优秀传统文化中包含着原始的朴素唯物论思想,认为世界万物都是由物质构成的。早在我国先秦时期的"五行学"认为:一切事物都是由金、木、水、火、土五种元素运动变化而生成的。春秋时期,老子认为:"一生二,二生三,三生万物。"一就是道,是世界万物的本原;二指阴阳,由道产生;三指万物,由阴阳二气的相互作用产生了世间万物。庄子认为:人之所以活着就是因为气聚集在一起,如果气散开了,那么人就死了。东汉王充认为:"天地合气，万物自生。"张载认为：天即太虚、太虚即气，提出气聚在一起形成世间万事万物的观点。王夫之认为：世界上万事万物都是由气构成的，除了气，什么都没有。中华优秀传统文化蕴含的朴素唯物主义思想与马克思主义辩证唯物主义是相契合的。辩证唯物主义认为：世界的本原是物质的，自然界和人类社会的各种现象是物质的不同表现形态，物质决定意识，意识对物质有能动反映。

2.中华优秀传统文化的阴阳五行思想与马克思主义唯物辩证法的契合性

中华优秀传统文化认为，阴阳不仅是世界万物的基本属性，也是世界万物的基本联系，提出了"相依相持，天人一理"的观点。这与马克思主义唯物辩证法中的世界是普遍联系和永恒发展的观点相契合。中国的阴阳五行说认为：五行相生相克，缺一就不能产生万物，并与阴阳和合相互联系、相互作用，体现出世界普遍联系的观点。中华优秀传统文化的"天地氤氲，万物化醇""生生不已""动静相涵""积微成著""革故鼎新"的观点与马克思主义唯物辩证法中世界的永恒运动和发展的观点相契合。中华优秀传统文化中"一物两体，中庸和谐"的观点与马克思主义唯物辩证法中矛盾对立统一观点相契合。中国哲学从"阴阳"理论阐发事物的矛盾性，还通过"一"与"两"、"和"与"同"、"中"与"偏"、"过"与"不及"等关系总结矛盾双方的性质。这些思想同马克思主义的矛盾对立统一观点相契合，两者的融通能够使大学生更全面、更深刻、更充分地理解和把握矛盾规律，进而深入矛盾的内在层面来理解事物的联系和发展。

3.中华优秀传统文化的和谐观与马克思主义对立统一规律的契合性

中华优秀传统文化的和谐观集中表现在四个方面。

一是天人合一的思想，告诉人们要与自然和谐相处。老子说："人法地，地法天，天法道，道法自然。"（《道德经·第二十五章》）强调人要以尊重自然规律为最高准则，以崇尚自然、效法天地作为人生行为的基本依归。在人与自然的关系上，中华优秀传统文化主张"天人合一"，强调人类应当认识自然，尊重自然，保护自然，但是，这并不是说人在自然面前只能服从，人可以发挥自己的能动性适时地对大自然进行改造，使人类的生活变得更加美好。这里的改造并不是对大自然进行屠杀和征服，而是要在顺应自然发展规律的基础上进行，追求的是天、地、人三者之间的和谐和统一，为人们的生存和生活创造良好的环境。

二是和为贵的思想，告诉人们人与人之间要和谐相处。在人与人的关系上，中华优秀传统文化主张"和为贵"，宽和处世，从而创造人际和谐的社会环境。

孟子也十分重视人与人的和谐关系，提出"天时不如地利，地利不如人和"（《孟子·公孙丑下》），并以他的"性善论"为基础阐述他的人和思想，认为只要把人的先天本性推及于每个人，就能建立"老吾老以及人之老，幼吾幼以及人之幼"的和谐社会，从而实现"人不独亲其亲，不独子其子"的大同社会。

三是神形合一的思想，告诉人们身体和心灵要和谐相处。每个个体身心的和谐在中国古代称为神形合一，主要是指人生在世，要保持平和、恬淡的心态，具有良好的道德修养和人格，才能实现个人身心的和谐。如果私欲太重，胡思乱想容易出现失眠多梦、行为极端等症状。

四是亲仁善邻、协和万邦的思想，告诉人们邻里间、民族间、国家间要和谐相处。在处理邻居和邻居、民族与民族、国家与国家之间的关系上，中华优秀传统文化主张"协和"而非"征服"，即在平等基础上，和平共处、亲善和睦、相互尊重、相互借鉴、共同发展。马克思主义的对立统一规律认为：矛盾双方既有对立性，又有统一性，是既对立又统一的辩证关系。对立性表现为斗争，统一性表现为和谐。中华优秀传统文化的和谐观是和而不同，不是同而不和，这与对立统一规律中矛盾双方既相互排斥，又相互联结、相辅相成的观点具有契合性。也可以说中华优秀传统文化中的和谐观就是马克思主义的对立统一规律。

4. 中华优秀传统文化的知行观与马克思主义认识论的契合性

儒家的孟子、荀子提出了"行高于知，知明而行""不闻不若闻之，闻之不若见之，见之不若知之，知之不若行之"的观点，是古代知行观的第一块里程碑。墨子在知行观上强调实践，把它作为检验知的标准，曾说："天下之所以察知有与无之道者，必以众之耳目之实。"（《墨子·明鬼下》）。东汉王充认为，"真知"应该不唯圣、不唯书、只唯实。佛学传入中国后把思辨引入知行观，其顿悟法是一种"闻知而行"的心法，开启了"知行合一"的先河。宋朝的程颐提出先知后行的学说，说："知之深则行之必至，无有知之而不能行者。"（《遗书十五》）。朱熹在二程格物知观的指导下，全面系统地阐述了"知先行后"的命题，提出了"行重知轻，力行为重，知行统一"。叶适认为"内外交相成"，说人的认识是通过耳目感官的聪明和心的思维内外交互作用而完成的。明朝的王阳明提出了"知行合一"说，认为心即理。王廷相提出"思与见闻之会"，强调在思的同时与见闻结合才能习得真正的知识。叶适和王廷相的观点与马克思主义理论基本原理的"实践是检验真理的唯一标准"相契合。清朝初期的王夫之是古代知行观的集大成者，他对宋明以来的知行观做了扬弃，提出了"知行相资以为用"（《礼记章句·中庸衍》）的观点，即知行是相互对立又相互统一的关系。他的知行观是中华优秀传统文化中最接近辩证唯物主义认识论观点的。中华优秀传统文化中的这些知行观与马克思主义认识论的感性认识与理性认识是辩证统一的；实践是认识的基础，认识对实践具有反作用；实践是检验真理的唯一标准，具有很大的契合性。

5. 中华优秀传统文化的社会历史观与马克思主义唯物史观的契合性

中华优秀传统文化的社会历史观与马克思主义唯物史观有很多契合性，表现在"仓廪实则知礼节，衣食足则知荣辱"（《管子·牧民》）与马克思主义唯物史观的社会存在决定社会意识是相通的。"仓廪实""衣食足"这些社会存在决定"知礼节""知荣辱"这些社会意识。中华优秀传统文化中的"杀身成仁""舍生取义"体现了对崇高人格及精神境界的追求，又强调精神生活对人、对社会的重要性。这和马克思主义唯物史观的社会意识具有能动的反作用是相通的。墨家提出：只要是对现实社会发展有好处的，都应该得到尊重和鼓励，反对复古主义。法家认为：社会历史是一个逐步由低级阶段向高级阶段发展的过程。王夫之认为：人类社会历史不是一成不变的，而是不断向前发展的。这和马克思主义唯物史观关于历史是从低级到高级的螺旋上升发展过程相契合。马克思主义唯物史观有关于社会变革和阶级斗争的内容，中华优秀传统文化中也涉及这些方面。如商鞅认为，国家治理有不同的方法，不必仿照古人治理国家的方法，只要与国家的实际情况相符合，能够促进国家发展的政策都可以采用。法家提出"人性好利说"，根据不同的职业和资产多少划分为不同的社会阶层，这直接体现出阶级斗争的经济性质。

6. 中华优秀传统文化的民本思想与马克思主义群众观的契合性

中华优秀传统文化中包含着丰富的民本思想。《道德经》说："圣人无常心，以百姓心为心。"《尚书·五子之歌》说："民可近，不可下；民惟邦本，本固邦宁。"《管子·牧民》说："政之所兴，在顺民心；政之所废，在逆民心。"《孟子·尽心》说："得天下有道，得其民斯得天下矣。得其民有道，得其心斯得民矣。"《荀子·王制篇》说："庶人安政，然后君子安位。传曰：'君者，舟也；庶人者，水也。水则载舟，水则覆舟。'"黄宗羲在《明夷待访录》说："古者以天下为主，君为客，凡君之所毕世而经营者，为天下也。"这些民本思想旨在奉劝封建统治者不能脱离人民，要关心人民的生活。孟子认为在一个国家中，平民百姓是第一位的，社稷是第二位的，统治者排在最后。统治者应对民实行仁政，使百姓可以年年生产劳作、休养生息，如果统治者不这样做，人民就会造反。荀子进一步把统治者比作舟，庶人比作水，提出"水能载舟亦能覆舟",认为百姓既可以推动国家繁荣,也可以颠覆国家政权。黄宗羲认为,君主是为天下百姓服务的仆人,平民百姓才是天下的真正主人,这是对中华优秀传统文化"民本"思想的重大发展。谁是国家的主人,谁为谁服务,是民主思想的首要问题。从中华优秀传统文化的"民本"思想可以看出,古人已经意识到人民群众对于国家兴亡的重要作用,这与马克思主义的群众观有很大的契合性。马克思主义的群众观认为,人民群众是社会物质财富的创造者、社会精神财富的创造者、社会变革的决定力量,是历史的创造者,在人民对国家社会的意义上两者有共通之处。

7. 中华优秀传统文化的大同思想与马克思主义共产主义理想的契合性

中华优秀传统文化的大同思想最早源自《诗经》中《硕鼠》的"适彼乐土""适彼乐国""适彼乐郊",像西方的"乌托邦""空想社会主义"一样,具有空想性。春秋战国时期,随着中国古代社会制度发生剧烈变动,产生出各种各样的关于理想社会的设计,如农家的"并耕而食"、道家的"小国寡民"、儒家的"天下大同"是这一时期大同思想的三种主要类型。儒家的大同理想比农家、道家的理想更详尽、更完整、更美好、更具有诱人的力量。因此,它在中华传统文化中的影响更大、更深远。儒家大同理想是在产生于秦汉之际的《礼记》《礼运》篇中提出来的。"大道之行也,天下为公。选贤与能,讲信修睦,故人不独亲其亲,不独子其子,使老有所终,壮有所用,少有所长,幼有所长,鳏、寡、孤、独、废疾者,皆有所养。男有分,女有归。货恶其弃于地也,不必藏于己;力恶其不出于身也,不必为己。是故谋闭而不兴,盗窃乱贼而不作,故外户而不闭,是谓大同。"可以看出,"公"是中华优秀传统文化"大同社会"中最本质、最突出的特点。"公"表现在任用人才上"选贤举能",推选出既有才干又有品德的人才担任职务;表现在人与人的关系上"讲信修睦",即人与人之间的相处恪守诚信,和谐相处。把别人的亲人和孩子当作自己的亲人和孩子一样对待,使整个社会的老年人可以安度晚年,壮年人为社会作贡献,孩子健康成长、弱势群体得到他人照顾。人人都不去争抢财务,人人都愿意贡献力量,家家夜不闭户,社会和谐稳定,这就是"大同社会"。马克思主义的共产主义思想,从资本主义的现实生活着手,对资本主义私有制导致的人性异化进行批判,在消灭私有制的基础上走向人人平等、和谐、自由的公有制基础上的共产主义社会。中华优秀传统文化中的大同思想与马克思主义所描绘的共产主义思想存在本质区别,但从否定私有制,推动生产力发展,变革生产关系角度来看,两者都是为了改变物对人的奴役,改变人性的异化,是追求平等、和谐的社会理想。因此，中华优秀传统文化的大同思想与马克思主义的共产主义思想具有共通性。

8. 中华优秀传统文化的修身思想与马克思主义人的全面发展思想的契合性

中华优秀传统文化中的"君子""理想人格""成人之道""人性善恶""义利之辩""群己关系"等方面都体现出知、情、意统一和真、善、美统一的特点。把上述思想融入马克思主义关于人的全面发展部分，可以进一步加深大学生对马克思主义人全面发展思想的理解，自觉促进自身的全面发展。如主张性善论的孟子认为人性本善，不假外求；提倡性恶论的荀子认为化性起伪，积善成圣。这与马克思主义中的"环境教育对人格的作用""人的主观能动作用"观点具有相通之处。中华优秀传统文化的理想人格是"君子"，"君子不苟求，求必有义""君子不徒语，语必有理""君子不妄动，动必有道""君子不虚行，行必有正"，君子如孔子所说对心所欲不逾矩，已达到马克思主义真、善、美的统一。马克思主义认为：人的全面发展是摆脱自然经济条件下人对人的依赖性、商品经济条件下人对物的依赖性的基础上，人在社会历史实践中不断发展其本质力量，最终达到真、善、美的统一。在此，中华优秀传统文化之"君子"与马克思主义之"人的全面发展"两者在思维趋向上是相通的。中华优秀传统文化中的群己关系、义利关系、理欲关系主张天下己任、义利双行、理欲统一，这与马克思主义关于个人与集体、道德与利益、感性与理性的关系具有相通性。中华优秀传统文化这些内容通过融入"原理"课教学，有助于大学生深刻认识和处理个人与社会、权利与义务、道德与利益之间的关系，自觉承担起对国家、社会和他人的责任。

（三）中华优秀传统文化融入"中国近现代史纲要"的契合点

"中国近现代史纲要"课（以下简称"纲要"课）兼具历史性和思想性，以思想性为主，主要向大学生讲述了"一条主线、两个了解、四个选择"。一条主线指实现中华民族的伟大复兴。两个了解指了解国史、国情。四个选择指历史和人民选择了马克思主义，选择了中国共产党，选择了社会主义道路，选择了改革开放。中国近现代史本身就是一部体现中国精神标识的民族史。如浴血奋战、不怕牺牲的奋斗精神；爱好和平、自强不息的爱国精神；不畏强敌、不欺凌弱小的英雄精神……这些精神和中华优秀传统文化中的民族精神相契合。讲好"纲要"课教材中的中华传统文化，将其他中华优秀文化融入"纲要"课教学中，可使当代大学生更加深刻理解中华民族百年历史巨变，更加理性把握民族复兴的历史脉络，升华民族精神的情感认同与心理认同，激发学生的爱国主义情怀，激发学生对中国历史与中华传统文化进行感性关怀与理性解读，去发现历史发展的内在规律，坚定大学生的理想信念，构建社会主义核心价值观，成为实现中华民族伟大复兴中国梦的追求者与建设者。

1."纲要"课中涉及的中华优秀传统文化

从鸦片战争前的中国讲到灿烂的中国古代文明。中华优秀传统文化作为"纲要"课开篇的重要论述对象，介绍了中华民族自炎黄以来五千多年辉煌灿烂的物质文明和精神文明，从长城、兵马俑到古代中国的哲学思想、文学艺术等，中华文明始终延绵发展、传承不绝，表现出顽强的生命力，体现了中华民族的凝聚力和自强不息的民族精神。"纲要"课还提出中华优秀传统文化既是中华儿女共同的精神基因，也是中华民族发展壮大的强大精神力量。在中国封建社会由昌盛到衰落的时候提到"中国封建社会的社会结构的特点是族权和政权相结合的封建宗法等级制度。其核心是宗族家长制，突出君权、父权、夫权"的内容。其在封建社会前期、中期起过稳定和规范封建社会秩序的作用，但在后期其保守性日益增强阻碍了社会的发展和进步，还提到"儒家还与佛教、道教相互吸收、融合"来说明中国古代的文化包容性与开放性。结合"纲要"课教材上的中华优秀传统文化可以适当多融入一些，让大学生对中华优秀传统文化形成一个完整且系统的知识结构。

西方列强对中国的侵略中有文化渗透。西方列强进行文化渗透的目的是"宣扬殖民主义奴化思想，麻醉中国人民的精神，摧毁中国人的民族自尊心和自信心"。这里融入中华优秀传统文化，可以抵制西方的和平演变，树立中华民族的自尊心与自信心，确立中华民族精神，还可以弘扬和传承中华优秀传统文化。

太平天国运动没有正确地对待儒学，但是把儒学中的封建纲常伦理原则保留了下来。太平天国运动的思想主张与传统文化中的大同思想有一定的契合性。洋务运动的指导思想是"中学为体、西学为用"。戊戌变法借古代圣贤之名实行"托古改制"，与传统文化中的革故鼎新思想有一定的契合性。"纲要"课的这些内容都涉及了中华传统文化，教师讲课时除了普及相关的中华传统文化外，重点要给大学生讲清楚中华传统文化中的精华是什么，当时中国遭受列强侵略的根源不是因为中华传统文化，而是社会制度的腐败。讲清楚当时中国封建社会的经济、政治、文化、社会结构，一方面巩固和维系了中国封建社会的稳定和延续，另一方面也使其前进缓慢、迟滞，造成了不可克服的周期性政治经济危机。这说明中国近现代社会危机具有整体性，而不能单纯认为是文化危机，更不能简单地把斗争矛头仅仅指向中华传统文化。康有为所发起的孔教运动并不能代表历史上所有的儒学思想，更不能垄断儒学的发展。"纲要"课教材批判20世纪初的孔教运动、尊孔读经活动并不代表着否定儒学的存在合理性，而是以批判与发展的眼光对儒学进行创造性转化。

北洋政府时期，袁世凯向全国发布《通令尊崇孔圣文》，命令全国恢复祀孔、祭孔典礼、恢复跪拜礼节，中小学恢复尊孔读经。尊孔复古思潮猖獗一时，一些清朝遗老遗少、保守分子纷纷组织尊孔复古团体，发行尊孔刊物，宣传封建伦理纲常，攻击民主共和，甚至要求将孔教尊为"国教"。教师讲这部分内容时，不仅要普及相关的传统文化知识，还要重点给大学生讲清楚文化在推动历史、社会前进过程中的作用是什么，是利用文化达到自己的目的，还是推动社会历史前进、服务人民；是文化的复古主义，还是古为今用。

五四新文化运动的首要任务就是反对封建主义的旧文化，提倡西方科学、民主的新文化；反对文言文、旧文学，提倡白话文、新文学；反对封建伦理纲常的旧道德，提倡男女平等、个性解放的新道德。新文化的干将们以饱含感情的、犀利的笔，去抨击以孔子为代表的"往圣先贤"，揭穿旧道德的丑态。2015版教材引述陈独秀的"儒教不革命，儒学不转轮，吾国遂无新思想，新学说，何以造新国民？悠悠万事，唯此为大已吁！"各版教材称其为敢于向两千多年神圣不可侵犯的封建礼教进行自觉挑战的第一批不妥协的战士，是思想启蒙家。新文化运动批判孔学，并没有因此而否定中国的全部传统文化，此时的志士仁人并不把孔学视作全部国学，也不否认孔学的历史作用，也没有把孔学说得一无是处。这样就平衡了弘扬中华优秀传统文化与反对封建主义之间的关系，厘清了中华优秀传统文化与孔学的关系，批驳了"历史虚无主义"的错误立场，有力推动了"纲要"课教学对中华优秀传统文化的创新。教师在讲这部分内容时要结合当时的时代背景，讲清中华优秀传统文化的精华与糟粕，具体问题具体分析地选取哪些是该大力提倡宣扬的文化，哪些是阻碍社会发展该扬弃的文化。教材肯定了孔子思想在当时的进步性，批判了封建社会后期僵化的意识形态。把中华优秀传统文化与僵化的意识形态区分开来，进而有利于弘扬中华优秀传统文化。

中国共产党诞生以后，提出反对帝国主义、反对封建主义的纲领，具有进步意义。反对封建主义就是批判中国古代社会历史与中国传统文化当中的糟粕，继承、弘扬中华优秀传统文化中的精华。二者不是矛盾的，而是相辅相成的，并且是可以同时进行的。在近代史的民族危亡时期，传承、弘扬中华优秀传统文化遭遇到了极大的挑战，甚至不是被定义为"优秀"，而是当作封建主义文化的对象进行批判。中国共产党是中华民族一切文化、思想、道德的优秀传统文化的继承者，把这一切的优秀传统看成和自己血肉相连的东西，并且继续将它们发扬光大。教师要给大学生讲清中国共产党怎样继承并发扬光大了中华优秀传统文化。马克思主义传入中国后，中国共产党是如何同中华优秀传统文化相结合实现了马克思主义中国化过程的。中国共产党提出要建立的新民主主义文化是民族的、科学的、大众的文化。民族的文化就是中华传统文化，教师也要联系中华优秀传统文化予以讲解。

进入社会主义社会后，建设中国特色社会主义文化提到培养高度的文化自觉与文化自信，增强国家文化软实力，弘扬中华文化，努力建设社会主义文化强国，建设中华民族共有精神家园。这里融入中华优秀传统文化能更好地证明并实现上述目标。在评价新中国成立三十年的建设成就、探索成果时，人们一致认为做到了对古今中外的优秀文化实行古为今用、洋为中用、百花齐放、推陈出新的方针。教材内容提到了中共十七届六中全会《中共中央关于深化文化体制改革推动社会主义文化大发展大繁荣若干重大问题的决定》。在具有新的历史特点的重大实践中提到了立足中华优秀传统文化，弘扬民族精神的说法。"纲要"课在应用中华优秀传统文化的同时，坚持了马克思主义的指导地位，号召大学生应用、传承与弘扬中国传统文化，为实现中华民族伟大复兴的中国梦而奋斗。

2.中华优秀传统文化中的家国情怀教育与"纲要"课中鸦片战争以来救亡图存的家国情怀相契合

家国情怀作为中华优秀传统文化的重要标识，是每一个中华儿女对华夏命运共同体的一种认同，是每一个中华儿女从情感和理智上认同和维护民族共同体、将忠孝的血缘亲情上升为报效国家服侍黎民的社会责任，是一种哪怕国家置身危亡绝域、民族身处苦难险境，终能慨然不弃的精神。在每一个中华儿女的传统观念里，国与家紧密相连、休戚与共，家是缩小的国，国是放大的家，个人命运与民族存亡息息相关，《孟子·离娄上》曾作精辟阐述："天下之本在国，国之本在家，家之本在身。"家国情怀是建立在血缘亲情基础上的一种社会伦理关系，在家尽孝、为国尽忠是家国情怀的核心要义。特别是一代代志士仁人胸怀"修身齐家治国平天下"的道德理想，秉持着"先天下之忧而忧，后天下之乐而乐"的政治操守，奉行着"为天地立心，为生民立命，为往圣继绝学，为万世开太平"的责任担当。我国最早的诗歌总集《诗经·邶风·击鼓》篇记载："死生契阔，与子成说，执子之手，与子偕老。"其本意指战友们相互约定"齐赴疆场共生死，终生相伴不分离"，因诗中的"手牵手共生死"的情感意蕴，后来转化为对圣洁爱情与和谐家庭的祝福。三国时期的曹植在《白马篇》中写下"捐躯赴国难，视死忽如归"。唐诗中的家国情怀让人动容、震撼：高适的"汉家烟尘在东北，汉将辞家破残贼"，王昌龄的"黄沙百战穿金甲，不破楼兰终不还"，李白的"愿将腰下剑，直为斩楼兰"，李贺的"报君黄金台上意，提携玉龙为君死"，王翰的"醉卧沙场君莫笑，古来征战几人回？"，张为的"向北望星提剑立，一生长为国家忧"，令狐楚的"未收天子河湟地，不拟回头望故乡"。这些振聋发聩的诗篇生动体现了华夏儿女血性的报国情怀。两宋时期，由于北方少数民族的入侵，国土尽失，山河破碎，家国情怀成了此时诗词的主旋律，饱含爱国主义的优秀诗篇不断涌现：陆游的"早岁那知世事艰，中原北望气如山""夜阑卧听风吹雨，铁马冰河入梦来""王师北定中原日，家祭无忘告乃翁"；辛弃疾的"醉里挑灯看剑，梦回吹角连营。八百里分麾下炙，五十弦翻塞外声。沙场秋点兵""追往事，叹今吾，春风不染白髭须。却将万字平戎策，换得东家种树书"，抒写了诗人报国志难酬、悲迟暮的家国情怀；李清照的"生当作人杰，死亦为鬼雄。至今思项羽，不肯过江东"，体现了诗人所向无惧的爱国正气；文天祥的"山河破碎风飘絮，身世浮沉雨打萍"，把自己命运和国家前途紧紧联系在一起，"国之不存，民将焉附"，他誓死不降元军，最终留下"人生自古谁无死，留取丹心照汗青"的千古名句；明朝于谦的"粉骨碎身浑不怕，要留清白在人间"爱国诗句彪炳万代。以上内容和"纲要"课中林则徐的"苟利国家生死以，岂因祸福避趋之"，黄遵宪的"杜鹃再拜忧天泪，精卫无穷填海心"，谭嗣同的"四万万人齐下泪，天涯何处是神州"，梁启超的"谁怜爱国千行泪，说到胡尘意不平"，秋瑾的"拼将十万头颅血，须把乾坤力挽回"，林觉民的"乐意牺牲我一生和你一生的福利，替天下人谋求永久的幸福"，夏明翰的"砍头不要紧，只要主义真。杀了夏明翰，还有后来人"，周恩来的"为中华之崛起而读书"，方志敏的"敌人只能砍下我们的头颅，决不能动摇我们的信仰"，江姐的"毒刑拷打，那是太小的考验。竹签子是竹子做的，共产党员的意志是钢铁铸成的"等家国情怀相契合。还有抗战英雄们的家国情怀："在抗战英雄身上，充分展现了天下兴亡、匹夫有责的爱国情怀。以身许国、精忠报国是抗战英雄最鲜明的品质。面对民族生死存亡，全体同胞以'誓死不当亡国奴'的民族自尊，挺身而出，共赴国难。在中国共产党倡导建立的抗日民族统一战线旗帜下，海内外中华儿女以强烈的家国情怀，空前团结起来，争先投入保家卫国的伟大斗争之中，形成了人民战争的汪洋大海，谱写下惊天地、泣鬼神的爱国主义篇章。"在"纲要"课教学中，要结合中华优秀传统文化突出家国情怀的教育，引导大学生增强民族自豪感，树立民族自信心，意识到在大是大非面前要以民族国家利益为重，这也是中华优秀传统文化基因的应有之义。

3. 中华优秀传统文化与"纲要"课其他方面的契合性

农村包围城市武装夺取政权的理论与中华优秀传统文化中知行合一思想的契合；改革开放与中华优秀传统文化中的实事求是思想的契合；中国共产党的自身建设与中华优秀传统文化中的以民为本思想的契合；推动构建新型国际关系、构建人类命运共同体与中华优秀传统文化中的和而不同思想的契合；伟大的建党精神、井冈山精神、长征精神、延安精神、抗战精神、西柏坡精神、大庆精神、"两弹一星"精神、抗震救灾精神、载人航天精神等与中华优秀传统文化中"天下兴亡、匹夫有责"的爱国精神、"与时俱进"的创新精神、"自强不息"的奋斗精神、"鞠躬尽瘁，死而后已"的奉献精神、"同舟而济"的团结精神等相契合。

中华优秀传统文化融入"纲要"课教学，是对教材内容的有益补充与完善，是为了让学生更有效地实现"一个主题""两个了解""四个选择"的教学目标，突出其思想政治教育的功能，这是中华优秀传统文化融入"纲要"课的根本目的。需要注意的是，中华优秀传统文化不能占据整个教学活动过多的内容和时间，绝对不能让中华优秀传统文化的融入冲淡了"纲要"课本身的教学内容，需要教师把握好分寸，避免喧宾夺主。

（四）中华优秀传统文化融入"毛泽东思想和中国特色社会主义理论体系概论"的契合点

"毛泽东思想和中国特色社会主义理论体系概论"课（以下简称"概论"课）是对学生进行中国化的马克思主义教育，尤其是习近平新时代中国特色社会主义思想教育，让学生懂得中国共产党为什么能、马克思主义为什么行、中国特色社会主义为什么好，从而了解党的方针政策，党的意识形态和指导思想，掌握中国特色社会主义理论的基本内容，使学生形成正确的世界观、人生观、价值观，成为中国特色社会主义事业合格的建设者和接班人。恩格斯说："每个国家运用马克思主义，都必须穿起本民族的服装。"中国化的马克思主义就是马克思主义穿起民族服的形象，"概论"课的内容就是马克思主义同中华优秀传统文化相结合的产物。

1."概论"课本身承载着传承中华优秀传统文化、革命文化、社会主义先进文化的功能

可以说，脱离文化的土壤，"概论"课的政治教育功能难以得到有效地发挥，而且"一个主权国家、一个民族的主流文化建设越繁荣，反映意识形态的内核越稳定，所彰显的价值理性越充分，执政党的政治主张、理论学说和价值理想越能得到广大民众的认可"。可见，"概论"课和中华优秀传统文化两者

之间"以政治取向来汲取文化资源,以政治需要来规导育人规格,以文化教化来实现政治目的"。

"概论"课教材内容本身也有文化的部分。"概论"课第十章"'五位一体'总体布局"就有"建设社会主义文化强国部分"。要把握中国特色社会主义文化的发展方向,繁荣发展社会主义文化,建设社会主义文化强国,不仅需要了解当代主流文化的发展,还要了解中华优秀传统文化。当代文化是在继承传统文化的基础上发展起来的,与中华传统文化是紧密联系的,讲透中国特色社会主义文化的前世今生离不开中华优秀传统文化的土壤,讲清中国特色社会主义文化的中国特色和民族特征,有利于调动学生听课的积极主动性,培养学生对思政课的兴趣,也有利于深化学生思想上的理解。

2. "概论"课教材是中华优秀传统文化和马克思主义基本原理相结合的产物

"概论"课教材的内容是中国化的马克思主义。中国化的马克思主义是马克思主义基本原理同中国具体实际相结合、同中华优秀传统文化相结合的产物。马克思主义与中华优秀传统文化是产生于不同历史条件的两种思想文化体系,它们关于宇宙自然、社会人生等根本问题的探讨在内涵上有诸多相似、相近、相通之处,从根本上讲,它们都是为了适应人类的需求而发展起来的,具有人类对美好生活向往的相通性。马克思主义与时俱进的开放性同中华优秀传统文化的会通品质是相通的,这是两者得以融通的前提条件和契合点。用马克思主义基本立场、观点和方法,整体地、辩证地认识中华优秀传统文化在马克思主义中国化过程中的地位和作用,并以创造性转化、创新性发展的实践能力,提升中华优秀传统文化的主体性与世界性,是马克思主义与中华优秀传统文化面向未来、价值融通的基本遵循。中国共产党是中国的执政党,它是以马克思主义为理论武装的无产阶级政党。马克思主义基本原理是中国共产党人理想信念的灵魂,丢掉了马克思主义基本原理就丧失了共产党的政治属性。同时,中国共产党是在中华传统文化土壤里成长起来的马克思主义政党,是中华优秀传统文化的忠实传承者和弘扬者,积极引领者和践行者。马克思主义基本原理同中华优秀传统文化的融通结合的过程中形成中国化的马克思主义。而"概论"课的主题就是中国化的马克思主义,主线就是马克思主义中国化的过程。"概论"课就是对中国共产党百年来的艰苦探索进行的理论总结。马克思主义中国化体现了中华优秀传统文化与马克思主义基本原理的高度融合,这在马克思主义中国化的理论成果中有典型的体现。

3. 中华优秀传统文化中的民本思想与"概论"课中以人民为中心的内容相契合

中华优秀传统文化中的重民、爱民、富民、贵民、教民、安民等思想观念与"概论"课以人民为中心、执政为民的内容有很大的契合性。以人民为中心的价值理念在中华优秀传统文化中屡屡可见。"民惟邦本，本固邦宁"（《尚书·五子之歌》）是最早的民本思想。商王盘庚说："予迁续乃命于天，予岂汝威？用奉畜汝众。"（《尚书·盘庚中》）养育万民是商王需要担当的政治责任。（《尚书·康诰》）对于民众，要如养育小孩般地精心呵护。春秋战国时期，王朝更迭使当时的思想家总结出政权兴亡的规律，"得民心者得天下""得天下有道：得其民，斯得天下矣；得其民有道：得其心，斯得民矣"。管子认为，民心向背决定着国家的兴亡，首要任务是治民，指出："心安是国安也，心治是国治也。"管子还说过："政之所兴，在顺民心；政之所废，在逆民心。"管子还有一句广为流传的名言："仓廪实则知礼节，衣食足则知荣辱。"孔子在卫国人口"庶矣哉"的基础上提出了"富之""教之"（《论语·子路》）的治理策略，孔子提倡对人民先富后教，要以"仁、义、礼、智、信"为教民的主要内容，以道德和礼制来教化、引导人民，人民才会遵循礼法、制度，人民才会有羞耻之心、归服之心，强硬政令，严苛律法只能使人民屈从于权威免遭惩罚。孔子曰："道千乘之国，敬事而信，节用而爱人，使民以时。"（《论语·学而》）"使民以时"便是要考虑民众的利益。孟子认为统治者应该"忧民之忧"时先忧，"与民同乐"之时后乐。孟子曰："桀纣之失天下也，失其民也。失其民者，失其心也。得天下有道，得其民，斯得天下矣。得其民有道，得其心，斯得民矣。得其心有道，所欲与之聚之，所恶勿施，尔也。"（《孟子·离娄上》）孟子的"民为贵，社稷次之，君为轻"明确提出民贵君轻主张。荀子提出了"君者，舟也；庶人者，水也。水则载舟，水则覆舟"的著名观点。荀子还说："王者之法：等赋、政事、财万物，所以养万民也。"（《荀子·王制》）"等赋""政事""财万物"这些事项的开展要以"养万民"为核心，"万民"乃其他政务事项的最终归宿。之后，传统的民本思想开始被关注，开始充分肯定民众的地位。封建皇帝为维护统治稳定，减少叛乱，制订了一系列的利民、富民政策。西汉董仲舒继承了先秦重民思想的遗风，提出"立王为民"的思想，即"天之立王，以为民也。故其德足以安乐民者，天与之；其恶足以贼害民者，天夺之"。如果君王离开了民众的支持，王朝就难以为继。贾谊曾说："自古至于今，与民为仇者，有迟有速，而民必胜之。""故夫灾与福也，非降在天也，必在士民也。"这种思想已经意识到下层人民的力量。到了东汉时期，王符作为民本思想的集大成者，提出"夫为国者，以富民为本"，人民生活富足才便于教化，反之会背离善道。王符认为："国之所以为国者，以有民也。"国家是由一个个"民"共同组成的，国家依赖民而存在，而民的贫富状况则在很大程度上制约着国家的发展，民富则国富、民贫则国贫。他还通透地指出"国以民为基"，民富乃国家的"天平之基"，明确提出了"国以民为基"的论点。唐太宗深谙"君舟民水"的真理，将"民贵君轻"运用于实际的治国之中，得以开创空前盛世。明末清初，随着激烈的阶级斗争和新生产关系的产生，传统民本思想得到极大发挥，以黄宗羲、顾炎武、王夫之为代表的进步思想家对君主专制独裁进行了深刻的揭露和批判，指责君主制度是"天下之大害"，反对君主把天下当作私产，提出"民主君客"的思想，指出君主的责任就在于"以天下万民为事"。这种进步的社会思想是早期民主思想的启蒙。中华优秀传统文化中的这些民本思想被中国共产党人继承并发扬光大，融入"概论"课教材的以人民为中心、执政为民的思想观点当中。

中国共产党自成立之日起，就将为人民谋幸福作为初心使命，以全心全意为人民服务为根本宗旨。在党的百年披荆斩棘的征程中，路线方针政策会随着国家发展的时代、阶段不同而改变，但坚持人民立场这一点从未改变过。

科学发展观的民本思想。人与社会、人与自然之间的矛盾是胡锦涛提出"以人为本"思想和社会主义核心价值体系的原因。"虽然过去二十几年中，中国取得了巨大的社会和经济成就。但中国人民和政府在解决其他挑战，特别是保护环境的战斗中，落后了关键的一步。环境状况已经是一个主要令人担心的问题。这种因素结合起来，严重影响人的健康和福利。"科学发展观提出了"以人为本"的社会主义建设要求，"引导党员、干部深刻理解科学发展观的核心是以人为本、推动发展的根本目的是让人民群众过上更好生活"。"领导干部坚持以人为本，真心服务人民，克服个人私欲虚荣，争起表率作用，转变工作作风，踏踏实实做事，实实在在做人，坚决与主观主义、形式主义和官僚主义作斗争。"胡锦涛总书记执政时期，以建设社会主义和谐社会、改善民生的实践继承和发展了全心全意为人民服务的思想，"以人为本"的理念深化了党对人民地位和作用的认识。党认识到把人民作为发展的中心，人民的发展是国家发展的最终落脚点和出发点，人民的发展对执政兴国具有重大的现实意义。针对在当时社会财富快速增长中忽略人民群众的主体地位这一现象，胡锦涛提出"把群众的呼声作为第一信号"来认识人民的主体地位，只有群众的呼声才能代表国家发展的正确方向。说明党承认先有人民群众的要求，才有了马克思主义政党的建立，共产党员的任何权利都来自人民，人民决定了这种权利的存在和灭亡。胡锦涛提出以"把群众的需要作为第一选择"来认识人民的利益。这是针对一些党政官员在追求政绩的过程中忽略人民群众的实际需要而提出的，要做到问政于民、问需于民、问计于民。胡锦涛提出"把群众的满意作为第一标准"来认识人民的重要作用。这是针对没将人民群众的满意与否作为社会发展与执政党员的基本评价标准现象提出的。这就指出群众满意不满意决定着路线方针政策是否具有持续性。人民不满意,路线方针形同虚设,难以在实践中贯彻落实。只有群众认可,路线方针政策才能继续有力推进。"把群众的满意作为第一标准"就要"科学执政、民主执政、依法执政,核心是要为人民执好政、掌好权"。

十八大以来,习近平无论是出国访问还是在国内各种场合讲话,无论是署名文章还是主旨演讲,始终充满着中华优秀传统文化的元素。名言警句、古语诗词都信手拈来,旁征博引,无不恰到好处,尽显画龙点睛之妙。习近平的语言风格"平语"近人,"习式"语言尽显魅力,人民群众称他为中华优秀传统文化的"代言人",给人留下了深刻的印象。如在博鳌亚洲论坛2015年年会上,习近平说,"夫物之不齐,物之情也",强调"不同文明没有优劣之分,只有特色之别",表达了要促进不同文明、不同发展模式交流对话,在竞争比较中取长补短,在交流互鉴中共同发展的深刻思想。2016年1月,在阿盟总部演讲时,习近平引用管子的"未之见而亲焉,可以往矣;久而不忘焉,可以来矣"来讲述此行的重要意义。随后,又提到孟子的"立天下之正位,行天下之大道",进一步阐释中国对中东政策的坚持和立场。2019年习近平在中国北京世界园艺博览会开幕式上的讲话中引用了《资治通鉴》中的话:"我们应该追求热爱自然情怀。'取之有度,用之有节',是生态文明的真谛。"2022年冬奥会欢迎宴会致辞时习近平引用王安石的诗句说:"'爆竹声中一岁除,春风送暖入屠苏。'中国刚刚迎来农历虎年。虎象征着力量、勇敢、无畏,祝愿奥运健儿像虎一样充满力量、创造佳绩。"习近平出席北京2022年世界经济论坛视频会议发表演讲时,引用了宋代吕祖谦的话说:"'天下之势不盛则衰,天下之治不进则退。'世界总是在矛盾运动中发展的,没有矛盾就没有世界。"

4. 中华优秀传统文化的天人之际思想与"概论"课的生态文明的契合性

中华优秀传统文化中的"天人之际"思想包括"天人相分"和"天人合一"两个方面,其中就包含对人与自然关系的讨论。从"天人相分"来看,"天"是物质的自然界,是自然而然的运动,是没有意识的,是不依赖于人意识的独立存在,自然的天相和人事的祸福没有关联,这与人与自然的斗争性有一定的契合。从"天人合一"来看,古人认为天是有意识和意志的,又认为天是万物运动的规律,赋予它物质存在的意义,这与人与自然的和谐性有一定的契合。中华优秀传统文化认为人的行为是有意识、有目的的,人对自然界有所作为就涉及人的主观精神与客观自然界的关系,比如王夫之提出"天之天"转化为"人之天"，就是发挥人的主观能动性去认识自然界的意思。从"天人合一"和"天人相分"两个方面来看待人与自然的关系，强调人与自然的合作与斗争，既能帮助大学生提高对中华优秀传统文化的认识，也能增强大学生对马克思主义生态观的把握，加深大学生对生态文明建设的认识。

5. 中华优秀传统文化的孙子兵法思想与"概论"课的社会主义市场经济的契合性

在社会主义市场经济条件下，很多竞争规律和战争规律是相通的。从某种意义上说，市场经济就是一个没有硝烟的战场。竞争是市场经济实现资源配置的主要机制，"概论"课中的社会主义市场经济内容，可以从孙子兵法中得到启发。如"知己知彼，百战不殆"既是战争中取胜的法宝，也是市场经济竞争中获胜的法宝。企业生产者要深入了解客户的需求，客观地认识自己企业的情况以及对手的实力等，并以此制定切实可行的营销策略。再如"出奇制胜"既是战争中取胜的法宝，也是企业生产者成功的法宝。企业生产者要想在市场经济竞争中获得可观的收益，就要具备创造性的思维，努力创新自己的产品，寻找和预测广大消费者的潜在需要，奇正相生不断成功。还有"避实击虚"是分析敌人的优势和弱点，避其锋芒，攻打敌人力量弱小的地方。这不仅是兵家之道，还是市场经济竞争中的要诀。在竞争中以己之长击人之短，即以自己企业的优势打击对手最薄弱的地方往往能取得成功。"因敌制胜"是面对不同的敌人采取不同的作战方法，最终取得胜利。在市场经济竞争中，企业生产者要根据市场需求的变化和竞争者的情况，经常开发新产品，降低产品成本，并从竞争对手可能采取的营销策略中分析可行的应对之策，取得竞争胜利。"庙算"是信息灵、情报准才能决策准确。《孙子兵法》主张利用"乡间""内间""反间""死间""生间"等多种方式获取对手的情报取胜。在市场经济中，"信息就是财富"早已成为众多企业生产者的共识，只有重视对各类信息的收集、整理、研究、分析和运用，才能在此基础上制定科学合理的经营策略而取胜。

此外，中华优秀传统文化与"概论"课内容还有许多契合点。如传统文化中的和合思想和社会主义和谐社会的建设、法家思想和全面依法治国、儒家德治和以德治国、《官箴》和全面从严治党、协和万邦和大国外交、天下大同和构建人类命运共同体等都有很大的相通性。结合中华优秀传统文化的知识点，是讲透"概论"课内容的关键所在，不结合中华优秀传统文化背景恐怕难以做到鞭辟入里的讲解。

第三节　中华优秀传统文化融入思政课的现实价值

　　中华优秀传统文化积淀着中华民族最深沉的精神追求，是中华民族生生不息、发展壮大的丰厚滋养，是中华民族的突出优势，是我们最深厚的文化软实力。中华优秀传统文化融入思政课能帮助学生们更好地理解中国特色社会主义及其建设。因为中国特色社会主义植根于中华优秀文化的沃土中，它是从中华民族五千多年悠久文明的传承中走出来的，具有深厚的历史渊源和广泛的现实基础；能增强学生的文化自信，有助于理解并坚持文化自信。因为博大精深的中华优秀传统文化是中华儿女文化自信的坚实根基和突出优势，有助于中华民族伟大复兴事业的实现。一个国家、一个民族的强盛，总是以文化兴盛为支撑的，文化兴则国家兴，文化强则国家强。中华民族伟大复兴需要以中华优秀传统文化创造性转化、创新性发展为条件，有助于一些世界难题的解决。中华优秀传统文化早已走向世界，越来越受到国际社会认可，其中蕴藏着解决当今国际社会共同面临的一系列难题的重要启示。

一、有利于思政课的教学改革

　　中宣部、教育部于2005年2月发布《关于进一步加强和改进高等学校思想政治理论课的意见》，强调思政课教学必须坚持马克思主义指导地位，坚持贴近实际、贴近生活、贴近学生，不断加强思政课教学的说服力和感染力，帮助大学生树立体现中华民族优秀传统文化和时代精神的价值标准。中华优秀传统文化具有渗透性强、贴近实际、注重道德培养、形象生动的特点，具有深刻的影响力和强烈的感召力。将中华优秀传统文化融入思政课教学，可以进一步丰富这门课的教学内容和教学方法。2014年3月教育部印发了《完善中华优秀传统文化教育指导纲要》，提出把中华优秀传统文化的教育融入课程与教材、分学段有序推进中华优秀传统文化教育。小学低年级阶段，以培育学生对中华优秀传统文化的亲切感为重点，开展启蒙教育，培养学生热爱中华优秀传统文化的感情。小学高年级阶段，以提高学生对中华优秀传统文化的感受力为重点，开展认知教育，了解中华优秀传统文化的丰富多彩。初中阶段，以增强学生对中华优秀传统文化的理解力为重点，提高对中华优秀传统文化的认同度，引导学生认识我国统一多民族国家的文化传统和基本国情。高中阶段，以增强学生对中华优秀传统文化的理性认识为重点，引导学生感悟中华优秀传统文化的精神内涵，增强学生对中华优秀传统文化的自信心。大学阶段，以提高学生对中华优秀传统文化的自主学习和探究能力为重点，培养学生的文化创新意识，增强学生传承弘扬中华优秀传统文化的责任感和使命感，帮助学生把握中华优秀传统文化和马克思主义理论的关系，引导学生坚定为实现中华民族伟大复兴而力争上游的信念。中共中央办公厅、国务院办公厅于2017年1月印发《关于实施中华优秀传统文化传承发展工程的意见》，在"贯穿国民教育始终"这一重点任务中提出："推动高校开设中华优秀传统文化必修课，在哲学社会科学及相关学科专业和课程中增加中华优秀传统文化的内容。"中共中央、国务院于2017年2月印发了《关于加强和改进新形势下高校思想政治工作的意见》，它强调在思想政治教育教学中必须要坚持马克思主义的指导地位，弘扬中华优秀传统文化，不断推进中华优秀传统文化融入思政课教学。这是新形势下思政课建设和改革的必然要求。因此，中华优秀传统文化融入思政课教学，既是推动新时代思政课教学改革创新的实践要求，也是从整体上增强学生传承与弘扬中华优秀传统文化责任感和使命感的内在要求。中华优秀传统文化教育与高校思政课教学二者在教育目标、教育内容上具有辩证的关联性。

（一）有利于丰富思政课的教学内容

中华优秀传统文化在精神上、思想上、内容上的共通性丰富了思政课的教学内容。如《道德经》中的"有无相生，难易相成"，其中的"有"与"无"和"难"与"易"都是两个相互对立的概念，但它们又是统一的，在一定条件下相互转化，这与马克思主义基本原理中的对立统一规律是相通的。在讲授"原理"课这一部分时，可以融入中华优秀传统文化的这些相关内容。在高校思政课中将中华优秀传统文化结合起来进行讲授，不仅能够满足大学生对中华优秀传统文化认识的需求，更能加深大学生对思政课知识的理解。这有利于拓展思政课教学的空间，丰富高校思政课的内容。

（二）有利于增加思政课的实效性

中华优秀传统文化具有直观、形象的特点，它易于接受、影响广泛，为学生们所喜闻乐道。结合中华优秀传统文化讲授思政课的相关知识，有利于增强思政课教学的吸引力。中华优秀传统文化具有潜移默化的特点，在思政课教学过程中结合中华优秀传统文化进行讲授可以调动大学生学习的积极性，增强思政课教学的实效性。如在讲授"马克思主义群众观点和群众路线"时，可以融入中华优秀传统文化的民本思想。"民为邦本"（《尚书·五子之歌》）、"君者，舟也；庶人者，水也。水则载舟，水则覆舟"（《荀子·王制》）等这些妇孺皆知的中华优秀传统文化与马克思历史唯物主义的群众史观相契合。在讲授马克思主义哲学的"思维和存在的关系问题"时,可以融入中华优秀传统文化的"天人合一"思想,"天"和"人"的对立统一与"思维"和"存在"的辩证关系相通。融入家喻户晓、脍炙人口的中华传统文化讲授思政课的理论知识,有助于培养大学生的学习兴趣,增强思政课教学的吸引力和实效性。

(三)有利于加深大学生对思政课的理解

思政课内容的重头戏是马克思主义及马克思主义中国化,尤其是马克思主义中国化部分是把马克思主义同中国国情、中国历史、中华优秀传统文化结合的产物。在马克思主义同中华优秀传统文化结合的过程中,中华优秀传统文化经过马克思主义的指导、改造、提升实现创造性转化、创新性发展,马克思主义也由此得到丰富和发展。马克思主义与中华优秀传统文化的结合是中华优秀传统文化实现自身现代化发展的内在要求。因此,大学生要想透彻理解马克思主义及马克思主义中国化的内容,就必须从马克思主义与中华优秀传统文化结合的角度去学习,这也内在地要求大学生既要精通马克思主义基本原理,又要熟悉中华优秀传统文化,有意识地对两种文化进行对比、分析、归纳、总结,特别是通过对中华优秀传统文化的批判、扬弃来完善、发展马克思主义基本原理。在高校思政课教学中融入中华优秀传统文化,可以增进大学生对中华优秀传统文化的认识,帮助大学生更好地理解马克思主义及马克思主义中国化的内容。

(四)有利于落实思政课立德树人的根本任务

中华优秀传统文化与高校思政课的教学内容相通相容,可以帮助大学生从源头上找到文化自信。中华优秀传统文化是提振大学生文化自信的宝贵资源,是培养大学生文化自信的"根",能够为大学生今后的成长和发展提供科学指引。如儒家主张"仁""慎独""舍生取义""和而不同"等思想,能够帮助大学生形成正确的价值判断,认同本民族的优秀文化。把中华优秀传统文化融入思政课教学中,让大学生在不知不觉中感受中华优秀传统文化的深厚底蕴。如在讲授科学社会主义的国家学说时融入岳飞精忠报国的故事;讲授马克思主义实践观时融入"纸上得来终觉浅,绝知此事要躬行"(《冬夜读书示子聿》)、"不闻不若闻之,闻之不若见之,见之不若知之,知之不若行之"(《荀子·儒效》)等诗文。大学生通过对中华优秀传统文化的学习,可以真切地体会到国家文化的精深、感受到祖国的强大。这有利于培养大学生的民族自豪感,克服民族自卑心理,激发大学生的爱国主义热情。

中华优秀传统文化是关于如何做人的文化,有助于学生健康心理的形成。中华优秀传统文化关注人的精神生活中非理性因素对人全面发展的影响。人都是有感情的,没有感情的人和社会是不存在的。中华优秀传统文化中有很多关于情感的论述,比如儒家孟子提出的"四端"中,恻隐之心、羞恶之心、辞让之心这"三端"是关于情感问题的。中华优秀传统文化中也有"有志者,事竟成"等关于意志的论述。此外,中华优秀传统文化有助于学生提升人生境界。中华优秀传统文化提升人生境界的重要方法就是发挥道德教化的作用。儒家特别重视道德的教化作用,认为"如何提升道德"就是关于怎样做人的学问。孟子认为人和动物的根本不同就在于人有道德,人若没有道德,那就和动物没有什么区别了。学生的全面发展要求学生做到理性和非理性的和谐统一,既不能缺少理性,也不能缺少非理性。缺少理性,学生就无法正确认识世界,无法树立正确的世界观、人生观和价值观;缺少非理性,学生在生活和学习中就没有动力,缺少热情,成为纯粹理性的思维机器。马克思主义理论中判断、推理多一些,中华优秀传统文化中情感、意志多一些,两者对于大学生全面发展的指导各有侧重。因此,中华优秀传统文化融入思政课教学中,是促进学生全面发展不可缺少的一个环节。

二、有利于中华优秀传统文化的弘扬传承

中华优秀传统文化的弘扬传承有赖于它能持续地服务于社会的发展和人们的生活。产生于古代的传统文化只有不断地与时俱进,赋能当代社会的发展和人们的生活才能一直生生不息。

中华优秀传统文化的会通精神是它吸收外来文化不断与时俱进的重要心理基础,也是它融入思政课的内在文化根据。但是,中华传统文化一路走来,有其不可避免的历史局限性,不断制约着它自身的发展,需要实现当代化转型。这种转型要么走原创型道路,要么借鉴吸收其他文化的有益成果。

中华传统文化经历了五四新文化运动、十年"文革"时期的断层,也跨越了资本主义社会的高度发展阶段,这样的经历很难直接从中华传统文化中挖掘当代精神,走原创式道路。因此,中华传统文化的创造性转化和创新性发展只能依靠借鉴、吸收其他民族的先进文化来做到。作为思政课教学核心内容的马克思主义基本原理,在十月革命后传入中国,它是建立在工业基础上的具有现代性的世界性革命学说,是优秀且先进的文化,与中华传统文化具有很大的互补性和相通性。将中华优秀传统文化融入思政课,接受马克思主义基本原理的洗礼,是弘扬传承中华优秀传统文化的有效途径。正如赵婀娜所说:"课堂是传统文化传承的主阵地,推广优秀传统文化的不应只是开展大型活动,学校要从办好活动转向办好课程,让传统文化不仅走进学校,更要走进课堂。"中华优秀传统文化融入大中小学思政课中,不是机械地照抄照搬,要在结合时代发

展需求，结合大中小学生的心理发展特点和认知规律的基础上，依据大中小学思政课教材内容，有针对性地从中华优秀传统文化中精选那些有益于现代社会的、具有充分教育价值的向上、向善的文化元素，通过对其进行创造性转化或创新性发展，使其符合不断发展变化的现代社会的标准，努力让其活起来，以"滴灌"的方式，潜移默化地涵养学生的心灵，培养学生的世界观、人生观、价值观，让学生的三观深深扎根在中华优秀传统文化的肥沃土壤之中，发芽成长。要发挥中华优秀传统文化以古鉴今、资政育人的作用。以中华优秀传统文化和马克思主义理论思想武装起来的年轻一代，会身体力行地再用这些思想去影响下一代，中华优秀传统文化就可以代代传承下去，中华优秀传统文化中的思政元素也会代代传承下去。

三、有利于治国理政

任何科学的社会理论和制度，必须本土化才能真正发挥作用。中华优秀传统文化是中国共产党治国理政的重要思想文化资源。党杰出领袖毛泽东就是运用中华优秀传统文化的高手。他在党的六届六中全会上说："我们是马克思主义的历史主义者，我们不应当割断历史。从孔夫子到孙中山，我们应当给以总结，继承这一份珍贵的遗产。"毛泽东本人的传统文化修养极其深厚，其诗词、书法等修养深厚，自成一体，其古代文史知识和智慧的运用堪称纯熟。他既与党内同志共同研读马列主义的经典与教科书，借鉴苏俄经验教训，又用大量的时间和精力批阅中国古代文史典籍。他说："马列主义的书要经常读。《共产党宣言》，我看了不下100遍，……读马克思主义理论在于应用，要应用就要经常读，重点读。"有人称毛泽东是"掌上千秋史，胸中百万兵"。他的书房仅《红楼梦》一书就有10种版本以上。从文学书中他看历史、看社会、看政治、看军事、看思想方法，汲取其中对现实有用的东西。毛泽东一生批阅《资治通鉴》十几遍，通读4000万字的二十四史，用不同颜色的笔墨圈点批注，并将一些内容印发批转为高级干部学习材料。他提出"古为今用""洋为中用"，认为"指导一个伟大的革命运动的政党，如果没有革命理论，没有历史知识，没有对于实际运动的深刻的了解，要取得胜利是不可能的"。实事求是作为中国共产党的思想路线，是毛泽东对马克思主义世界观和方法论所作的高度概括。毛泽东的党建思想、军事思想、哲学思想、政治思想是典型的在实践中把马克思主义与中华优秀传统文化结合的典范之作，体现了中国表述、中国风格、中国智慧。

习近平同志指出，我们必须结合新的时代条件传承和弘扬好中华优秀传统文化，中华民族伟大复兴需要以中华文化发展繁荣为条件。又说："中国共产党人始终是中国优秀传统文化的忠实继承者和弘扬者，从孔夫子到孙中山，我们都注意汲取其中积极的养分。"重视历史、重视历史思维能力的运用，是习近平新时代中国特色社会主义思想一个非常鲜明的特色。习近平同志在中央党校对党的领导干部发表的许多讲话中，都包含了这样一层深意：不仅马列主义的经典著作要反复读，中华文化的经典也要去读。他指出："共产党人要把读马克思主义经典、悟马克思主义原理当作一种生活习惯、当作一种精神追求，用经典涵养正气、淬炼思想、升华境界、指导实践。"2013年3月1日，习近平同志在中央党校春季学期开学典礼上指出："各种文史知识，中国优秀传统文化，领导干部也要学习，以学益智，以学修身。中国传统文化博大精深，学习和掌握其中的各种思想精华，对树立正确的世界观、人生观、价值观很有益处。"

当代中国的国家治理体系有着深厚的中华文化根基。习近平同志说过："不忘本来才能开辟未来，善于继承才能更好创新。"在统筹中华民族伟大复兴的战略全局和世界百年未有之大变局中，以中华优秀传统文化治国理政智慧所蕴含的精髓滋养新时代中国的治国理政。这些治国理政智慧，生成于古代中国的特定时空条件下，它作为一种重要资源需要和当代条件相结合，经由现代性转化和创新性发展才能融入当代国家治理实践，成为当代中国特色社会主义制度和国家治理体系的坚实根基。

自秦灭六国统一文字、货币和度量衡后，中华大一统的思想观念便已深入人心，成为铭刻在中华民族灵魂深处的基因密码。虽然多次历经外族入侵、局势动荡、军阀割据，但动乱结束后都会出现大一统的局面，这得益于中华传统文化开放、包容的特性，能够对周边其他民族文化进行吸收和融合，最终形成中华民族多元一体的格局。当前面对世界"百年未有之大变局"，传承并改造创新中华传统文化中"大一统""定于一"的思想理念，有利于维护新时代国家主权和领土完整。

中国共产党实事求是的思想路线就是来自《汉书·河间献王刘德传》中"修学好古，实事求是"的现代性阐发，有着中华传统文化中治国理政思想的智慧。新时代以人民为中心的发展思想吸收了古代中国"重民本""民贵君轻""水能载舟，亦能覆舟"的思想智慧。和平思想在《论语》《道德经》《孙子兵法》等经典中能发现出处。中华传统文化中的"道法自然"在调整人与人之间的关系、人与自然的关系上具有治国理政智慧，对于新时代国家治理中生态文明建设有很多启示。

"和合"思想主张求同存异，能把最大多数的人凝聚起来。中国是通过教化来获得文化认同把周围的人凝聚起来的，即"远人不服，则修文德以来之"，而不是通过强烈攻击和侵略来让人臣服。前者是文化中心主义，非种族中心主义，后者是武力中心主义、种族中心主义。正是中华传统文化不排外的包容性，通过文化价值认同使国人们团结起来，生成了中华民族发展建设过程中没有侵略的文化基因。这也是理解丝绸之路、郑和七下西洋的过程中没有侵占殖民地的原因。

以"仁政"施"德治"的智慧。中华优秀传统文化中的"以德治国"思想影响着历代封建王朝的统治。孔子的仁学思想、孟子的仁政思想，是以德治国制度文明的思想基础。孟子讲性善论、养气论、仁政论，强调内在的道德品质是治国理政的出发点，只有"以不忍人之心"才能"行不忍人之政"，才有王道仁政。儒家使"修身"与"齐家治国平天下"统一起来，以尽孝、尽忠、廉洁奉公作为官吏考核、升迁的尺度，从而成就了"内圣外王"的文化理想。孔子还认为治国理政有两种方式。一种是"道之以政，齐之以刑，民免而无耻"，即用行政的手段引领百姓，用惩罚的手段管理百姓，这种方式虽然有效，但难以让百姓自觉认识到违反某些规矩是可耻的。百姓尽量避免受惩罚或制裁，但终究是缺乏羞耻之心。另一种是"道之以德，齐之以礼，有耻且格"，即用道德引领百姓，通过礼加以规范，使道德成为一种自觉遵循，百姓就会明白违反道德是可耻的，不合乎礼是可耻的，这样就达到了自觉遵守道德规范的效果。这就是以德治国的理念。孔子还说："为政以德，譬如北辰，居其所而众星共之。"即一个人依靠德行治理天下，就如同北极星一样，会被群星包围着。孔子认为治国理政最美好的境界是"大道之行也，天下为公"的"大同"社会。正是"以德治国"的思想形成了两千多年封建统治中有名的"文景之治""贞观之治""康雍乾盛世"等安定富足的时代。这些治国理政的智慧作为文明基因一直影响着中华文化、国家统治的基本走向，也是当今国家治理得以借鉴的重要资源。

自孔孟到宋明理学，儒家普遍强调"有治人无治法"的思想道统，往往缺乏现代意义上的民主思想，压抑人的思想。在治国理政智慧的现代性转化中，要把依法治国与以德治国有机结合起来，既要发挥道德引领作用，更要恪守法治底线。对于当代国家治理来讲，对广大人民群众需要强化法治的底线意识，而对"关键少数"则需强化道德引领作用。子曰："政者，正也。"为政者，只有先要端正自己，才能要求别人；自身不正，难以要求别人正，要躬身修己。唐太宗李世民在《贞观政要》中指出："惟尧舜之道，周孔之教，对于治理天下国家，如鸟之有翼，如鱼之依水，失之必死，不可暂无耳。"意思是说，对于统治者来讲，尧舜之道、周孔之教，就像鸟离不开双翼，鱼儿离不开水一样，得之则生，失之则死。这对于形成具有中国特色的国家治理体系和现代化治理能力仍是必要的，是古代中国传统治理观的鲜活体现，也是当代中国国家治理的重要依托。

需要特别注意的是：任何要全盘接受中华传统文化并将其作为解决新时代所有问题的办法，不仅在实践上倒行逆施，而且在方法论上也行不通。开放包容的人文精神是中华文化的特质，正是无所不包的文化品格成就了中华民族的伟大，并在文明的赓续中成为当代中国文化的底色。党的十九届四中全会强调："实践证明，中国特色社会主义制度和国家治理体系是以马克思主义为指导、植根中国大地、具有深厚中华文化根基、深得人民拥护的制度和治理体系，是具有强大生命力和巨大优越性的制度和治理体系，是能够持续推动拥有近十四亿人口大国进步和发展、确保拥有五千多年文明史的中华民族实现'两个一百年'奋斗目标进而实现伟大复兴的制度和治理体系。"

四、有利于解决世界难题

中华优秀传统文化中的丰富哲学思想、人文精神、教化思想、价值理念、道德规范等，蕴藏着解决当代人类面临的难题的重要启示，可以为人们认识和改造世界提供有益启迪。中国共产党坚持运用马克思主义的方法，对中华优秀传统文化进行创造性转化和创新性发展，积极发掘中华优秀传统文化中积极的处世之道、治理理念同当今时代的共鸣点，努力为完善全球治理贡献中国智慧。中国共产党人从毛泽东、周恩来运用和平共处五项原则处理国际关系，到邓小平主张和平解决争端，再到后来提出"和而不同"的文明多样性、"建设和谐世界"等理念，始终不渝走和平发展道路。这种自觉和自信，一个很重要的方面源于中华文明的深厚底蕴。在当今多元文化时代，以习近平同志为核心的党中央提出的"人类命运共同体"国际关系理念包含着古老智慧的新运用，日益成为中国引领时代潮流和人类文明进步方向的鲜明旗帜。中华民族很早就认识到，"大道之行，天下为公"，其中的"天下"理念和"大同"信仰，经过"创造性转化、创新性发展"能为"人类命运共同体"奠定深厚的文化根基。传统"天下观"其实给现代人提供了一种更宽阔的视野、更宽广的胸怀来观察和处理世界大势、全球问题。因为贯穿其中的是超出家国的"大道"，并非仅仅适合于本国本民族的"道"。根本的一个字是要做到"公"，"不独亲其亲"，达到无遗漏的"皆有所养"才是目标之所在。汤因比曾经讲过类似的话，中国把各民族统一在一起的几千年经验，可以为形成一个统一的和平世界提供诸多启示。中华文明长期在世界历史上处于前列，其中心部位甚至对周边形成强大的向心力，不能不说与它本身即处在时时更新、吸收外来文明有关。"中华民族共同体"形成的"中华文明"，其最高层的概念即为"道"——亦为中华哲学思想的核心价值理念。它表明，中华文明是主讲道义的文明形态，始终将人道高高擎举，使五千年文明绵延不绝。有了此"道"，才能持久不息。这是中华民族共同体能够长期生存、发展的根本基因，也是我们今天提出"人类命运共同体"的智慧源泉。

第四节　中华优秀传统文化融入思政课的时代意义

进入新时代以来，我国的教育也要明确所处的历史方位和时代坐标，作出准确的认知后方能作出科学的判断。中华优秀传统文化融入思政课也有其时代逻辑，具体表现在中华优秀传统文化和以马克思主义为核心内容的思政课价值归宿具有相通性，经由民族复兴、国家富强、人民幸福的"实践化合"与品质再造，成为中国共产党意识形态的思想内涵和理论表达。这种意识形态有利于实现国家的文化安全和构建人类命运共同体。

一、有利于实现我国文化安全

（一）文化安全的提出

我国的文化安全最初体现在对中华优秀传统文化、非物质文化遗产的保护上。习近平担任福建省省长时，颁布了关于保护三明市万寿岩旧石器时代洞穴遗址的相关命令和政策。他为《福州古厝》一书作序，表达对非物质文化遗产安全的重视。习近平在参观《复兴之路》展览时，深入阐释"民族复兴中国梦"的思想和理念，丰富了新时代文化安全观的理论内涵以及理论体系。习近平在中共中央政治局第三次集体学习时提出："任何外国不要指望我们会拿自己的核心利益做交易，不要指望我们会吞下损害我国主权、安全、发展利益的苦果。"习近平在十八届中共中央政治局第一次集会时表明了维护文化安全的决心和立场。在周边外交工作座谈会上，还强调把文化安全战略与全世界人民命运联结在一起，以开放的姿态向世界展示和输出中国优秀的传统文化。2014年中央国家安全委员会第一次全体会议召开，习近平首次提出总体国家安全观，首次系统提出总体国家安全观由11种安全组成，新时代国家安全体系中的总体国家安全观包括16种安全，其中的文化安全就是总体国家安全观之一。文化安全被视为总体国家安全的保障，对保障总体国家安全、走中国特色国家文化安全道路具有战略意义。战略地位的提升是由于"当前我国国家安全内涵和外延比历史上任何时候都要丰富，时空领域比历史上任何时候都要宽广，内外因素比历史上任何时候都要复杂，必须坚持总体国家安全观，走出一条中国特色国家安全道路"。

（二）文化安全的内涵

文化安全是指国家文化生存和发展免于威胁或者危险的状态。文化安全的内涵非常丰富，主要包括文化经济安全、文化制度安全、文化资源安全、传统文化安全、文化生态安全以及意识形态价值观安全等。其中意识形态价值观安全是文化安全的核心和灵魂。中国共产党历来将巩固马克思主义意识形态作为文化建设的根本任务。新时代，维护国家文化安全的核心任务和根本标志在于确保核心价值观的安全。文化安全是总体国家安全和其他安全的底线和重要保障，任何一个国家的安全都是建立在文化价值体系安全基础之上的。习近平曾说："一个政权的瓦解往往是从思想领域开始的，思想防线被攻破了，其他防线就很难守住。"2014年，习近平在中央国家安全委员会第一次会议上指出，要"以军事、文化、社会安全为保障"实现总体国家安全，深刻阐述了文化安全在总体国家安全中的重要地位。文化安全是国家安全的重要内容和保障，事关国家和民族的前途命运。当今世界，随着全球化的深入发展，各民族文化之间的互动不断增强，主要体现为文化交流日益频繁、文化交融日益复杂、文化交锋日益尖锐。这种情况一方面为我国文化发展提供了历史机遇和国际舞台，另一方面也给维护国家文化安全带来了严峻挑战。

（三）文化安全的现状

进入新时代以来，世界经历着大发展、大变革、大调整。在百年未有之大变局中，我国的经济、社会、科学技术等方面快速发展，我国社会主要矛盾发生了变化，作为非传统安全问题的文化安全问题日益凸显，成为新时代国家战略决策的重要组成部分，并直接关系到国家的现状和未来，也关系到我国在世界格局中的战略地位和分量。除了国内快速发展带来的文化安全危险，还面临着国外反动势力、分裂分子带来的文化安全威胁，如何通过保证国家文化安全来保障总体国家安全？通过学习理解中华优秀传统文化来建立每个中华儿女的文化自信，是最坚实可行的办法之一。

1. 国内文化安全形势面临着文化安全意识淡薄、文化创新不足的危险

首先，随着改革开放的逐步深入，社会利益矛盾日益凸显，人们的价值观也在悄无声息地发生着改变。恩格斯说过："随着每一次社会制度的巨大历史变革，人们的观点和观念也会发生变革。"我国的经济体制改革和对外开放使中国出现了不同的社会阶层，他们代表不同的利益主体并产生了不同的价值追求，原有的利益固化格局被打破，一些阶层固有利益消失，一些阶层成为新的利益获得者，具有不同价值观的个人、团体之间冲突加剧。对外开放的过程中其他各国的思想、文化也蜂拥来到了国内，国内多元价值观的冲突使一些国民片面强调思想自由化和多元化，其中有一些价值观与我国社会主义核心价值观相背离，一些国民面临着文化安全意识淡薄的危险。

其次，我国文化的竞争力和创新力制约着文化安全。"创新是文化力量的源泉，是文化自身存在和延续的本质需要。"中华优秀传统文化拥有五千多年的历史，随着改革开放的深入和发展，我国文化的竞争力和创新力与西方发达国家相比还存在明显的不足。从世界各国文化产业总值占国内生产总值（GDP）比例来看，美国是31%左右，日本是20%左右，欧洲平均在10%～15%之间，韩国高于15%，而我国却不到2.43%。与发达国家相比，我国文化及相关产业占我国GDP的比重还很低，我国文化对西方国家的影响还非常有限。而如今，国家文化软实力在综合国力竞争中的作用却愈加凸显。文化软实力的重要意义在于对内能提高民族的凝聚力、创造力、认同感、荣誉感，对外能提高国家的影响力、知名度、国际地位，汇聚英才。更重要的意义是随着国家文化软实力的提高，能够实现文化安全战略的重要目标。对此，习近平2013年在主持中共中央政治局第十二次集体学习时说："提高国家文化软实力，关系'两个一百年'奋斗目标和中华民族伟大复兴中国梦的实现。"习近平围绕提升国家文化软实力，传播中国价值观，向世界展示中华优秀传统文化的独特魅力，提高中国文化话语权作了精辟阐释。这是对中华优秀传统文化的时代性转化问题作出的指引。

2. 网络文化安全是我国文化安全面临的新挑战

随着互联网的高速发展，社会已经发展到无人不网的时代。网络的主动权掌握在西方发达资本主义国家手里，国外反动势力和分裂分子借助互联网文化给我国带来了网络舆论风险以及网络文化渗透，给我国网络文化建设带来了新的考验。"互联网已经成为舆论斗争的主战场……在互联网这个战场上，我们能否顶得住、打得赢，直接关系我国意识形态安全和政权安全。"目前，互联网文化产业成为我国新的经济增长点，互联网是一把双刃剑，在给我国文化发展和建设带来了机遇的同时，也会带来新的挑战。而"文化渗透在本质上是一个没有终结的过程，它只是不断地在形式上有所变化，在程度上有所加深，在范围上有所拓展"。当前，国外的文化渗透方式更加多样化，通过网络宣传的思想主要表现为新自由主义、历史虚无主义、西方宪政民主、民主社会主义、普世价值观、公民社会思潮、西方新闻观。其中一些渗透方式虽然受到批驳制止，但是一直没有放弃与我国争夺人心。普世价值观、公民社会思潮、西方新闻观等活跃度有所降低，但仍通过多种途径传播，造成人们思想上的困惑。西方国家不遗余力地向我国宣扬、渗透上述思想，其实质就是要否定中国共产党的领导、否定马克思主义意识形态的主导地位，通过文化渗透干扰我国民众的思想意识，从而达到颠覆国家政权的目的。因此，每个人都要充分认识到互联网已经成为文化安全的重要变量，我国的文化安全面临着更加复杂严峻的风险。

3. 西方文化对我国主流意识形态的挑战

自从我国社会主义诞生之日起，西方国家就没有放弃过对我国的颠覆工作。首先，随着中国的快速发展和中国特色社会主义优越性的日益彰显，西方反华势力越来越猖獗，从支持"藏独""疆独""台独""法论功"到贸易摩擦，打压中兴、华为，再到在新冠肺炎疫情中"妖魔化"中国；从"十条诫令"到对中国由东到南形成的"C"形包围圈等，加紧对我国实施意识形态方面的渗透，对我国意识形态安全构成了严峻挑战。对此，习近平说："境外敌对势力加大渗透和西化力度，境内一些组织和个人不断变换手法，制造思想混乱，与我争夺人心。"其次，随着改革开放的日益深化，国内社会思想观念和价值取向日趋多元化。西方宪政民主、新自由主义、历史虚无主义、普世价值等社会思潮不断激荡，一定程度上对巩固马克思主义的主导地位形成了潜在的威胁。

4. 部分党员干部在领导文化建设过程中党性原则不强，政治敏锐性不够

一些党员干部"在重大意识形态问题上含含糊糊、遮遮掩掩，助长了错误思潮的扩散"。"有的对党的政治纪律、宣传纪律置若罔闻，根本不当一回事；有的还专门挑那些党已经明确规定的政治原则来说事，口无遮拦，毫无顾忌。"对此，习近平强调：面对改革发展的复杂局面、社会意识的多元多样、媒体格局的深刻变化给我国文化建设带来的新挑战，"全党同志，特别是各级领导干部，都要有本领不够的危机感，都要努力增强本领，都要一刻不停地增强本领"。

（四）文化安全与政治安全

文化作为一种软实力，渗透于国家和社会发展的各个领域，尤其对于国家政治有着非常深刻的影响。马克思曾说："如果从观念上来考察，那么一定的意识形态的解体足以使整个时代覆灭。"毛泽东也认识到文化安全与维护社会主义政权、加强中国共产党执政能力建设的内在关系，指出："凡是要推翻一个政权，总要先造成舆论，总是要先做意识形态方面的工作。"习近平也深刻认识到文化安全与政党安全、政权安全和社会主义事业安全的统一关系，在中国特色社会主义总体布局和战略视野下强调维护文化安全，明确将文化安全纳入总体国家安全的布局中加以强调。

（五）文化安全与意识形态

文化工作是为国家立心、为民族立魂的工作。确保文化安全，就要做好意识形态工作。对此，习近平提出了"三个事关"和"三个关乎"，认为维护文化安全，做好意识形态工作，"事关党的前途命运，事关国家长治久安，事关民族凝聚力和向心力"，"关乎旗帜、关乎道路、关乎国家政治安全"。由此可见，习近平思考文化安全问题，是将其纳入党、国家、民族安全发展以及中国特色社会主义事业总体布局中来进行考虑，深刻回答了维护文化安全的价值旨归。

文化安全与意识形态的内在关系体现在："意识形态决定文化前进方向和发展道路。""文化的影响力首先是价值观念的影响力。世界上各种文化之争，本质上是价值观念之争，也是人心之争、意识形态之争。"一种文化的安全，首先，在于其自身有一个正确的前进方向和科学的发展道路，能够确保文化繁荣发展，生命力旺盛，而这一切决定于作为核心内容的意识形态。这是从文化自身发展的角度来看待意识形态在文化安全中的作用。其次，文化安全还体现为在对外文化竞争中赢得优势、扩大影响，这同样离不开核心价值观的重要作用，能否做好意识形态工作事关文化安全和国家政权安全。可见，巩固马克思主义在意识形态领域的指导地位是党宣传思想文化工作的根本任务之一，"一刻也不能放松和削弱意识形态工作，必须把意识形态工作的领导权、管理权、话语权牢牢掌握在手中"。维护国家文化安全，必须要构建一个全民族共有的精神家园，这就需要在全社会培育和践行社会主义核心价值观，以此强化社会成员的思想、价值和情感认同，增强民族凝聚力和感召力。习近平高度重视培育和践行社会主义核心价值观，将其视为维护国家文化安全的重要举措，指出"核心价值观是一个民族赖以维系的精神纽带，是一个国家共同的思想道德基础。如果没有共同的核心价值观，一个民族、一个国家就会魂无定所、行无依归"。"能否构建具有强大感召力的核心价值观，关系社会和谐稳定，关系国家长治久安。"培育和践行社会主义核心价值观，一方面有利于增强社会主义文化的凝聚力和向心力，将广大民众团结在新时代中国特色社会主义旗帜下；另一方面可以壮大发展我国社会主义文化，增强对西方文化的抵制力和免疫力，从而确保国家文化安全。

（六）文化开放安全

我国的对外开放是以全方位安全为前提的开放，不是无条件地开放，其中的文化开放安全是保障。经济全球化的今天，人类交往的世界性比过去任何时候都更深入、更广泛，各国相互联系和彼此依存比过去任何时候都更频繁、更紧密。一体化的世界就在那儿，谁拒绝这个世界，这个世界也会拒绝他。

多元开放的世界给我国带来机遇的同时，也带来诸多的挑战。保障文化安全要勇于在文化开放过程中保持清醒的文化安全意识，筑牢文化安全的屏障。伴随着西方国家的殖民扩张，西方文化也在殖民地国家强势侵入，人类文化的多样性逐渐消失，带来的是英语普遍流行，圣诞节、万圣节、情人节等西方节日的盛行，国内一些地方甚至以伦敦、纽约等城市为发展样板而仿效，许多区域性文化、习俗等在开放的过程中随着时间的流逝而消失殆尽。

"冷战"结束后，西方文化的输出越来越典型：各地的颜色革命、阿拉伯之春、占中事件、修例风波等都是西方文化霸权在意识形态领域的和平演变，是文化安全危机的表现。可见，在文化开放和文化安全之间存在着辩证关系。首先，要以开放的姿态学习、借鉴世界上一切先进文化和文明成果，在文化开放中巩固文化安全的基础。其次，把中华优秀传统文化以世界能够听得懂的声音传播出去，坚定文化自信，筑牢文化发展的安全屏障。再次，在文化开放交流中激活中华文化自身的内在动力，实现中华文化的强大，从根本上实现文化安全。只有激发出文化发展的内在动力，才能源源不断地实现中华文化的创新发展，进而实现文化自身的繁荣兴盛。中华文化的强大和发展应当处理好文化继承与创新、传统文化与现代文化、自身文化与外来文化的辩证关系，推进马克思主义理论的中国化、时代化、大众化，增强文化的科学性和凝聚力。

习近平同志特别强调在对外开放中要讲好中国故事，在西方主要媒体掌握着世界舆论的前提下，我国要着力推进国际传播体系建设，"要动员各方面一起做思想舆论工作，加强统筹协调，整合各类资源，推动内宣外宣一体发展，奏响交响乐、大合唱，把中国故事讲得愈来愈精彩，让中国声音愈来愈洪亮"，以此加强国际交往中的思想舆论引导，讲好中国故事，传播好中国声音。

（七）文化传播安全

随着互联网技术的发展，文化传播的方式和速度发生了前所未有的变化。文化传播方式由传统的广播、电视、报纸各自独立并存的立体化传播模式转变为"一网尽盖，集于一屏"的扁平化传播模式。每一个网络信息的接收者不只是单纯停留在信息接收的终端上，同时又是传播者，可以通过 E-mail 和 BBS 聊天、发布信息、议论身边所发生的一切，致使网络文化传播隐藏着危机。信息接收者的不断传播致使网络传播覆盖范围具有无限性，实现了在方寸屏幕面前，轻点鼠标即可与全球对话交流的愿望。网络传播速度的即时性给文化传播带来极大的快捷与便利，使文化传播的范围在短时间里就能覆盖得非常广。网络文化传播一方面大大促进了不同形态文化的交流，另一方面由于西方文化传播的霸权性、颠覆性、不公正不公平性，使网络文化传播潜伏着内在的危机，尤其是不同形态的文化在通过网络得以传播与交流的同时，交织在其中的不同价值观、不同文化理念的内在冲突会使文化传播中常隐藏着陷阱，潜伏着危机。具体表现在：网络文化传播中，西方借全球化之际，凭借其雄厚的经济实力和在信息高科技方面所具有的优势，大肆推行其文化殖民主义。强大的西方传媒借高功率广播、卫星电视、Internet网络等覆盖全球的优势，可以轻而易举地进入任何一个国家和地区，并产生了广泛影响。西方文化的强势传播具有垄断性，全球的广播、电视、电影、光碟、有影响力的报刊、互联网络等都脱离不了或多或少的寡头操纵，致使较为落后的地区和国家的本土文化难以与其抗衡和竞争。因此，要高度重视网上舆论斗争，"管好用好互联网，是新形势下掌控新闻舆论阵地的关键"。把中华优秀传统文化以世界听得懂的语言、容易接受的方式传播到国际上，提高中华优秀传统文化在国际上的吸引力，便于其他国家了解真实的中国，便于增强中华民族的文化自信，便于我国文化软实力的提高。因此，要通过中华优秀传统文化自身的独特魅力增强其吸引力，不断实现与其他国家文化的互通互鉴，在文化交流中取信于国际社会，夯实国际话语权的根基，使其成为提高我国文化软实力的新引擎。

（八）文化安全战略

面对国内外文化安全带来的挑战，习近平多次提到要发展本国文化，加强自身文化建设，抵御外来文化安全风险。其中在"坚定文化自信，建设社会主义文化强国""坚持以马克思主义为指导，牢牢掌握意识形态工作领导权、管理权、话语权""高度重视理论建设，加快构建中国特色哲学社会科学""培育和践行社会主义核心价值观""提高全民族思想道德水平""坚持以人民为中心的创作导向""推动文化事业全面繁荣和文化产业快速发展""提高国家文化软实力，讲好中国故事"等八个方面，习近平为国家文化安全建设提了几点要求：坚定文化自信是事关文化安全的大问题，要抓好社会主义精神文明建设，大力弘扬中华优秀传统文化、革命文化、社会主义先进文化；加快社会主义文化强国建设，不能放松和削弱意识形态工作，进一步巩固马克思主义在意识形态领域的指导地位，要把网络舆论工作作为重点工作来抓，不能忽视西方反华势力在互联网上的渗透；把高校作为意识形态工作前沿阵地，掌握思想政治教育工作的主动权；重视中国特色社会主义理论体系的发展，把中国化的马克思主义作为坚持和发展中国特色社会主义的指南，继续推进马克思主义中国化、时代化、大众化；要大力培育和弘扬社会主义核心价值观；要坚持马克思主义道德观、社会主义道德观，努力实现中华民族传统美德的创造性转化和创新性发展，树立良好的道德风尚；要生产优秀的作品推动中华文化走出去，传播当代中国价值观念，适应互联网技术和新媒体的艺术发展形势，抓好网络文化的创作和生产，加大正面引导的力度；要加强公共文化服务体系建设，推进文化体制改革，深化公益性文化事业改革，实施中华文化传承工程；要全面贯彻对外开放的基本国策，做好宣传工作，引导国内外人民更加客观地看待中国。

习近平同志在中国共产党第十八届中央委员会第四次全体会议时提出全面依法治国，为我国文化安全提供了法律保障，把文化安全战略的制度优势转化为治理效能。2015年，习近平同志在博鳌亚洲论坛上又提出："当今世界，没有一个国家能实现脱离世界安全的自身安全，也没有建立在其他国家不安全基础上的安全。我们要摒弃冷战思维，创新安全理念，努力走出一条共建、共享、共赢的亚洲安全之路。"文化安全从传统的国家文化安全理念转向合作共赢理念，从全球治理的角度建构中国特色社会主义文化安全发展之路。党的十九大报告中，习近平同志提出："中国特色社会主义进入了新时代，坚定文化自信、推动社会主义文化繁荣兴盛，依旧是亘古不变的文化初心与使命。"2018年，习近平同志在全国宣传思想工作会议上提出宣传工作的重点是：加强社会主义意识形态工作的建设，利用互联网优势进一步巩固和完善中国特色社会主义文化安全战略。2019年，习近平同志在主持学校思想政治理论课教师座谈会上强调加强思想宣传工作的重要性，进一步巩固马克思主义意识形态的地位，加强文化安全建设。2020年，在抗疫期间，习近平同志多次召开会议强调：在风险挑战面前加强舆论引导工作的重要性，占领意识形态工作的主动权。至此，新时代中国特色社会主义文化安全观逐渐地完善。

（九）文化安全治理

1. 维护国家文化安全，必须具备强烈的文化危机意识

审时度势，居安思危，必须清晰认识当前国家文化安全面临的威胁和挑战。当今世界处于大发展、大变革、大调整时期，世界文化交锋更加尖锐复杂，增强我国文化整体实力和国际竞争力，抵御国际敌对势力的文化渗透，维护国家文化安全的任务更加紧迫，文化在国家综合实力中的地位和作用更加重要。新的伟大斗争是实现中华民族伟大复兴的中国梦的必要过程，涉及社会主义建设各个方面，文化领域斗争则是新的伟大斗争的重要内容。维护国家文化安全，必须在新的伟大斗争这个宏观视域下进行，立足于为新的伟大斗争提供精神支持和根本保障。正是基于这个意义，习近平同志指出："意识形态工作面临的内外环境更趋复杂……我们正在进行具有许多新的历史特点的伟大斗争，面临的挑战和困难前所未有，必须坚持巩固壮大主流思想舆论，弘扬主旋律，传播正能量，激发全社会团结奋进的强大力量。"

2. 如果要长期保持一种文化的安全状态，那么本土文化的强大是关键

从传统防御型文化安全治理转向发展型文化安全治理是当前文化安全思想的趋势和走向，一旦本土文化发展起来，将成为其他文化安全治理手段不可比拟的支撑力量。习近平在2014年就把文化安全与全世界人民的命运联结在一起，曾经说："万物并育而不相害，道并行而不相悖。"多元文化发展交流互鉴，需要坚持互信、互利、平等、协作的新安全观，要从全球治理视角看待文化安全观，各个国家应该联手共同构筑人类共同的文化安全战略。我国曾多次强调人类共同的文化安全战略理念，并得到世界各国的认可。在"一带一路"国际合作高峰论坛、亚洲文明对话大会、上海合作组织相关会议上都提到人类共同的文化安全战略是追求世界性的文化安全共同体，主张通过对话和协商的方式来反对文化渗透势力和文化霸权主义，统筹应对文化安全威胁。因此，人类共同的文化安全共同体应建立在继承并发展中华传统文化安全的价值观基础之上。中华优秀传统文化中的"天下大同、协和万邦"说明我国自古就有胸怀天下的格局，"和为贵"说明我国自古以来就是追求和平的国家，"和"的理念深深地刻进中华民族的基因中。即使在我国强大的汉朝开辟丝绸之路和明朝郑和七下西洋时都没有侵略、殖民过任何一个国家，中华民族的血液里没有侵略的基因。继承并发扬中华优秀传统文化中的"和"文化，为构建人类共同文化安全共同体提供文化基础，这也符合世界各国文化和平发展的利益。此外，构建中外文化交流平台，加强文化安全治理方面的合作，批判地吸取文化安全治理的国际经验，以对话的方式化解分歧和争端，加深文化安全治理的国际合作，实现世界文化普遍安全，这是我国以大国责任、以更加包容开放的姿态迎接文化安全挑战的表现。

3. 挖掘、阐发和弘扬中华优秀传统文化是维护文化安全的坚实基础

中华优秀传统文化是培育社会主义核心价值观、在世界文化交锋中立稳脚跟、维护我国文化安全的坚实基础。习近平同志指出，推动民族文化发展，维护国家文化安全，必须要充分利用中华优秀传统文化资源，具体就是要加大对中华优秀传统文化梳理，"加强对中华优秀传统文化的挖掘和阐发"，实现对中华优秀传统文化的"创造性转化和创新性发展"。所谓"创造性转化和创新性发展"，是指将中华优秀传统文化与当今时代相契合、与现代社会相协调的文化基因和精神价值挖掘出来，赋予其新的形式和内容，使其产生新的时代价值，从而获得新的发展。

4. 中华优秀传统文化是涵养社会主义核心价值观的重要源泉

社会主义核心价值观是中国特色社会主义文化的核心所在，对于推动文化繁荣，巩固文化安全有着重要的作用。习近平同志指出了社会主义核心价值观与中华优秀传统文化的内在统一关系，明确指出："我们提倡的社会主义核心价值观，就充分体现了对中华优秀传统文化的传承和升华。……培育和弘扬社会主义核心价值观必须立足中华优秀传统文化。"强调深入挖掘和阐发中华优秀传统文化讲仁爱、重民本、守诚信、崇正义、尚和合、求大同的时代价值，使中华优秀传统文化成为涵养社会主义核心价值观的重要源泉。这些重要论述充分体现了中华优秀传统文化对于培育社会主义核心价值观、巩固文化安全的重要意义。

5. 中华优秀传统文化是我国在世界文化激荡中站稳脚跟的坚实根基

当今世界，任何一种文化都无法避开全球化的浪潮，必须走上世界文化舞台，参与竞争，方能获得发展。习近平多次强调要坚定文化自信，传承中华优秀传统文化，指出："坚定文化自信，是事关国运兴衰、事关文化安全、事关民族精神独立性的大问题。"他认为中华优秀传统文化是中华民族的精神命脉，也是我们在世界文化激荡中站稳脚跟的坚实基础。

二、有利于构建人类命运共同体

习近平同志指出："中国历史文化积淀深厚、涵量广博、底蕴丰富，构建人类命运共同体要积极发掘中华文化中的处事之道和施政理念，通过从中汲取精华和营养，找寻同当今时代精神、发展潮流和世界大势的契合点、共鸣点。"由习近平同志的讲话能体会到中华优秀传统文化中蕴藏着解决当今国际社会共同面临的一系列难题的重要启示和处理当代世界国际关系的基本理念。反观中华文明史，"大道之行，天下为公""自强不屈""厚德载物""天人合一""己所不欲，勿施于人""和为贵""义利合一""协和万邦""不战而屈人之兵"等思想理念，体现了中华民族的聪明智慧和理性思辨，这些传统智慧立体而系统地呈现出有别于西方传统模式的思维理念，都可以为解决全球问题提供有益的启示和方法，是推动构建人类命运共同体的文化根基，为构建人类命运共同体提供深厚的文化滋养。

构建人类命运共同体也顺应了时代发展趋势和全球治理的需要，显示了中华优秀传统文化极大的文化张力,提升了中国在国际舞台上的话语权及文化软实力。

(一)习近平同志关于构建人类命运共同体的理论基础

1. 马克思主义是致力于全人类解放的理论

马克思认为共同体是人类存在的基本方式,世界各民族要经过生产力的不断发展和社会分工的不断深化,最终实现自由人联合体。列宁在继承马克思主义的基础上提出解决不同社会制度国家之间长期并存的原则是"一切国家平等、自主和互不干涉内政",这是共同体思想的具体体现。中国特色社会主义建设是在马克思列宁主义的指导下进行的,习近平关于构建人类命运共同体理念,继承并发展了马克思列宁主义的"共同体"思想,倡导与世界其他国家和平共处、合作共赢、共商共建,维护世界各国人民的根本利益,共创全人类自由而美好的未来。

2. 中华优秀传统文化的浸润

中华优秀传统文化中有许多有利于人类命运共同体构建的思想,"天下为公"的大同思想、"和合共生"的社会情怀、"天人合一"的自然理念、"中庸之道"的协调智慧等。这些思想是古人为新时代中国外交活动留下的宝贵思想财富,也为构建人类命运共同体提供了精神滋养、道德支持、价值支撑。

3. 中国共产党历代领导人的经验总结

习近平关于构建人类命运共同体思想继承和发展了中国共产党历代领导人的和平外交思想,凝聚着中国共产党历代领导人的实践经验总结。毛泽东提出了"三个世界"划分的国际战略思想、周恩来提出了和平共处五项基本原则、邓小平提出了和平与发展的时代主题、江泽民科学阐释了"新安全观"的思想、胡锦涛提出了建设和谐世界的宏伟愿景。这些为习近平提出人类命运共同体理念奠定了坚实的理论基础。

(二)习近平关于构建人类命运共同体的科学内涵

2012年党的十八大明确提出"要倡导人类命运共同体意识,在追求本国利益时兼顾他国合理关切,在谋求本国发展中促进各国共同发展,建立更加平等均衡的新型全球发展伙伴关系,同舟共济,权责共担,增进人类共同利益"。2015年习近平出席博鳌亚洲论坛年会时提出了"通过迈向亚洲命运共同体,推动建设人类命运共同体"的倡议。2015年9月,习近平在纽约联合国总部发表重要讲话,指出:"当今世界,各国相互依存、休戚与共。我们要继承和弘扬联合国宪章的宗旨和原则,构建以合作共赢为核心的新型国际关系,打造人类命运共同体。"

人类命运共同体思想,是一个科学完整、内涵丰富、意义深远的思想体系,其核心就是"建设持久和平、普遍安全、共同繁荣、开放包容、清洁美丽的世界"。

政治上，要相互尊重、平等协商，坚决摒弃冷战思维和强权政治，走对话而不对抗、结伴而不结盟的国与国交往新路，建设持久和平的国际局面。建设一个持久和平的世界，根本要义在于国家之间要构建平等相待、互商互谅、互学互鉴的伙伴关系。大国要尊重彼此核心利益和重大关切，管控矛盾分歧，努力构建不冲突不对抗、相互尊重、合作共赢的新型关系。大国对小国要平等相待，不搞唯我独尊、恃强凌弱的霸道。国家间出现矛盾、分歧和争端，要通过平等协商以和平方式处理，以最大诚意和耐心，坚持对话解纷争、对话促安全。只有各国都走和平发展道路，各国才能共同发展，国与国才能和平相处。

安全上，要坚持以对话解决争端、以协商化解分歧，统筹应对传统和非传统安全威胁，反对一切形式的恐怖主义。国家不论大小、强弱、贫富以及历史文化传统、社会制度存在多大差异，都要尊重和照顾其合理安全关切。要恪守尊重主权、独立和领土完整、互不干涉内政等国际关系基本准则，统筹维护传统和非传统安全。各国都有平等参与地区安全事务的权利，也都有维护地区安全的责任，要以对话协商、互利合作的方式解决安全难题，树立共同、综合、合作、可持续的新安全观。

经济上，要同舟共济，促进贸易和投资自由化便利化，推动经济全球化朝着更加开放、包容、普惠、平衡、共赢的方向发展。人类命运共同体追求的是共同发展，但归根到底主要靠本国自身努力。因此，各国要根据自身禀赋特点，制定适合本国国情的发展战略。要创造良好外部制度环境，加强全球经济治理，健全发展协调机制，各国特别是主要经济体要加强宏观经济政策协调，要维护世界贸易组织规则，支持以世界贸易组织为核心的开放、透明、包容、非歧视性的多边贸易体制，推动建设开放型世界经济。

文化上，要尊重世界文明多样性，以文明交流超越文明隔阂、文明互鉴超越文明冲突、文明共存超越文明优越。人类文明多样性是世界的基本特征，也是人类进步的源泉，多样带来交流，交流孕育融合，融合产生进步。不同文明凝聚着不同民族的智慧和贡献，没有高低之别，更无优劣之分。文明差异不应该成为世界冲突的根源，而应该成为人类文明进步的动力。要促进和而不同、兼收并蓄的文明交流对话，在竞争比较中取长补短，在交流互鉴中共同发展，使文明交流互鉴成为增进各国人民友谊的桥梁、推动人类社会进步的动力、维护世界和平的纽带。

生态上，要坚持环境友好，合作应对气候变化，保护好人类赖以生存的地球家园。人类只有一个地球，各国共处一个世界。人类可以利用自然、改造自然，但是，必须呵护自然，不能凌驾于自然之上。建设生态文明关乎人类未来，要解决好工业文明带来的矛盾，以人与自然和谐相处为目标，实现世界的可持续发展和人的全面发展。不断开拓生产发展、生活富裕、生态良好的文明发展道路，构筑尊崇自然、绿色发展的全球生态体系。

习近平同志倡导建立的人类命运共同体，不仅描绘了人类社会未来的正确走向，而且指明了世界发展的光明前景，顺应了历史潮流，回应了时代要求，凝聚了各国共识，为人类社会实现共同发展、持续繁荣、长治久安绘制了蓝图。成为中国引领时代潮流和人类文明进步方向的鲜明旗帜，已被多次写入联合国文件，对中国的和平发展、世界的繁荣进步都具有重大和深远的意义。

（三）中华优秀传统文化对构建人类命运共同体的启示

1. "仁""礼"思想有利于形成睦邻友好关系

中华民族是热爱和平的民族，中国古代主张在"仁"与"礼"的基础上展开对外交往，反对恃强凌弱的侵略战争，提出推己及人的交往理念。管仲在《管子·枢言》中提出"邻国亲，则举当矣"，强调近邻在国家交往中的特殊地位；《左传·僖公五年》通过虢灭虞亡的事例指出相邻国家之间的关系往往是"辅车相依，唇亡齿寒"；《左传·隐公六年》曰："亲仁善邻，国之宝也。"亲仁善邻是古代中国与周边国家十分重要的相处之道，与邻邦保持亲近、友好的关系是我国长期以来的政治传统。今天我国与邻为善、以邻为伴，践行亲、诚、惠、容的周边外交理念，正是中国古代睦邻思想在当代的延续与发展。

2. "王道政治"有利于形成公正合理的国际政治新秩序

中国古代有"王霸之辨"，指尊崇王道、反对霸道。这是中国历代王朝奉行的基本治国思想，也是古代国与国之间交往的重要原则。中国传统的王道政治，能够为当前国际新秩序的发展奠定重要的理论基础，促使各国走出一条"对话而不对抗，结伴而不结盟"的国际交往新路，为建立公正合理的国际政治新秩序提供理论经验。程颢在《论王霸之辨》中指出："王道如砥，本乎人情，出乎礼义。"中国古代王道思想强调将政治与道德相结合，其核心在于"仁"与"礼"。程颐在奏疏《上仁宗皇帝书》中指出："窃惟王道之本，仁也。""仁"是王道政治的根本，也是儒家道德规范体系的核心原则。《礼记·乐记》言，"礼乐刑政，四达而不悖，则王道备矣"，体现出"礼"对于社会政治生活的重要作用。中国古代不仅对内推行仁政王道，而且在对外关系中也遵循王道原则，主张在"仁"与"礼"的基础上开展睦邻友好的交往活动。中国古代形成的以赠礼和通商为主、具有政治象征意义的朝贡体系，就是与邻国的王道交往典型。

如明朝郑和七下西洋，秉持"悦近来远"的王道理念以及"厚往薄来"的交往原则，与邻国展开双向互惠的友好往来，充分体现出中国古代王道政治传统。

3. "己所不欲，勿施于人"是中国古代对外交往的重要原则

"己所不欲，勿施于人"蕴含着相互尊重的平等理念，有助于促进世界各国通过协商对话的方式解决国际问题。国家不分大小、强弱、贫富一律平等，尊重各国人民自主选择发展道路的权利，不干涉别国内政，推动构建新型国际关系，促进各国关系民主化发展，实现世界持久和平。可见，"己所不欲，勿施于人"的交往原则是化解"霸道"交往的好方法。霸道交往的典型特征在于崇尚武力与权力，主张通过武力来建立社会秩序。《孟子·公孙丑上》曰："以力假仁者霸，霸必有大国；以德行仁者王，王不待大。"孟子认为以武力征伐天下必须要凭借强大的国力，而以道德治理天下则不必凭借强大的国力。表达了他崇尚王道、反对霸道的政治主张。《墨子·天志》曰："天之意，不欲大国之攻小国也，大家之乱小家也。"天下之人应该互相爱护，反对以大欺小、恃强凌弱的侵略战争。当今"己所不欲，勿施于人"的交往原则被誉为处理国家间关系的黄金法则被写在联合国大厦大厅之中。

4. "和而不同"思想可以处理不同文明之间的关系

亨廷顿在20世纪90年代早期提出了"文明冲突"理论，认为不同国家和民族的文化、文明差异性将影响国际政治秩序，影响世界和平。中华传统文化的"和"思想使中华儿女养成了执两守中、坚持原则、不走极端的思维方式和处事风格，成为国人在日常生活中所固守的人生信条。面对世界文明的多样性，"和"文化就是要协调好不同文明之间的关系，不同文明之间可以做到"道并行而不相悖，万物并育而不相害"（《礼记·中庸》）。中华文化"和而不同"的价值理念和思维方式，能求同存异，取长补短，以协和万邦，携手共进。能在尊重差异的基础上交流，在和平合作的基础上互鉴，在交流互鉴的基础上发展，最终实现协调一元文化主导下的多样文化的和谐共存。"和"的理念在当代中国外交中体现为和平共处五项原则与"和谐世界"理念。"和合"思想可以理解为和平与合作。从人类根本利益出发，"和合共生""互利共赢"符合世界发展大局的要求。其中，"和合"是共赢的前提与基础，只有和平与合作才能开辟共赢的局面。李泽厚认为中华文明可扮演世界文明冲突的调停者，促进国际秩序和谐、稳定、有序运行。

5. "天人合一"思想可以处理人与自然的关系

"天人合一"就是说人与大自然要合一，要和平共处，不要讲征服与被征服。自古以来中华传统文化并不认为人与自然是两个独立存在的生命载体，而

是强调人与自然是不可分离的整体,人对宇宙万物有依赖性,人的发展与自然发展相互促进、和谐并存,并坚信人与自然能够融为一体。中华传统文化的"天人合一"思想有利于纠正现实中把人与自然完全对立起来的看法,有利于保持生态平衡、走可持续发展之路。

6."大同"思想与人类命运共同体思想一脉相承

"大同"思想中的"讲信修睦"奠定了大同世界和谐的基调,其中描绘的人与人、国与国之间的关系更是和谐美好的。人类命运共同体思想继承了"大同"中的和谐思想加以当代化的创新。其中,普遍安全可以对应"谋闭而不兴,盗窃乱贼而不作";共同繁荣可以对应"货恶其弃于地也,不必藏于己,力恶其不出于身也,不必为己";开放包容可以对应"外户而不闭",与人们不封闭家门类似,各国大开国门,彼此加强开放;美丽清洁在"大同"思想中没有对应描述,却可以理解为一种人与自然的和谐的状态。

7."义利合一"思想与人类命运共同体倡导的互利互惠、合作共赢一脉相承

中国传统文化中对于"义""利"关系的讨论,以儒家和墨家最为典型,表现为儒家的"重义轻利"和墨家的"义利并重"。孔子认为,应该坚持"义以为上",主张"见利思义","君子喻于义,小人喻于利"(《论语·里仁》),反对不义之财,秉持"不义而富且贵,于我如浮云"的观点。"先义而后利者荣,先利而后义者辱"(《荀子·荣辱》),认为把利益放在道义之前是可耻的行为,强调道义的优先地位。儒家的"义高于利""义利合一",没将"义""利"对立起来,而是反对"见利忘义",强调"利"的获得要取之有道,这一思想对后世产生了重大影响。墨家在"义""利"关系上主要强调尚利贵义、义利并举,提出"义,利也",阐明"义"与"利"的统一性,明确了"义"与"利"没有先后之分、轻重之别。"万事莫贵于义"(《墨子·贵义》),主张道义是世间万物之首。中国传统义利观不仅对中国人的思维方式、为人处世产生了日用而不觉的影响,而且对处理国家之间的关系产生了重要影响。古代中国在对外交往中始终坚守义利并重,有时以大义为重而不计得失。如中国与周边小国的经济往来中采取的"厚往薄来"政策,以及在邻国受到侵略时的维持正义与出兵相助。新中国成立后,中国共产党不顾自身经济条件困难,坚持无条件地向亚非拉等国家提供力所能及的援助,支持其国家独立和国内发展。这些都是中国在外交往来中坚持义利观的生动写照。而西方国家历来奉行的是"利益至上"的国际关系观点,追求的观点是"只有永恒的利益,没有永恒的朋友",为了一己私利不惜凌驾于国际关系准则之上,损害他国利益,甚至为了争权夺利结盟对抗,导致战争频发,是世界不安定的重要根源。中国的

义利观打破西方的"利益至上"的错误观念,将"义"与"利"完美结合,正确处理各种义利关系,对和谐世界的构建仍具有重要的启示。

第五章 中华优秀传统文化融入思政课的原则

原则指说话或行事所依据的准则或标准，是人们经过长期经验总结所得出的合理化的现象。中华优秀传统文化融入思政课也需要坚持一些原则，这些原则是思政课教学的行动指南，是思政课教师在课堂上执行的标准。在思政课中融入中华优秀传统文化要与思想政治工作所奉行的根本原则保持一致。中华优秀传统文化融入思政课的原则包括扬弃性原则、创新性原则、渗透性原则和阶段性原则。

第一节　扬弃性原则

一、正确对待传统与现代

对待传统与现代的问题，正确的做法是"古为今用""取其精华，弃其糟粕"。如何确定"精华"与"糟粕"，目前还存在着争议。所以，在"古为今用"时，要从本质上进行考察，不能只看表面现象，主观地、片面地、不加分析地喜欢什么就颂扬什么。对于一些有固定含义的说法，不能随便破坏，离开科学性而标新立异会导致不良后果。继承与发展中华优秀传统文化要对其进行创造性转化和创新性发展，激活其生命力，让中华优秀传统文化赋能思政课教学。这个过程就是要坚持扬弃性原则。简单地说就是不能简单复古，也不能盲目排外，而是古为今用，洋为中用，辩证取舍，推陈出新，摒弃消极因素，继承积极因素。"以古人之规矩，开自己之生面"（《芥舟学画编》）说的是古人的规矩既是经验，也是要领，但是，再好的经验和要领也不可能完全适用于古今中外，需要我们立足于今天的现实实践，对其进行深刻理解和灵活把握，就是以扬弃的原则对中华优秀传统文化进行创造性转化、创新性发展，开出新时代思政课的"生面"。

二、区分精华与糟粕

中华优秀传统文化博大精深，内容丰富，其中既有能够世代相传的精华部分。如"天行健，君子以自强不息；地势坤，君子以厚德载物"；"上善若水"；"仁、义、礼、智、信"五常；爱国主义；勤劳勇敢；书法、绘画、壁画；诗词戏曲；中医药养生；北粟南稻种植技术；古建筑技术及承载的文化；陶器、玉器、金银器、青铜器历史文物中的技术和文化；等等。也有被时代所局限的糟粕部分。如《二十四孝》中的一些内容已经不符合当今时代，陆绩怀橘遗亲的孝母方式不符合做客礼仪；孟宗哭竹生笋的孝母方式违背了科学道理；王祥卧冰求鲤的孝母方式歪曲了自然规律；郭巨埋儿奉母剥夺了孩子的生存权利还有君为臣纲、父为子纲、夫为妻纲——三纲；三从四德；等等。这就需要在将中华传统文化融入思政课的时候采取扬弃性的原则，即吸收传统文化中的精华，剔除传统文化中的糟粕，以批判性的态度，扬弃地继承并发展。对此，毛泽东主席曾说过："中国现时的新政治、新经济，是从古代的旧政治、旧经济发展而来的，中国现时的新文化也是从古代的旧文化发展而来的，因此，我们必须尊重自己的历史，决不能割断前史。""这种尊重，是给历史以一定的科学的地位，是尊重历史的辩证法的发展，而不是颂古非今，不是赞扬任何封建的毒素。"习近平同志也曾指出："不忘本来才能开辟未来，善于继承才能更好创新。"中华优秀传统文化作为中华民族传承发展不可遗弃的根基，是中华民族的精神命脉，如果抛弃传统、丢掉根本，就等于割断了自己的精神命脉。习近平同志提出要尊重历史，尊重文化，多次在不同场合重点强调了中华优秀传统文化的历史地位和作用，以及建设中华优秀传统文化传承体系的紧迫性和重要性。中华优秀传统文化具有无可比拟的时代价值，习近平同志通过国家的层面提倡要弘扬和继承中华优秀传统文化，这是对我国传统文化的充分肯定。历史的车轮在不断地向前推进，时代的脚印也从未停止它发展的步伐，国家层面的支持和引导势必会引起学校教育者的重视，思政课教师应该率先把中华优秀传统文化的积极价值慢慢地渗透到思政课的教学中，其思想精髓承载着中华文明，传承着民族精神，为学校思想政治教育工作的推动作出了巨大贡献。因此，中华优秀传统融入思政课程中必须坚持扬弃性原则。

第二节 创新性原则

　　创新是指以现有的思维模式提出有别于常规或常人思路的见解为导向，利用现有的知识和物质，在特定的环境中，本着理想化需要或为满足社会需求，而改进或创造新的事物、方法、元素、路径、环境，并能获得一定有益效果的行为。从哲学上说，创新是人的创造性实践行为，实践是创新的根本所在。创新的无限性在于物质世界的无限性。这里使用的创新是把产生于农业社会时期的中华优秀传统文化通过实践的改进创新，融入新时代的思政课，赋能思政课立德树人根本任务的落实。

　　如何对待中华优秀传统文化，习近平同志说："要坚持古为今用、以古鉴今，坚持有鉴别的对待、有扬弃的继承，而不能搞厚古薄今、以古非今，努力实现传统文化的创造性转化、创新性发展，使之与现实文化相融相通，共同服务以文化人的时代任务。"文化是有生命的，若要文化生生不息，需要激发全民族的文化创新创造活力，促进中华传统文化的创造性转化、创新性发展。对中华优秀传统文化进行转化创新是一个庞大的系统工程，需要合理选定内容，明确转化创新的标准才能取得良好的效果。

　　中华优秀传统文化产生于农业社会，其内容、形式与当时的生产力、生产方式相适应。新时代人类社会经历了生产力的快速发展和科学技术的飞速跃升，但人类还离不开农业和食物，人类社会依然具有农业社会的要素，而人的思想观念并没有随着时代和科技的发展而出现较大的改变。这样，中华优秀传统文化在发展过程中积淀演化形成向上向善的道德情操、以爱国主义为核心的民族精神、以人为本的民本思想、天人合一的人与自然关系等"正能量"内容，可以超越时空、地域的限制，具有永恒的传承价值。

一、以马克思主义为指导进行创新

　　马克思主义诞生于19世纪资本主义蓬勃发展的时期，它是在吸收了19世纪前一切人类文明成果和批判宗教、唯心主义基础上发展起来的，它是关于自然界发展规律、人类社会发展规律、人的主观世界发展规律的学说，在我国意识形态中居于根本指导地位。要坚持马克思主义为指导，对中华优秀传统的思想观念、人文精神、道德规范等给以深入挖掘，结合时代要求加以创新。中华传统文化是建立在农业文化基础上的，必须坚持以马克思主义为指导，运用辩证唯物主义和历史唯物主义的立场、观点、方法，对中华传统文化进行去粗存精、去伪存真、去劣存优，才能达到转化和创新发展的目的。传统的影响是巨大的,"人们自己创造自己的历史,但是他们并不是随心所欲地创造,并不是在他们自己选定的条件下创造,而是在直接碰到的、既定的、从过去承继下来的条件下创造。一切已死的先辈们的传统,像梦魇一样纠缠着活人的头脑"。没有马克思主义的指导,中华传统文化的转化创新就会偏离方向、丧失立场,出现厚古薄今、复古的现象。中华传统文化对一些地区的影响依然是根深蒂固,不加区别地复兴中华传统文化很容易使一些宗族势力、封建迷信等借势死灰复燃。因此,中华优秀传统文化的转化和创新需要马克思主义的指导。反过来看,马克思主义在中国落地生根,实现中国化、时代化、大众化,也离不开中华优秀传统文化的融通和滋养。马克思主义作为主流意识形态,要真正渗透到人民群众的心中,必须与中华优秀传统文化有机融合,用人民群众易于理解的形式和语言诠释马克思主义。中华传统文化在马克思主义的指导下扬弃、转化、创新,其蕴含的科学性、现代性、时代性会越来越强,马克思主义中国化、时代化、大众化水平也会越来越高,并在人民群众的心中深深地扎下根来,内化为中华民族的精神基因。

二、以顺应时代发展要求进行创新

对中华优秀传统文化的强调,不是说要去机械"复制"古代的典籍,而是要把典籍中的内容与时代性结合起来。同时,找到中华优秀传统文化的核心与精髓,即把真正优秀的内容加以创造性利用,而不是简单地把传统的形式和内容移植到当代。换言之,我们要认认真真地对传统文化展开去伪存真的工作,对于中华优秀传统文化的传承和创新,需把握正确的政治方向,服务于发展大局,对意识形态安全起到支撑作用。

三、以服务思政课教学进行创新

文化既是人们思想观念的理论体现,也是人们创造性的生活、生产活动的理论体现。要激发教师在思政课上积极主动地对融入的中华优秀传统文化进行创新性发展,从根本上促进中华优秀传统文化的弘扬。在思政课教学的过程中,要把握好创造与创新的要求,坚持古为今用、以古鉴今的态度,坚持有鉴别地对待,在继承中发展、在发展中继承,让中华优秀传统文化的基因与新时代相适应,服务好思政课立德树人的根本任务。

第三节 渗透性原则

一、渗透性原则的含义

渗透原指生物学上的水分子经半透膜扩散的现象。它由高水分子区域（低浓度溶液）渗入低水分子区域（高浓度溶液），直到半透膜两边水分子达到动态平衡。水分子会经由扩散方式通过细胞膜，这种现象称为渗透。比喻某种事物或势力逐渐进入其他方面。这里使用的是渗透的比喻意义，指中华优秀传统文化渗透到思政课中。所谓渗透性原则指教师通过构建宽松的心理环境，把中华优秀传统文化与思政课各学科教学活动有机融合、相互贯通，并通过学校生活、校园环境等延伸活动的共同作用，让学生积极主动地学习，以培养他们对思政课的兴趣，对中华优秀传统文化的感受力、表现力、创造力，最终落实好立德树人根本任务。

二、贯彻渗透性原则的方法

在学校的各项具体工作中如何贯彻渗透性原则？第一，在思政课各学科的课堂上，思政课教师要有意识地结合思政课内容尽量多地融入相关的中华优秀传统文化。第二，除了思政课外的其他各学科要尽量多地挖掘其中的思政元素，进行课程思政教育。第三，开设中华优秀传统文化课程，对学生进行一般知识的讲解，使学生一般性地了解中华优秀传统文化的内容、特征、分类、当代意义等。第四，开设专题讲座。聘请名校名师专题讲解中国哲学、诗词歌赋、建筑园林、传统音乐、体育等，以中华传统文化滋养学生的思想和心灵。第五，每学期进行一次关于中华优秀传统文化的游学教学活动，让学生身临其境地体验中华传统文化的魅力。第六，以中华优秀传统文化为内容打造校园环境。从宿舍到教室、从操场到图书馆、从食堂到各地办公室、从楼道到校园街道等硬件设施着手，打造一个充满中华优秀传统文化底蕴的校园人文环境和自然环境，让学生的一言一行、所思所想无时无刻不被所处的大环境所影响。这种润物细无声塑造将使学生置身于中华优秀传统文化的海洋之中，使中华优秀传统文化潜移默化地内化于学生之心，从而外化于学生的行动而达到改善。

第四节 阶段性原则

一、按顺序分阶段做好大中小学融入的衔接工作

《完善中华优秀传统文化教育指导纲要》提出分学段推进中华优秀传统文化教育，中小学分为小学低年级、小学高年级、初中、高中四个阶段。中共中央办公厅、国务院办公厅联合印发的《关于实施中华优秀传统文化传承发展工程的意见》指出：将中华优秀传统文化传承发展工程贯穿国民教育始终作为实施的重点任务之一。要求"围绕立德树人根本任务，遵循学生认知规律和教育教学规律，按照一体化、分学段、有序推进的原则，把中华优秀传统文化全方位融入思想道德教育、文化知识教育、艺术体育教育、社会实践教育各环节，贯穿于启蒙教育、基础教育、职业教育、高等教育、继续教育各领域"。这就是说，中华优秀传统文化融入大中小学思政课要根据学生的心理特点、认知规律、教育教学规律，按照一体化、分学段、有序推进的原则进行，这就是阶段性原则。《三字经》中也有"为学者，必有初。小学终，至四书""孝经通，四书熟。如六经，始可读"。学完小学的内容后，才能学四书。学完《孝经》、四书，才能读六经。体现了中华优秀传统文化学习的阶段性。按照阶段性原则，实现大中小学中华优秀传统文化教育的衔接，既需要实现学校教育、家庭教育、社会教育不同领域中华优秀传统文化教育的衔接也需要实现中华优秀传统文化与革命文化、社会主义先进文化教育的衔接。只有实现中华优秀传统文化教育在各阶段、各层面、各领域的有效衔接，才能形成全方位、立体式的教育合力，落实立德树人的根本任务。

二、违反阶段性原则出现的问题

如各学段融入的中华传统文化随意性大，没有根据学生心理和道德发展的阶段性来融入相关的教学内容，致使一些深奥、生僻的传统文化内容放到了中小学，而启蒙性质的传统文化内容却在大学之中有较多开展。各学段没有根据传统文化的教育内容差异来选择不同的融入方法，对知识性的中华传统文化和美德、精神等体验性的中华传统文化采用了大致相同的方法，难以收到预期效果。应该对知识性内容采取循序渐进、由浅入深的融入方法，对体验性的内容注重引导，多多地参与实践。这样能更好地实现大中小学中华优秀传统文化融入不同学段的有效衔接，使学生在大中小学不同学段接受持续的中华优秀传

文化的熏陶。2003 年，顾明远针对学校教育问题也指出：自从把教育分成大、中、小学，并在不同的学校学习以后，就出现了教育的衔接问题。特别是发展到今天，愈演愈烈。这里有多种原因，教育领导体制的不同造成人为的割裂；中小学属于基础教育，由基础教育部门管理，大学由高等教育部门管理，而且大学从来不关心中小学的事情；现在又把高中和初中分开来办，更多了一道隔离墙。升学的竞争让人们只关注如何应对考试，关注学生整体素质衔接较少。当前最突出的就是大学和中学的衔接。顾明远强调要根据大中小学不同学段学生的特点，建立循序渐进、相互衔接和沟通的课程内容体系，改变大学教育为中小学教育补课和大学教育内容与中小学教育内容倒置的问题。通过分学段有序推进中华优秀传统文化融入思政课教育能有效解决这问些题。

三、小学阶段的融入

小学阶段的融入主要以中华优秀传统文化的蒙学教育为主。蒙学阶段的学习内容以《三字经》《百家姓》《千字文》《弟子规》《常礼居要》《声律启蒙》《朱子家训》《幼学琼林》为主。在小学的"道德与法治"课上可以以诵读法、故事法、行为示范法来融入中华优秀传统文化教育。选取适合小学生诵读的经典原著，随着小学生年龄增长，内容逐渐加深。小学低年级采用简单的蒙学教材，注重诵读传统文化中的经典名篇。中华优秀传统文化中包含大量思想性强、艺术性佳、可读性好的经典名篇。这些经典名篇"哺育"了一代又一代中国人、塑造了中华民族的性格和气质，是中华优秀传统文化的重要载体。小学生记忆力强，接受新知识快，是诵读经典名篇的黄金时期。在没有充分理解的时候进行朗读、背诵，是古代儿童文化教育的有效方法。通过这种诵读的方式，小学生能够感受到原汁原味的中华优秀传统文化，取得事半功倍的教育效果。为此，可在思政课的教学过程中，让全班同学在教室里同声诵读经典名篇，培育学生对经典的亲切感，加强学生对中华优秀传统文化的感情，教师适时给以思政元素的挖掘和思政方向的引导。

四、中学阶段的融入

初中阶段可以融入《论语》《孟子》《唐诗》等作为赋能思政课的内容。思政课老师上课时可以引用其中的经典语句阐释、证明思政课教材内容，以启发学生，培育学生对经典的理解力，增强学生对中华优秀传统文化的认同度。高中思政课可融入《老子》《庄子》《史记》《资治通鉴》等内容，培育学生对经典的理性认识，增强学生对中华优秀传统文化的自信心。分学段融入中华优秀传统文化的内容及要达到的目标，在2021年的《中华优秀传统文化进中小学课程教材指南》和2014年的《完善中华优秀传统文化教育指导纲要》也有明确说明。

五、大学阶段的融入

大学阶段中华优秀传统文化融入思政课的内容以"经史子集"等选本为主，培育学生对经典的探究能力，增强大学生对中华优秀传统文化的责任感和使命感。主要通过书写、释义、会讲、践行等方式来学习伦理、政治、哲学等"穷理正心，修己治人"的学问，理解中华优秀传统文化的精髓，强化大学生文化主体意识和文化创新意识，提高大学生对中华优秀传统文化的自主学习和探究能力，使大学生深刻认识中华优秀传统文化是中国特色社会主义植根的沃土，辩证看待中华优秀传统文化的当代价值，正确把握中华优秀传统文化与中国化马克思主义、社会主义核心价值观的关系。引导大学生关心国家命运，自觉把个人理想和国家梦想、个人价值与国家发展结合起来，坚定为实现中华民族伟大复兴的中国梦而不懈奋斗的理想信念。

第六章 传统文化在高校思想政治教育中的价值实现

在高校教育中,传统文化要发挥育人的作用,并且满足大学生思想政治教育的需要,因此有必要将二者有效地对接起来,使中国优秀传统文化可以遍地开花。本章分为加强高校思想政治教育理论课中传统文化的建设、提升高校思想政治教师的传统文化素养、在校园文化与社会实践中渗透传统文化、充分利用媒体手段促进传统文化与高校思想政治的融合四个部分。主要包括加强优秀传统文化课程建设、提升高校思想政治教育工作者的传统文化素养、关于增加校园文化建设中的优秀传统文化元素以及新媒体的特征和作用等内容。

第一节 加强高校思想政治教育理论课中传统文化的建设

一、加强优秀传统文化课程建设

(一)实现与思想政治理论课教学体系的有效对接

1. 将中国传统文化纳入思想政治教育范畴

在以前的很长一段时间内,我国由于照搬"苏联模式",所以在思想政治教育实践中一直偏重意识形态教育,即只强调马克思主义哲学世界观的教育,而排除中国传统文化的教育,思想政治教育的文化功能就这样被排除出去了。由于缺乏厚重的文化资源的支撑,我国的思想政治教育变得教条僵化、空洞枯燥、难以服众,因此陷入了一种尴尬局面。目前,这种局面虽然有所改观,但仍未彻底改变。因此,我们有必要改变这种尴尬状态,促进思想政治教育的创新发展,将中国传统文化融入高校的思想政治教育中。在高校中开设中国传统文化课程，如讲授《周易》《论语》《孟子》《大学》《中庸》《诗经》《楚辞》《荀子》《韩非子》等中国传统文化经典典籍，或是讲授《汉字文化》《茶文化》《酒文化》《孝文化》《忠义文化》《武术文化》等文化现象，或是讲授《中西比较文化》并揭示其现代价值与当代意义等，使学生在中国传统文化的熏陶下，不断提高自身的思想道德素质和传统文化修养，从而实现思想政治教育的育人目标。

2. 加强与中小学及社会上优秀传统文化教育的衔接

大学生的传统文化教育一般是从小学开始的，对传统文化内容和精神的学习是在小学、中学的语文、历史等课程中逐步展开的。在大学阶段，高校继续对大学生进行传统文化教育，但想要达到理想效果的一个前提，就是先要去研究大学生在小学、中学阶段都接受了哪些传统文化教育，了解学生在小学和中学阶段学习了传统文化的哪些内容，这样教师就可以在教材和教学内容上与中小学的传统文化教育衔接，从而有效地避免了高校传统文化教育与小学和中学的传统文化教育相脱节的现象。此外，教师还应该与时俱进，关注社会中正在流行的传统文化，将其筛选，添加到相应的教学活动中。在最近几年，宫廷剧非常受欢迎，《芈月传》等电视剧在各大卫视连续热播且收视率居高不下。教师可以借此机会，利用电视剧的历史背景，挖掘其中有益于大学生的优秀传统文化精神，对学生进行传统文化教育。

3. 从传播学视角加强思想政治教育的创新教学

传播是人类社会关系能够存在和发展的一种具有决定性的机能，传播以及针对传播所进行的研究——传播学，与每个人的生活息息相关，且时时相伴。而思想政治教育是一种传播思想政治的过程，因此，它和传播学有着诸多关联之处，教师可以将思想政治教育理解为一种特殊的传播过程。

（1）思想政治教育与传播学的关联之处

首先，从研究对象来看，思想政治教育和传播学有相通之处。思想政治教育是给受教育者传授一定的思想、政治和道德观念，使受教育者形成能够满足社会需要的思想道德品质的实践活动。而传播是信息流动的过程，传播学也就是研究如何有效传播的一门科学。在网络不断发展的基础上，研究信息传播的传播学也和多门学科有了交叉，形成了多门交叉学科，具体来说，有文化传播学、经济传播学、公共关系传播学和政治传播学等。从这个角度来看，思想政治教育就是一种传播思想政治观念的实践活动，是可以被划入传播学领域的。同时，传播学理论的丰富，也使传播学出现了多个分科，例如，大众传播学、人际传播学和组织传播学等。从思想政治教育的形式和过程来看，又可以将思想政治教育归入人际传播和组织传播中。因此，可以说思想政治教育就是一种特定类型的传播活动。

其次，从目的来看，思想政治教育和传播学也有相通之处，它们都有同向性。传播是在信息共享中、在相互沟通中使接收者受到传播影响的，传播中的信息是有目的的。所以，传播常被看成个人或组织对别人施加影响的一种手段。而思想政治教育也是这样，它是教育者施加给受教育者相关思想政治理论的一个过程，目的是塑造受教育者良好的思想政治道德素质，影响他们的言谈举止和实践活动。

（2）利用群体动力提高教育效果，避免群体压力带来的弊端。

社会关系论强调的是群体关系在传播活动中的作用。这一理论将注意力放在了群体压力、合力对个人接收传播信息所产生的影响上，其认为受众所属团体的压力和合力对受众接收信息时的态度及行为会产生很大的影响，而媒介通常难以改变人们固有的信念和态度。这一理论认为，受众的社会关系对受众有着巨大的影响，事实上，传播的效果经常会被受众的社会关系削减。这里所说的社会关系，主要包括人际网络、群体规范和意见领袖等。与社会关系论相关的一种理论就是群体压力理论，它认为，群体压力能够影响受众对传播内容的接收。人们一般都会选择加入与自己意见一致的团体，团体对这些意见的认同，会加强个人关于此意见的信心。传播的信息一旦不符合团体的利益和规范，便会受到团体的抵制，这时，传播的作用就会被削弱。因此，要想得到良好的传播效果，就必须了解某人所属或认可的团体，这可以帮助传播者预测受众的行为，政治传播尤其是思想政治教育更是如此。因此，研究作为社会群体成员受教育者的接收机制，利用群体动力提高教育效果，同时避免群体压力带来的教育弱化效应，是增强传统文化融入思想政治教育实效性的新路径。

（3）中国传统文化融入高校思想政治教育的实践途径

以校园文化为载体，进行传统文化与德育的融合工作。校园文化对人道德修养的影响是潜移默化的，我们不能实时看到作用，但是在长期的影响中，其能够使学生的道德发生质变。校园文化想要起到事半功倍的效果，可以从以下几个方面努力。第一，硬件方面可以充分发挥学校硬件设施的作用，如可以借助校园广播、板报设计、宣传栏等设施，充分发挥其作用，宣传中国优秀传统文化，使学生达到"耳濡目染，不学以能"的目的。第二，软件方面为了宣传普及优秀传统文化，可以举办相关主题的班会、校园文化节、演讲比赛、辩论赛等活动。传播学主张新闻媒体要确立正确的舆论导向，关注传统文化问题，介绍和宣传一些传统文化的精华，提高全社会对传统文化的认识，加速传统文化适应时代要求的现代转型。各高校要通过校园网、校园电视台、校报、学生社团刊物等传媒手段，在学生中广泛地宣传中国优秀传统文化，加强优秀传统文化民族性和现实性的教育，以激发学生的民族自豪感、自尊心，增强其民族认同感，充分发挥校园传媒的育人功能，使校园的每一处都能体现中国优秀传统文化教育的韵味。

（4）中国传统文化融入高校思想政治教育的科学方法

第一，研究受教育者的需求心理，尊重其主体性地位，增强受教育者的参与度。因为个体的需求不同，信息传播一般不会同时被所有受众接收，而在所传播的信息中，受众会自发挑选对自己有用的信息来满足自己的需求。从这个理论出发，可以看出，受众在接收信息的传播时并不都是被动的，他们会进行主动挑选，且侧重于挑选适合自己需求动机的东西。所以，传播的主动权最终并不是掌握在传播者的手中。中国传统文化要想融入高校思想政治教育，就应该更加强调大学生的作用，思想政治教师要重视受教育者接收机制的研究，积极满足受教育者的需要，帮助受教育者了解传统文化同社会需要之间的必然联系，从而产生接受教育和自我教育的内在需求和动力，同时还要准确把握受教育者的需要，及时满足其合理的需要。

第二，研究受教育者的选择心理，注重个体差异，开展不同内容、不同方式的教育活动。在思想政治教育的过程中，不存在整齐划一和一成不变的受教育者。教育者一定要善于了解并利用受教育者的经验、态度和立场等，并从尊重受教育者的角度来进行教育活动。因为人思想品格的形成和发展是一个内化和外化相衔接的循环过程，受教育者注意力集中的过程，其实就是对信息进行取舍的过程，受教育者不可能对所有的教育信息都全盘接受，其在选择教育信息时，往往是选择并接受那些与本人观点、立场相符的内容。

（二）优化完善中国优秀传统文化课程体系建设

1. 中国优秀传统文化课程的开展

作为高等受教育者获取优秀传统文化知识的主要途径与阵地，高校课程起着举足轻重的作用。然而，从许多高校目前的课程设置情况来看，我国传统文化的教育处在进退维谷的境况中。原因在于国内的众多经典著作还没有被细致地整理，所以对于一般的普通大众来说，其是艰涩难懂的，更别提趣味性了。因此，学校一定要将语文课这一学习古典文化的平台巧妙地利用起来，通过对大学生传统文化的输入与教导，辅以某些教育方面的选修课程，同时使之更加规范与制度化，最终使我国传统文化渐入规范发展的轨道。大学生通过对优秀文化传统的学习，可以更好地培养辩证思维，从而极大地提升自己的素养与思辨能力。

2. 将儒家思想内涵渗透到课程体系建设之中

大学生品德教育的主要内容与儒家思想内涵相辅相成，为此，学校在传扬我国道德文化传统时，不应单单局限于某个角度与途径，而应进行全方位的资源整合，将儒家文化与思想融会贯通，从而达到育人的目的。第一，把儒家思想教育课程纳入高校的公共理论之中。目前，大多数高校都开设了"中国文化概论"这一课程，这对于我国传统儒家思想理论的传播极为重要。但在具体教学课程实践中，很少有教师会讲授儒家思想。所以，将我国传统儒家思想融入大学生的生活，全面利用其中文化资源的教育作用是十分必要的。第二，学校对学生进行思想政治方面的教育，离不开思想政治课的课堂教学。事实上，教师在进行思想政治教育时，也可以将其与国内传统的儒家思想融合在一起。把我国优秀传统文化中的教育与思想政治课程结合起来，可以极大地丰富目前的思想政治课。

3. 基于媒体平台的基础，完成中国优秀传统文化和多媒体的结合。

随着科学技术的高速发展，网络技术正以迅雷不及掩耳之势悄然改变着大众的生活与工作方式，进而也促进了道德教育新方式与渠道的形成。目前，是否可以行之有效地开发与利用网络教育，对中国优秀传统文化能否发挥其独特性的这一教育优势起着决定性作用。当前，网络使用群体中最为庞大的队伍就是大学生，所以，教师在进行传统文化教育资源的开发和利用时，一定要清醒地意识到有效发挥网络载体的现实意义与重要性。

第一，随着网络时代的到来，人的能力培养和个性发展问题日益突出，它们和社会规范的灌输一样，成为高校大学生思想政治教育的重要任务，教师必须将二者有机地统一起来。教师可把网络载体当作大学生思想政治教育的重要阵地，开展各项教育活动。比如说，创建各种以中国优秀传统文化为主题的网站，使学生们在使用互联网时也能学习很多新知识。同时，还可以通过网络评比，让学生自己担任评委，欣赏参赛同学的作品，并给出民意评分结果。这样，既充分调动了学生的参与性和主动性，又起到了传统教育没有的作用。特别需要注意的是，教师在通过网站这一形式进行思想政治教育时，一定要关注在这种形式下，进行思想政治教育要采用怎样的语言形式才能达到"以礼喻人、以情动人"的效果，达到润物细无声的目标。

第二，采用微博、微信等形式，同样可以起到类似效果。人们之所以越来越青睐新媒体，是因为其方便性、通用性。这种新兴媒体不仅给大学生带来了全新的沟通形式，而且符合他们目前主动求知的心理特征。比如说，通过微信、微博等软件给大学生提供一些关于我国优秀传统文化的公众订阅号，按时为他们提供一些与之相应的信息，可以给他们在零碎时间获取知识提供帮助。另外，教育者还能通过微信、微博这类平台，及时解决目前大学生普遍反馈的道德"滑坡"问题，进而为高校思想政治理论教育活动，开拓一片新天地。

第三，教师还能借助图书馆这个资源宝库进行优秀传统文化的宣扬。比如，引导大学生积极运用图书馆的各种文献资料，以及通过阅览室下载与优秀传统文化相关的电子文档与视频等影像资料，更好地知晓与了解一些经典名著与人物传记，进而有效地吸收其中的精华，从而提升自身的思想道德素质，实现自身全面发展。

（三）在教材中增加带有传统文化民族色彩的内容

高校思想政治教育教材是对大学生进行科学世界观、价值观、人生观教育的基本途径，对于提升大学生政治素质、思想品德素质、法律素质等，起着知识载体的作用。因此，各个高校可以让传统文化走进教案教材，从本校思想政治教育现状出发，依托地方传统文化的优势资源，取其精华，编写出具有地方特色的、能让学生切实感觉到的、具有传统文化气息的校本教材。同时，思想政治教育教材贯穿着马克思主义中国化这条主线，马克思主义中国化理所当然地包含着马克思主义与中国传统文化的有机组成部分。因此，在校本教案教材的建设中，教师应致力于马克思主义中国化的研究，中国传统文化与马克思主义在哪些方面是贯通的，要善于用中国传统文化的思想精华来丰富马克思主义理论，这样既升华了中国传统文化的优秀思想成果，又发展了马克思主义。例如，在培养当代大学生道路自信、理论自信、制度自信，增强其国家认同感方面，相关教育者在教材中要增加以"天下兴亡、匹夫有责"为重点的具有家国情怀的内容；在提升当代大学生生态文明素质方面，其在教材中要增加尊重自然、顺应自然的"天人合一"理念，使当代大学生能够体会中国传统文化之美；在弘扬社会主义核心价值观方面，其在教材中可以增加中国传统文化"仁、义、礼、智、信"的内容，尤其是像"三尺巷"等优秀小故事，从而更好地引导学生学习正确处理个人与他人、个人与社会的关系。

二、加强在优秀传统文化中融入高校思想政治教育的理论研究

（一）加强理论研究者的问题意识

理论研究唯有对社会现实做出积极回应，才能获得持续发展的源头活水。

在思想政治教育中，对中国传统文化中的思想政治资源的挖掘与阐释，不应仅仅陶醉于概念的界定与理论体系的呈现，更为重要的是，应该能够对人们所关注的现实问题做出有效的回应。因此，关注社会现实，从实证调查入手，在寻找问题、引入问题中确定研究的切入点，不断开阔学术视野，是将传统文化与思想政治教育融合研究的重要途径，是教师应该广泛使用的研究方法。

（二）加强理论研究的认识高度

提升传统文化融入高校思想政治教育的认识高度。优秀传统文化融入高校思想政治教育绝不仅仅是一个普通的教育教学问题，更是关系着高校思想政治教育创新发展的方向性问题。高校思想政治教育的内容是中国的还是外国的；社会主义的中国特色是一种权宜的说法，还是深植于中国优秀传统文化土壤上的必然选择；如何让世界听到马克思主义、中国特色社会主义的中国声音；中国传统文化能否传承下去；中国优秀传统文化能否成为中华民族立于世界民族之林的文化软实力；中国优秀传统文化在多大程度上可以为全体中国人，包括海外华人提供文化自信，等等这些都是理论研究应当注意的问题。

（三）加强理论研究的广度和深度

加强优秀传统文化融入高校思想政治教育问题研究的广度和深度。目前，传统文化融入高校思想政治教育的理论研究尚处于初始阶段，没有形成完整的理论体系，研究的深度和广度还需要加强，这也是思想政治教育工作者在今后一段时期内理论研究的重点。专家学者们可以在传统文化融入高校思想政治教育的研究中，选择其中的某一个方面进行深入、细致的研究，从而将这一个方面的问题弄懂、说清、讲透。同时，扩展理论研究的广度。有意识地从不同的侧面去研究传统文化融入高校思想政治教育的问题，使研究呈现出更加立体、更加系统的面貌。这样既有助于教师在应用研究阶段，以不同的思路和视角对具体措施提出设想，也可以使具体措施的提出有理可依、有据可查，最终达到使优秀传统文化真正服务于实践的目的。

（四）加强理论研究的创新性

传统文化是中国古代社会的文化，高校思想政治教育秉承的是马克思主义

思想，属于现代的先进思想，将传统文化融入高校思想政治教育本身就是一种创新，所以教师在对两者的融合进行研究时，就不能一味地套用旧有的理论和方法，其需要根据实际情况进行合理的创新。所谓创新，不仅要在研究的角度和内容上进行创新，而且要在研究方法上进行创新，以使中国优秀传统文化和高校思想政治教育实现有效的融合。在大学生思想政治教育的内容建构上，教师可以古为今用，推陈出新，汲取中华优秀传统文化丰富的文化内涵、文化品位和文化精神，培养大学生的社会主义核心价值观；在大学生思想政治教育体系的建设上，可以借鉴传统文化的价值规范体系，建设有中国特色的大学生思想政治教育体系；在大学生思想政治教育的方法论上，可以借鉴中国传统文化的"知行合一、经世致用、刚柔兼济"等思想处理思想政治教育中出现的新问题、新情况，创新具体的思想政治教育工作方法，充分发挥现有优势，进行创新性的转变。

第二节 提升高校思想政治教师的传统文化素养

一、加强思想政治理论课教师应具备的基本素质与能力

（一）提高对思想政治教育的认识

通过调查发现，我国现在的各个高校，有重视理工科而轻视文科的倾向，思想政治教育课也在很多学校中不受重视。而思想政治教育也存在着重视马克思主义理论，忽视思想品德修养的倾向。很多时候，不仅是高校不重视这种情况，而且是担任思想政治课的教师也对此不重视，只将其作为一般的教学任务来看待。这些问题显然是由各高校和思想政治课教师认识不足造成的。有的高校由于找不到合适的教师，所以思想政治课就不得不以大课的形式来上，一堂课常常是几个专业的学生坐在一起，甚至是几个系的学生坐在一起，在这样的课堂上，一来学生不能有效地理解思想政治课的知识，二来也影响了教师和学生之间的互动交流，教师根本不可能有效地了解到学生个体的思想政治需求，不能准确地制定授课策略，只能用大而全的方式进行授课，学生能不能接受基本不知道。同时，以这样的大课形式，课堂秩序也会很差，不愿意听讲的学生会通过各种小动作的方式排斥听课，教师也不能有效地维持秩序。

在这些情况下，思想政治课不仅达不到其本身的教育目的，而且它的威信

也会受到很大的影响。还有部分高校，在没有专门的思想政治课教师的情况下，会令学校党委成员或各系书记来授课，这是很难做到理论联系实际的，其效果自然就大打折扣了。

（二）提高思想政治理论课程的实效性和针对性

1. 要具备高度的责任感、紧迫感和使命感

学校要把加强和改进思想政治理论课，作为一项重大而紧迫的政治任务。高校思想政治理论课的教师一定要有高度的责任意识，要把中央精神很好地贯彻下去，要和中央部署的高校思想政治理论课程设置新方案接轨，要认真研读中共中央对于教材编写和审定的精神，尽快熟悉和掌握新课程的教学目的和基本要求，在各方面保证自己授课的质量。高校思想政治理论课的教师要认识到，做好思想政治教育不仅是对学生的负责、对自己的负责，更是对整个国家和民族的负责。

2. 要提高自身素质，促进大学生健康成长。

思想政治理论课是为了提高大学生的思想素质和道德修养而开发的，思想政治教师想让学生有一定的道德素养，那自己首先就必须成为一个有着较高道德素养的人。思想政治理论教师自身的言行、思想对大学生是有着很大影响的，其自身有着高尚的道德素养，学生才可能有同样高的道德素养。反之，思想政治课教师任何一点道德修养上的小缺陷，都可能给学生造成不可估量的负面影响。发挥教师在教学活动中的文化引导作用，提高教师的整体素质，包含两个方面的内容。一是加强任课教师的传统文化知识储备，使其在教学过程中能够更好地实现思想政治教育与传统文化的有机结合，从而开创思想政治教育和文化传承的共赢局面。二是提高各科教师特别是思想政治教育方面教师的传统文化素养。这样教师就可以在平时的授课中，将传统文化与思想政治教育融合起来，使学生可以耳濡目染。因此，高校思想政治课教师一定要努力提高自己的思想道德素质，平时的实践活动要符合思想政治教育的精神和主旨，只要是要求学生做到的，其自身就要首先做到。"喊破嗓子，不如做出样子。"榜样的力量是无穷的。思想政治教师应以身作则，自己带好头，在学生中间形成良好的风气。思想政治课教师要知道，自己的一言一行、一举一动，都有着重要的示范和引导作用，因此，必须做到真正有修养、讲道德，并且把这当成是一种责任，绝不违反。高校思想政治课教师是大学生思想政治的领路人，其只有自己的功夫做扎实了，才能真正在思想政治方面教育好学生。因此，高校思想政治课教师应具备以下几项素质。

（1）要有过硬的思想政治素质

高校思想政治课教师要坚持党的基本路线和方针政策，自己要在言行和精神上同党中央的精神保持一致。教师只有自己具备过硬的思想政治素质，才能真正扮演好大学生思想政治领路人的角色，将大学生从不正确的思想认识中解放出来，树立起正确的人生观、世界观和价值观。

（2）要有良好的职业道德素质

高校思想政治课教师在任何时候都要想到，做好工作是自己的责任，做不好工作是自己的失职。同时，教师也要对工作充满信心，并用自己的激情去感染学生，在学生有困难时能够帮助学生，在学生迷茫时能够指导学生，在学生有疑惑时能及时给予学生解答，从而成为学生成才的真正指路者。

（3）要有丰富的理论业务素质

现在是一个知识经济的时代，高校思想政治课教师想教好学生，就要懂得"打铁还需自身硬"的道理，自己要做到思想与时俱进，紧跟这个时代，思维不能过于保守僵化，要随着事物的变化更新自己的观念。教师必须学习新的思想理论、教育理念，用新的理论和理念来提高自己的教育基础，从而探索出新形势下合适的教育途径或方法，为高校思想政治课的新局面打下基础。

（4）要有与时俱进的创新素质

现在的社会发展很快，有些思想政治课的教师总是固守传统的观念、传统的打法，而不知道创新，这是不行的。教师在高校思想政治教育的创新中，要深入研究马克思主义的原理，要认真领会马克思主义的基本立场、观点和方法，同时，又要结合当前我国发展的基本情况，对高校思想政治教育做出最新的阐释。遇到问题时，教师也要经常问自己"为什么"，并且梳理出之前出问题的原因，这样做，不仅是给旧有的想法一个机会，也是一种重新思考、重新整理的过程。在这个过程中，教师就可以勾勒出创造性的思想政治教育方法。

二、提升高校思想政治教育工作者的传统文化素养

传统文化通过几千年的积淀已经成为民族心理的一部分，人们若对它没有一定的理解和认识，就很难有较高的思想境界。要想使传统文化融入高校思想政治教育，首先要做的工作就是提高思想政治教育者的传统文化素养。

在高校从事思想宣传工作、学生工作的教师，特别是思想政治理论课的教师，是传统文化融入高校思想政治教育的基本师资队伍，加强这方面的师资队伍建设，多渠道地培训师资队伍，提高教师的政治觉悟和专业知识水平，是提高传统文化融入高校思想政治教育质量的关键。

加强高校青年教师思想政治建设的思路。从根本上讲，提高我国高校青年

教师的思想认识水平，不仅要靠广大青年教师的不断学习，而且还需要相关人员不断改进高等学校青年教师思想教育工作的内容、形式与方法。从高校思想政治工作改革的视角来看，后者更为重要。为此，第一，高校要遵循教师成长规律，推进思想政治教育的深度和广度。第二，高校要提高青年教师思想政治教育的针对性与灵活性。第三，高校要建立青年教师思想政治教育的保障机制。结合传统文化融入高校思想政治教育的总目标和总要求，加大教师培训力度，扩大教师培训规模，是当务之急。无论是教育主管部门，还是高等院校，一定要从"讲政治"的高度，重视传统文化融入高校思想政治教育教师队伍的培训工作，切实加强队伍建设。其中，可行的途径有以下几方面。

（一）传承传统文化，教师先学先行

教育者必先受教育。推动传统文化融入高校思想政治教育，要积极开展传统文化的"三进"工程，即优秀传统文化"进教材、进课堂、进大学生头脑"，"三进"工程的有效开展，必须基于思想政治教育工作者扎实的传统文化基础和素养。因此，传承传统文化，教师要先学先行，入脑入心。高校思想政治教育者要学全、学透、学深、学活，真正成为传统文化融入高校思想政治教育的先知、先觉、先行者。促进传统文化融入高校思想政治教育，是提高教师思想政治觉悟、锻炼其处理复杂问题的能力、使之做好立德树人工作的千秋伟业。学透是融入的基础。高校教师是我党推进中华民族伟大复兴的重要力量。因此，我们应当坚持把传统文化的传承融入中华民族伟大复兴历史的全过程，用创新的态度、科学的方法来验证与实践传统文化，从而很好地利用马克思主义的立场、观点和方法，准确地解答学生疑难中的重大理论和实践问题，通过分析传统文化的精华价值，明事理，聚魂气，扬正气。学活是关键。只要活学活用，把传统文化灵活多样地融入高校思想政治教育，理论联系实际就会发挥出巨大的威力。

（二）组建教研学会，推进教师研讨

由于多种原因，不少省份高校的马克思主义理论学科的教学研究会，自20世纪90年代以来，便停止了活动。对此，思想政治理论课教师意见较大，希望尽快成立各学科教学研究会并开展活动。而一旦组建了教学研究会，即使是每年召开一次年会，其对教师传统文化素养的提高作用也是不可低估的。多途径、多层次、多方位地开展全国、区域和校内的课程设置、教学内容、教学方法的研究既是建立合理教育教学体系的科学保证，也是锻炼教师、提高教师传统文化水平的有效途径。

（三）教师互帮互学，倡导集体备课

教师积极性的发挥是教师提高教学水平的内在动力。传统文化融入高校思想政治教育既是一项新事业，也是一项重要的奠基性事业。而一些多年从事教学的教师，不愿意放弃原来的课程来讲授传统文化，一些新教师又不能够满足教学需要。因此，学校应该利用考核、晋职、奖励等多种精神鼓励和物质刺激的手段，充分调动教师的积极性和创造性，使他们乐于讲授传统文化，严于要求自己，不断提高自身素质。为了确保思想政治理论课教学一个声音，防止自由主义，所以不论专职教师还是兼职教师，不论是新教师还是老教师，一律实行"集体备课，备教材，备学生，备理论"，从而使全校的思想政治理论课教学保持高度的一致性。同时，集体备课可以达到互相交流、互相启发、互相学习的目的，对提高教师尤其是青年教师的传统文化教学水平、对提高教育教学质量能起到积极作用。高校应大力"倡导团队攻关精神，发挥集体作战优势"，强化教师的"教研室意识和教师意识"，努力营造科研氛围，提高教师教学的科研水平。

三、加强科研与教师队伍建设，提高科研与教学能力

中国传统文化与思想政治教育这一研究方向，要求教师与相关研究者应至少具备两方面的专业学术能力：一是深厚的中国传统文化功底，其要求能够恰当地运用中国哲学的研究方法诠释传统典籍，并能够呈现中国古代文化思想的真实面目，避免当前的泛泛而论与牵强附会的现象；二是必须对思想政治教育原理有深入的了解，同时能够正确、及时地把握党的方针、政策与路线，坚持以马克思主义立场为传统文化研究的指导。研究者只有同时具备这两个方面的素养，才有可能获得高质量的成果。然而目前在中国传统文化融入高校思想政治教育中，真正能同时达到这两方面要求的学者少之又少，这也是目前相关研究领域存在的一个重要问题。因此，我们必须加强这一研究领域的科研与教师队伍建设。在高校思想政治教育的实践活动和实施过程中，思想政治理论课教师发挥着不可取代的作用。

（一）校园优秀传统文化课堂教学活动的实施者

深入开展中华民族优良传统和中国革命传统教育，是帮助大学生树立正确的世界观、人生观、价值观的主阵地。当然，在这样的一个过程里，大学生并不是孤立的个体，毕竟教育是需要教师和学生一起努力完成的，师生协同作战才能建构起完整的知识体系，教师在其中是主导者，是中国传统文化的梳理者

和传授者。正确的知行合一是大学生思想政治教育和优秀传统文化所追求的理想目标，在此过程中，教师要充分体现出成熟主体的主导和示范作用，以自身的言传身教来影响和教育学生，切忌照本宣科、循规蹈矩、僵化保守，这样最终会影响到课堂教育教学的效果。

（二）校园优秀传统文化教育方向的引领者

在高校思想政治教育课中，开展优秀传统文化教育是社会主义现代化建设的需要。在建设中国特色社会主义事业的过程中，如果没有对优秀传统文化的继承和弘扬，中国的社会主义现代化建设就会因失去历史的基础而难以更好地推进。有了教师对教学内容的选择和把握，中国传统文化教育的内容和方向才不会偏离高校思想政治教育课教育的目标，才不会违背党和国家的教育方针和政策。可以说，优秀传统文化教育在方向性、思想性、政治性上的特定规定性，要求教师在进行优秀传统文化教育时，要对大学生进行思想上的指引，要使学生明白哪些是符合时代需要的部分，哪些是需要淘汰的部分。在高校思想政治教育课上进行优秀传统文化教育时，教师应让学生明白，进行优秀传统文化教育是培养大学生民族意识的需要，是大学生全面发展的需要。中国传统文化是大学生思想政治教育的思想沃土，中国大学生思想政治教育有着其所属时代的指导思想。教师应该挖掘中国传统文化中的思想道德资源，以优秀传统文化为载体引导大学生用整体的眼光和思维去看待问题，走出专业壁垒，更加全面地去给自己"通识性充电"，以激发学生更加广泛的学习和探究兴趣，而不是只限于自己的学科和专业，大而空，小而狭，均不足取。同时注重心性的提升，真正意识到求真与求善、致知与修为的共通关系，重新评估自身的价值，正确定位自己，树立科学的世界观、人生观和价值观，在求学求知的过程中不忘本心，尊德崇德。总而言之，中国传统文化既是中华民族的根，又是每一个中华儿女的根，对大学生进行优秀传统文化教育，一方面，可以强化大学生的中华民族身份认同感，这对大学生抵制西方堕落的资产阶级文化的影响，有着非常重要的意义；另一方面，教师也要结合当今社会的特点，对优秀传统文化做出合乎社会需要的新诠释，确保优秀传统文化教育的社会主义方向。

（三）校园优秀传统文化建设的引导者

如果说中国传统文化的教学是一座冰山，那么课堂教学就只是这个冰山的一部分。对学生而言，大部分优秀的中国传统文化知识，还是要通过课外的途径来获得。起初，中国传统文化的相关知识或其他知识都只是信息形式，还没有对学生的思想过程产生实质性的影响。在校园内外开展传统文化活动是传统文化普及的重要途径，各个高校应该对此引起必要的重视，并形成新的教育方向。思想政治理论课教师更是其中的重要设计者，各种学术、科技体育、辩论赛都可以进行，其应该将德智体各项教育有机地结合起来，将教育寓于活动之中，主旨是让学生们接受并热爱中国传统文化，形成符合中国社会主义建设的思想品德修养。

第三节　在校园文化与社会实践中渗透传统文化

一、关于增加校园文化建设中的优秀传统文化元素

（一）重视校园基础设施建设中优秀传统文化元素的融入

环境对人的影响是潜移默化的，校园文化作为学生在大学期间接触最多的环境，对大学生的教育意义不言而喻。校园文化也是高校思想政治教育的重要载体，在高校传统文化教育的过程中发挥着重要的作用。加强高校校园文化建设，将传统文化融入校园文化中是高校传统文化教育取得成功的重要保证。校园基础设施建设属于校园物质文化范畴，即校园的建筑风格、布局式样等，是最能直观体现校园文化的部分。首先，可以在学校教学楼、寝室等校园主体建筑中加入与传统文化有关的元素，如可以选取一两个教学楼，将其建成中式风格，作为传统文化教育基地，使学生可以从中国传统的建筑风格中感受传统文化所具有的创造力和想象力。可以将寝室的内部结构装修成中国传统风格，提供给对传统文化感兴趣的同学。其次，可以在校园的景观环境建设中通过对建筑、人文、植物三方面的合理布局，来体现中国传统文化"天人合一"的和谐自然观。可以在校园中雕刻一些中国古代历史人物的雕像，如教育家孔子、爱国将领岳飞等。还可以建造一些具有传统文化气息的景观，如亭子、长廊等，在这些建筑的内部，可以采用中国传统文化的元素。最后，在教学楼或寝室楼楼道的墙上或是校园的宣传栏中可以添加传统文化的名人事迹，或名人名言，从而将传统文化的元素融入校园的每一个角落。

（二）重视开展与优秀传统文化相关的各项学生活动

校园活动可以丰富学生的生活，给学生提供一个展示自我风采、结交更多新朋友的机会。学生在活动中可以学到各种知识，可以培养自己的团队协作能力、沟通和交流能力，磨炼自己的意志。高校思想政治教育在这方面已经取得了显著的进步。高校传统文化教育同样应该加强对校园活动这种教育方式的利用，调动和激发学生学习传统文化的动力。一方面，中国的许多节日都是在传

统文化的影响下形成的，学校可以以传统文化节日为切入点，开展有关传统文化的纪念活动，使学生们了解各个传统佳节的由来，学习其中的传统文化知识，从而加深对节日的理解。还可以开设国学系列讲座，邀请传统文化研究方面的专家和学者到学校为学生和老师进行传统文化内容的讲解，与学生们近距离地接触和交流。学校可以举办传统文化演讲比赛、知识竞赛等活动，使学生在活动中感受传统文化，学习传统文化。另一方面，学校可以举办各种文艺演出，排演传统文化内容的话剧、歌舞剧等。同时，还应该不定期地带领学生走出校园，参观历史博物馆、文化古迹，实际感受传统文化的无穷魅力。

（三）重视将中国优秀传统文化的思想渗透在其他学科中

方法论属于哲学，是思考问题、解决问题的钥匙。社会的发展，要求大学培养的人才既要有高素质，又要有高水平的专业技术，这一市场作用力作用于高校，使大学不得不进行改革。这种复合型人才的培养既要求个体对专业知识专攻，夯实基础，又要求其对其他的学科触类旁通。教师不能把思想政治教育的任务完全强加于思想教育课本身，它需要各个学科协同工作，以思想政治教育课为主导，多个学科辅助，真正地将思想政治教育融入学生学习和生活中的各个方面。

二、关于打造传统文化与社会实践融合的共享平台

（一）积极营造良好的中国传统文化氛围

从几千年的历史发展过程中看，任何国家和民族在任何时代的文化发展，都要建立在重视和弘扬自己传统文化的基础上。不重视和弘扬自己的传统文化，就等于丢掉自己的根、自己的魂，最后会变得像无头苍蝇一样，找不到发展的方向。作为中国传统文化教育的领导者和推动者，国家和政府要在思想上高度重视中国传统文化教育在全社会的推广工作，要重视对中国传统文化资源的挖掘和运用，在全社会开展丰富多彩的中国传统文化活动，并配以相应的制度建设，通过起草出台加强传统文化教育的文件，从领导体制、规章制度、经费投入等方面为其提供制度保障，确保中国传统文化教育活动能够在全社会持续稳定地开展下去。

就具体实施层面来讲，相关部门可以通过加强对我国非物质文化遗产的保护和宣传，完善法规、制度措施，强化全民保护意识，培养弘扬传统文化的社会风气和良好习惯；可以通过拓展传统文化的舆论空间，在学校、工厂、军营、车站、机场、码头等各种公共场所，设置标语、图片、宣传画等，展示中国传统文化，使人们生活在中

国传统文化的氛围中，时时刻刻能接受传统文化的教育，感受传统文化的魅力；可以通过新闻媒体设专栏、办专刊，介绍中国传统文化，开展传统文化研讨活动，加大宣传力度，展示传统文化之美，形成舆论环境；可以开展以弘扬传统文化为主题的创作演出活动，使传统文化走上艺术舞台，进入影视节目和文学作品，在潜移默化中培养人们对中国传统文化的兴趣与爱好，使人们接受传统文化知识；可以引导和支持广大社会团体、公共部门，最大限度地开放相关资源，使越来越多的人走进历史文化场所、走向文化舞台、亲近传统文化等。只有全社会都形成了正视、重视中国传统文化的良好氛围，才能使传统文化更好地融入思想政治教育，中国传统文化与思想政治教育的融合，就不仅是应然之态，更是实然之举。

（二）积极开展社会实践教学

要想使思想政治理论课教学取得实效，高校就应该将课堂教育和社会实践教学结合起来，在实践中，让大学生们主动去认知、去践行中国传统文化中的思想美德和优良道德。传统文化的实践体验能从根本上改变人们对教学教育的认识，因为教育本质上是一种文化现象，脱离了文化的教育只能是苍白的、乏力的。中国传统文化能够传承今日，生生不息，与其"人文化成的创造精神，刚柔相济的辩证精神，究问天人的探索精神，厚德载物的人文精神，'和'而不同的会通精神，天下为公的责任精神"是密不可分的，这些精神依然潜在深刻地影响着国人的思辨、情感和价值观，依然是人们的精神命脉。在全球信息化的今天，面对西方文化和网络文化等多元文化的冲击，各类思潮迭起，大学生的道德情感、价值观念、精神追求常常受到影响，大学生的思想政治教育面临的环境越来越复杂，任务越来越艰巨，如何固本清源、重建今日大学生之思想基础、道德基础，树立文化自信和价值观自信，是迫切需要解决的问题。

开展传统文化教育，立足于传统文化，有利于改变思想政治教育脱离传统、脱离生活的弊端，且能够为思想政治教育提供丰富的资源。传统文化体验或实践教育，实际上是使学生和社会生活衔接在一起的教育，学生在参与中容易有情感上的认同和精神上的升华。要从时代文化生态、传统文化生态和个体需求生态的视野重新界定传统文化教育过程中出现的关系，重新厘定传统文化教育课程和教材的价值及功能定位，使学生在现实体验的场域中深度领悟文化精神和生活实践的关系。而体现在实践中的形式也是丰富多样的，例如，在端午节时，通过组织学生包粽子、佩戴香包、折纸龙舟、编五色线等，纪念屈原，引导学生体会其忧国忧民的爱国精神和伟大的家国情怀，同时感受传统节日的文化魅力。此外，各个高校也应鼓励大学生自己参加一些社会实践，从思想政治教育的被动接受者变为主动参与者，甚至是主动传播者，使他们懂得践行优秀思想道德观念的美好。同时，很多高校还可以此为契机，与实践地区的政府、企业或乡村建立实践关系，使传统文化的传播活动日常化。高校可以在当地建立文化讲堂，鼓励教师带领学生团队使"文化下乡"常态化，使团队成员梯队递补化，使学生在文化的讲述与传播中，深刻领会传统文化的魅力与内涵。在实践的过程中，高校也可以积极引导学生进行关于中国传统文化或各地区非物质文化遗产的搜集整理和调研工作，通过实地的社会调研，了解对中国传统文化的传承、保护和宣传工作，通过调研提升学生对传统文化的学习能力，挖掘优秀传统文化的价值与意义，并根据实际情况提出合理化的建议，为传统文化的传承与传播做出应有的贡献。

总的来说，在将中国传统文化融入高校思想政治教育的实践中，高校要充分利用各种传统文化的资源，搭建各级各类社会实践平台，使学生在教师的指导下，能够将优秀传统文化的学习和实践入脑、入心，同时结合传统文化中蕴含的积极向上内容，全方位地引导大学生，在学习传统文化知识、体验传统文化仪式、分享传统文化精髓、认同传统文化魅力、增强传统文化自信、传承传统文化正能量等方面，使其有所习，有所悟，有所思，有所得，有所鉴，从而能够形成正确的思想道德观念，正确的世界观、人生观和价值观，进一步提升其人文素养和文化领悟感知能力，使其成为中国优秀传统文化的忠实传承者和弘扬者。

三、关于加强政府对中国优秀传统文化的重视和引导

中国优秀传统文化的传承，必须要有政府机构的积极扶持与管理。政府部门要制订具有权威性的中国优秀传统文化的管理规定，要持续加强管理，要有高效的组织和强有力的领导，切实抓好各项工作并贯彻落实，真正履行职责。各单位要强化组织协调，加强宣传力度，建立促进中国优秀传统文化事业的法规和规定。

第四节　充分利用媒体手段促进传统文化与高校思想政治的融合

一、新媒体的特征和作用

"媒体"这一名词最早出现于19世纪末20世纪初,起源于拉丁语"Medium",有媒介的意思。媒体和媒介这两个词,有一定的差别,媒介是整体的抽象名词,而媒体则是个体的具象名词。这里讨论的媒体有两种意思,一种是能够储存信息的实体设备,如我们常用的光盘、计算机的硬盘,另一种是传播信息的载体,如表现信息的文字、视频。媒体不仅是直接向接受者传递信息携带通信符号的物理实体,而且还包含了其传递给接受者的所有内容。新媒体的快速发展,改变了人们的生活、交流方式。

与传统媒体相比,新型的网络媒体具有整合性和立体性特征。在传播形式上,传统媒体只能把信息进行平面化处理,或者只能将信息以某一种形式进行展示,比如,书法作品,纸质媒体只能以文字介绍作品内容、背景以及相关知识等,电视媒体可以更丰富一点,但也只是看起来更直观罢了。而网络媒体既可以整合上述两类形式,又可以围绕核心,增加无数链接,构建无数知识网络,将不同形式的媒介信息整合在一起,满足受众多样化的需求,带给受众前所未有的感官体验。这种多形式信息的融合,使原本单一的内容,有了多维度的展示空间,这就为传统文化的创新发展提供了有利条件。就个人使用而言,新型的网络媒体提供了展示个性的空间和载体。从微博、微信公众号等平台出发,每个人都可以有个人特色的展示,这种展示简单易行,而且传播广泛,甚至可以在受众群体中产生深刻的影响。现在活跃在微博上的"网络大V",就是这一点的最好例证。所谓"网络大V","V"指经微博个人认证获得的身份标识。"网络大V"指拥有粉丝在50万以上的微博用户。这些大V,有的是业界有影响力的学者,有的是行业里的翘楚,当然也有普通人,因为在某一方面有突出特色,被受众接受认可,逐渐发展成为大V。这部分人的影响力非常广泛,他们所发布的信息,往往有几十万甚至上百万的传播量,这种影响的广度是惊人的,而且这种影响力的传播速度更为惊人,其往往在瞬间就可以四散而去,短时间内就能成为被社会广泛关注的内容。这就是新型网络媒体的力量。

具体到高校工作领域,网络媒体的力量更加突出。作为青年人聚集区,高校是网络媒体使用最广泛的领域。青年学生是最喜欢使用网络媒体的群体,尤其是随着智能手机的发展，移动网络的普及更是将这一特点突显得淋漓尽致。课堂上放不下手机，就是这种情况的反面例证，也证明了网络对青年人的吸引力是何等惊人。在高校学生群体中，如果不使用网络，不进行网络购物，不进行网络信息的获取，那情况简直是难以想象的。这样的现实情况，也对高校进行思想政治教育提出了新的要求，如何抢占网络教育阵地，成了所有高校共同面临的问题，这也是一个难以回避和不可绕过的问题，各高校应该抓住这一难得的历史时机，把握技术发展给文化传播带来的机遇，同时也迎接技术时代带来的挑战，勇于转换思路，善于把握时机，敢于开拓创新，充分借助网络媒体的传播力量，将中国传统文化的传播推向一个全新的高度，成为青年学生喜闻乐见、触手可及的生活学习内容。使用新媒体推动传统文化的发展，就要把握新媒体在传统文化发展中的实际作用。

（一）新媒体为传统文化的传播提供了历史机遇

中国传统文化历经岁月的千淘万漉，形成了一套非常完整的社会思想道德规范体系，其本身包容汇通的特点，使得其自身不断凝练、整合、更新，所表现出的道德规范、思维方式和价值体系，不但有很强的历史性和遗传性，而且还有鲜活的变异性和现实性。中华民族传统文化内容丰富，博大精深，是中国人民最宝贵的精神财富。一代又一代的中国人民在传统文化的影响下，创造了我国灿烂的历史。但是随着社会的发展、生活节奏的不断加快，经济追求成为主流内容，许多传统文化内容逐渐被人淡忘，传统道德价值观念被当成过时的内容而被摒弃，社会风气越来越浮躁，价值标准越来越模糊，个体行为越来越缺乏内在指导，生活中开始出现越来越多令人唏嘘的"缺德"事件。这种情况的出现，是时代发展带来的必然结果。从整个历史发展进程来看，每个不同的历史阶段，都有不同的特点特性。中国传统文化发展的过程也出现了这种情况。在现代社会里，人们若要重视传统文化的传播，就要把握时代特点，使其与现实情况相结合。在以电视媒体、纸质媒体为主流的时代，进行传统文化的宣传和传播，要有其相应的方式。那么，到了新媒体时代，传统文化的传播和宣传，难道不应该有新的特点吗？事实已经证明，新媒体的传播速度和广度，绝非传统媒体所能相比。我们在现代进行传统文化的传播，要借助新媒体的力量。要在把握传统文化特质的前提下，坚持文化传承，积极运用新媒体对传统文化进行内涵意蕴和价值取向的创新传播，要充分展示中华民族传统文化的自尊、自信，要充分体现传统文化历经千年而不改其内心的生命力，要明确表达传统文化包容开放、与时俱进的发展力，要积极挖掘符合时代特点、推动社会发展的新动力。要善于抓住新媒体发展的黄金期，把传统文化的主要宣传阵地由传统媒体转向新媒体，使更多的群众看到国家弘扬中国传统文化的决心，这将会对和谐社会的建设产生巨大的推进力，将会更好地帮助我国安稳地度过社会转型期。

（二）新媒体提升了传统文化传播的准确性

从媒体的运作形式来看，传统媒体形式相对单一，而且因为行业规范建设的要求，其在内容设定上有特定的规则约束，不能被随意更改。这种特点，在赋予了传统媒体权威的同时，也带来了形式的单一和相对呆板。在传统文化传播中，传统媒体设置了如公益广告、文化宣传类节目等，且收到了很好的效果，但也缺乏目标的准确性，只能是无差别覆盖式的传播，无法做到分类覆盖。循环播放的公益广告并不能抓住主流观众的内心诉求，反而其频繁的播放会引起观众的反感以及逆反心理，最终造成了宣传效果不佳、出力不讨好的尴尬局面。而新媒体的一大优势是内容投放的准确性。基于对大数据的分析，新媒体可以精确地将目标对象按照职业、年龄、性别进行分类，并制作适合其特征的宣传内容，将恰当的宣传内容投放至正确的观众眼前，这最大限度地提升了受众的接受程度。同时，制作精良的精确投放内容可以激起目标对象的共鸣，让文化传播不只是流于表面，而是切实地影响到每一个人。应该说明的是，这种传播方式的创新，是传播手段的创新，目的是进行创造性的转化，让传统文化在新时代展现出新的生命力，体现传统文化的传承、发展与超越，这不是内容和原则的改变，不能以彻底地颠覆传统文化趋向为目标。要对传统文化进行辩证分析和科学扬弃，注重挖掘传统文化中的现代启蒙意义，探寻传统文化与现代文化的结合点。

（三）新媒体提升了传统文化传播的交互性

媒体具有交互性的特点，在传统媒体时代，这种交互性就已经存在了。如报刊的群众来信、编辑人员与读者的交流就是二者的互动；电视、广播中的观众或听众连线，也使受众与主持人、电视台或电台能够进行互动。但是由于时间、空间、技术等各方面因素的制约，传统技术条件下的交互性不能得到充分体现。观众连线往往有人为设计的情况，真实性不高。这些交互行为不能起到很好的效果，更不用说有益的作用了。而在新媒体时代，这种情况得到了有效的改观。中国文化有着五千年的历史，源远流长，博大精深。古老的岁月蕴藏着无尽的财富，而中华民族文化便是这样一座开掘不尽的富矿。文化包含一个民族长期积累形成的深层心理积淀，如同名胜古迹一样，时间愈久远，愈发具有价值，就像一棵根深叶茂的千年古树，一切现代文明都可以在这棵大树上嫁接成功。中华五千年的文化是博大精深的，每一句话都凝集了先人无限的智慧。

大力弘扬优秀传统文化，可以使大学生接受中华民族优秀传统文化的熏陶，进而提高自身修养，自觉养成良好的行为习惯，树立正确的世界观、人生观和价值观。人要勇于担当、有责任感，如此才能做一个大写的人，才能顶天立地。具有中华民族传统美德的先进人物是不少年轻人的偶像。而当前，且不说体育娱乐明星在年轻人心中的地位，就连网上一些或是有趣或是富有创造力的草根也成了许多年轻人追捧的对象。究其原因，正是新媒体突出的交互特性导致了这一现象的出现。而在新媒体时代，公众人物可以随时通过网络与群众进行交流，同时群众也可以快速了解到他们的最新动态。自媒体时代的到来，更是将公众人物的影响力推到了顶峰。公众人物不再是高高在上、不可触及的了，而是走下神坛的身边人物，这种变化将公众人物的魅力提升到前所未有的高度。比如，有些活动仅仅通过微博这一媒体，每日的评论和转发量就是数以亿计，这种影响是难以想象的。这种交互性带来的惊人影响力，已经体现在了社会生活的方方面面。这对传统文化的传播，是有极大的提升力和推动力的。

（四）新媒体为传统文化传播提供了多样的形式

新媒体技术能够使交流方便快捷，能够创造一种活跃、轻松、愉悦的氛围，能够感染和激发大学生的求知欲和想象力，使教育内容变得生动有趣，使学生在形象、生动、直观的情境中升华思想，在图文并茂、声情融汇的语境中感知教育信息，最大限度地调动学生获取信息的主动性、自主性和参与性。表现形式相对单一是传统媒体在中国传统文化的传播上受到阻碍的原因之一。自广播、电视代替报纸成为主要媒体走进千家万户、传统文化的传播经历了短暂的蜜月期后，人们的资讯获取方式便从传统的文字媒体进入了影像时代。当人们沉醉于广播电视技术带来的视听盛宴时，传统文化的宣传形式也适时地进行了升级，越来越多的公益广告、文化类节目、公益晚会便开始进入人们的视线。在这个阶段，传统文化推广的转型是十分恰当的，取得的成效也是十分显著的。现在各种媒体的调查报告都显示，广播电视等传统媒体的观众数量正逐年降低。对于致力于传播中国传统文化的工作者来说，其应该清楚地认识到技术更迭的历史必然性。现在已经到了改变传统文化传播形式的关键时间点。新媒体不仅可以提供传统媒体所能提供的一切表现形式，而且还可以提供互动APP、资源点播等，使传统文化传播的质量能够上升一个台阶。新媒体自身就具有极大的自由度，可以提供多种展示形式。它结合自身灵活传播的优势，能够源源不断地为受众提供符合使用习惯和现实需求的表现形式，充分展示互联网传播"快速、直接、新颖"的这几点特性，有效地打破传统媒体单一的"文＋图"模式，将传播效果更为立体直观地展示出来，用新颖的传播方式为传播效果带来更广的辐射范围。

二、新媒体时代思想政治教育的新特征

用观念影响他人并指挥其行动，不是简单地将观念的内容传达或者告知他人就可以的，更不是让这种观念进入对方脑海。唯物史观强调"始终站在现实历史的基础上，不是从观念出发来解释实践，而是从物质实践出发来解释各种观念形态"。在信息时代，由于高校思想政治教育内外的技术基础和生态变化，高校思想政治教育实践正在发生重大变化。网络媒体的出现、信息传播和交互使用的便捷，能够为高校思想政治教育工作提供新的工作方式和形式，这无疑是思想政治教育工作面临的新的历史条件和环境情况。但是也要充分意识到，这种新情况势必会带来新的变化，这需要从事思想政治教育的人员在新媒体环境下能够进一步认识高校思想政治教育的新特点，以培养人才为根本目的，准确把握新时期高校思想政治教育的发展趋势，明确信息化条件下高校思想政治教育中存在的各种矛盾和关系，提出有针对性的对策和措施，这是保证思想政治教育取得实效的必然要求。

信息网络既是一种载体，也是一种环境，是人类现实外延的虚拟存在和生活方式。交往活动是高校思想政治教育关系的根源。从信息交流角度看，高校思想政治教育活动是教育者与受教育者之间的互动。在教育活动过程中，两者由教育介体联系起来，形成"主体—客体—主体"的人际关系。信息交流的变革与转型，是高校思想政治教育发展变化的真正生态。高校思想政治教育主体间转型的前提是高校思想政治教育内外生态环境的转变。随着信息技术的飞速发展和广泛应用，高校思想政治教育中的主体与客体的交流已经从虚拟互动转变为社会互动。"身份符号"的中介传播已经成为思想政治教育中主体与客体交流的重要方式。新媒体环境下高校思想政治教育要以特殊存在方式为基础。在信息交换实践创造的新的内外部教育环境的基础上，高校思想政治教育应以虚拟哲学与现实哲学的结合为指导，以促进思想政治教育的发展教育实践。从信息交流与实践的角度看，高校思想政治教育要充分运用新的技术手段，营造良好的教育环境，充分发挥信息技术优势，更广泛、更快、更多地推进高校思想政治教育手段和方法的改革和发展。要准确把握新媒体时代高等学校的主客体动态，及时客观、认真评估教育主体和客体的思想和行为，适时调整教育观念、教育内容、教育方法，不断增强教育的亲和力、吸引力和凝聚力。新媒体环境下的高校思想政治教育是伴随着信息技术的发展和应用而形成的思想政治教育

的新概念和新模式。它不仅是一种基于信息网络技术的思想政治教育，而且是帮助人们通过教育正确认识、宣传和创造信息，充分利用信息技术发展带来的优势，力求使每个大学生都能成为具体信息人。

（一）主体之新

高校思想政治教育的主体，即教育者，是按照一定的社会要求，有目的、有系统、有组织地对教育对象产生教育影响的个人或团体。新媒体环境下高校思想政治教育的主体是利用信息技术灌输和引导受教育者或教育对象的人或群体，因为每个使用信息技术的个人或团体都可能成为教育主体，新媒体环境下高校思想政治教育主体趋于扩大和延伸。新媒体在为大学生提供学习和交流的新工具和新平台的同时，也为思想政治教育工作者开通了更多了解学生思想状况的渠道。从新媒体信息容量大、资源丰富、传播迅速、交互性强、覆盖面广、形式多元等优势来看，新媒体为促进思想政治教育内在效果的实现提供了机遇。在交往的角度上，思想政治教育的主体在高校是传播教育信息的守门人。他们创造、监督和控制网络信息，是信息传播者和思想政治教育者的双重叠加。但是，由于信息社会的多样化和自由化，思想政治教育的主体是处在新媒体环境下的，这是其与传统教育形式最大的不同，而且很有可能是两者差异产生的决定性因素。在新媒体环境下，高校思想政治教育的主体往往没有具体的身份，甚至不被称为"教育者"，而且他们自己也有非主观的特征。他们在教育过程中往往不靠"说服"，而靠"选择"和"引导"，这是与以往传统教育形式的区别，没有了面对面的交流，没有了口耳相传的认同，没有了直面彼此的密切，要想使对方认可自己，仅仅靠道理的阐释是无法做到的，只能设法通过展示形式，取得对方的认可，然后通过自我的审定，引导对方选择自己想要传达的内涵。在新媒体环境下，高校思想政治教育中的主体有同样的地位，没有等级关系，而且教育主客体之间的地位也是平等的。因此，教育主体要更具亲和力和人情味，不能再有高高在上的姿态，更不能简单地以说教的形式，只有把自己置于与受教对象同等的地位，体会对方的感受，了解对方的需求，才可以提高学校思想政治教育的有效性，达到双方认同的效果。

（二）客体之新

高校思想政治教育的受教育者，指接受思想政治教育的对象。以前进行思想政治教育，对象是明确的、易于把握的，就是参加教育活动的青年人。但到了新媒体时代，高校思想政治教育工作的环境发生了很大的变化。这种客体组织，与原来的组织相比，边缘模糊了。也就是说现代青年参加思想政治教育工作，不再是单纯的被动听取，因为新媒体时代信息手段的发展和进步，人人都可以作为信息的使用者和发布者,在互联网环境中,青年人更熟悉网络运行,更了解网络规则,更能使用新媒体时代的需求。在网络上,他们根据自己的喜好来选择想要的信息,没有人和力量能强迫他做出选择。从这个意义上来说,教育客体不是一直是客体,在某种情境下,客体会发生变化,变成信息的发布者、变成教育的实行者。这种发布和实行,很有可能会对主体施加影响,最终导致主体地位发生变化。这既为新时代思想政治工作提出了新要求,也增加了工作难度。在新媒体环境下,高校思想政治教育主体与客体的关系,呈现出以下明显的特点和趋势。一方面,受教育者或教育客体通过信息网络积极发挥其主体性,表达自己的主体性意见和建议,从而成为教育的主体。另一方面,教育者或教育主体发挥其客体性,利用信息网络寻找自己的知识和信息需求,理解和接受有关的理论和思想。在新媒体视野下的高校思想政治教育主客体,立足于信息交流的实践,发掘信息价值,通过及时的交流与互动,通过主客体之间的对话实现双方的沟通、交流和发展的目的,教育主客体的地位变得更为平等,沟通变得更加及时、快捷。

(三)环体之新

高校思想政治教育的整个环境就是教育环体,是影响高校思想政治教育进程的一切内外因素和条件的总和。现在的高校思想政治教育环境和以前的教育环境有着诸多不同,现在是一个新媒体的时代,信息繁杂,信息传播速度快,传播时间短,信息共享度高,互动明显,能做到实时沟通。在新媒体时代,由于新媒体技术的广泛运用,现实生活中的每一个人既可以成为一个传播载体或消息源,又可以成为一个受众,传者和受众的角色大多是虚拟的,信息交流的双方均由未知的符号代替,这使新媒体信息变得复杂多变,人际关系具有虚拟性。这种虚拟性虽然大大弱化了门户对消息的控制,但对加强大学生思想政治教育无疑是个机遇。原有的传播方式受到很大的冲击,在这种环境下,高校思想政治教育环体,呈现出新特点,具有共享性强、互动性强、沟通便捷、信息海量等特点和特征。整个环境成为一个相对透明的公众信息交换平台,所有置身其中的人,都可以按照自我的需求,进行信息传播和交换,没有人能够完全掌控整体情况,这也是新媒体时代特点的集中反映,人人都成了媒体的主人,都可以通过自媒体进行信息发布、转换和传导。学校只能就发展趋势进行引导和把握,不能通过行政手段进行直接的管理。这就要求我们把握新形势下的思想政治教育的新特点、教育主体和教育客体的新特点,注重系统整合思想政治教育资源,全面把握和形成高校思想政治教育的合力,加大对主流价值观的传播力度,提高大学生的思想道德素质,增强高校思想政治教育的实效性。

（四）介体之新

高校思想政治教育介体，即教育内容和教育方法，指的是在一定的教育环体中，教育主体用来影响教育客体、对教育客体进行主流价值观念灌输与引导所使用的各种方式和手段的总和。信息化使高校思想政治教育传播速度加快，范围变广。互联网的广泛使用，使交互式远程教育成为常态，不再受空间和时间的局限，能够为新时期高校思想政治教育提供广泛的传播渠道。在信息时代的大背景下，高等教育空间已经成为一个开放的、全民教育的新区域。在海量信息充分交换的视角下，高校思想政治教育呈现出新的特点：更多样化的新媒体技术使高校思想政治教育的内容从平面到了立体、从静态到了动态、从单向到了多向，成为教育主客体之间相互转化、共同发展的包容性空间，能够承载更多样化的需求。这种多维度的传播方式，使高校思想政治教育的内容更加丰富和全面，使参与双方都有了更多的选择。这也给新时期思想政治教育提出了新的要求，要在教育过程中注重信息技术的科技价值属性与人文价值属性的融合，要使教育内容不断更新调整、教育形式不断与时俱进，要使高校思想政治教育能够根据实际需求，不断更新形式，更加生动活泼，更加有利于思想政治教育的改进，从而提高思想政治教育的针对性和有效性。

三、新媒体环境下传统文化融入高校思想政治教育的手段

随着互联网的快速发展，人们被卷入了全民移动互联时代，网络已经成了人们生活中不可缺少的重要内容，甚至可以说是赖以生存的重要依靠了。随着智能手机的普及，手机应用的功能越来越强大，各种丰富的应用程序渐渐走进人们的生活。这些种类繁多、功能超强、简单易用的应用软件，对现代人的生活学习需求进行了全方位、多层次的覆盖。这种几乎无所不包的覆盖，对传统生活模式有着颠覆性的影响。在这样一个时代，人人都可以成为网络的主人，人人都可以成为世界的焦点，人人都能掀起一场影响全社会的变革。网络已经把这种可能性放在了每个人手里，成为个人展示自我的新型媒体。在这种新媒体盛行的时代，传统媒体的影响力正在逐渐减弱，其传播力度、广度、深度，都难以与新媒体相匹敌。尤为突出的是，对碎片时间的高利用率这一优势，使移动互联网的新媒体技术成了许多人获取资讯的唯一选择。在这样的环境下，将传统文化融入现代思想政治教育，既无法离开新媒体的支持，也不能脱离对新媒体的依靠。十八大提出了"建设优秀传统文化传承体系"的战略，使新媒体在这一过程中扮演的角色，更加明显和突出。新媒体的很多特性，都为人们推进传统文化的普及和传播，提供了全新的思路。新媒体在促进传统文化与高校

思想政治教育相融合的过程中,也对思想政治教育工作者提出了新的要求。第一,新媒体技术的多元化,要推动大学生思想政治教育转变教育观念,创新发展理念。第二,新媒体技术的信息无序性,要求大学生思想政治教育要加强正面引导,注重舆情监控。第三,新媒体技术的主客体平等性,要求大学生思想政治教育要坚持以人为本。

第七章 中华优秀传统文化融入思政课的途径

第一节 提高思政课教师的传统文化素养

2017年国务院印发的《关于实施中华优秀传统文化传承工程的意见》中强调："加强面向全体教师的中华文化教育培训，全面提升发展师资队伍水平。"教师本身的中华优秀传统文化素养，直接影响着中华优秀传统文化融入思政课的深度与广度，必须重视思政课教师传统文化素养的培养和提升。只有传统文化底蕴深厚的教师，才能更好地激发学生学习中华优秀传统文化的兴趣，建立良好的师生关系，获得学生的信赖，担负起学生学习和发展的引路人。

一、注重思政课教师身正为范的榜样作用

古人说："师者，人之模范也。"在学生眼里，老师是"吐辞为经、举足为法"，一言一行都给学生以极大影响。教师思想政治状况具有很强的示范性。要坚持教育者先受教育，让教师更好担当起学生健康成长的指导者和引路人的责任。要真正做到中华优秀传统文化融入思政课，对思政课教师的要求不可谓不高，要真正做到中华优秀传统文化赋能课程思政，各学科课程教师都要具备一定的中华优秀传统文化素养。特别是各学科课程教师不能只具备该学科的专业知识，必须要加强传统文化修养、具备一定的中华优秀传统文化功底，并将中华优秀传统文化思想融入自己的生活实践中，重视自身的言谈举止，做到言行一致、知行合一。教师高尚的情操、端正的人品、严谨治学的教学态度、强烈的民族认同感和家国情怀，都会深深影响并感染着学生的身心发展。教学重在潜移默化和润物无声，教师独特的人格魅力，会让学生在不知不觉中热爱上中华优秀传统文化。正如古人所言"亲其师，信其道"。

二、思政课教师的自觉融入行为

思政课教师要自觉在思政课中融入中华优秀传统文化。习近平同志在学校思想政治理论课教师座谈会上强调，思政课要想达到目的，需要思政课教师自身带动教学氛围。思政课教师只有提高自身对思政课和中华民族优秀文化的热爱程度，才能为学生带来示范效应，从而激发学生学习思政课和中华优秀传统文化的意识。思政课教师深入贯彻政治方向要准、政治素养要强、思想情怀要高、学习视野要广、以身作则、言传身教、严格自律、端正做人的要素要求。对于学生来说，思政课教师的人格魅力对激发其学习热情具有十分重要的意义，吸收有价值的古今中外优秀文化是提高个人思想境界的重要方式。因此，思政课教师要不断提高自身文化素养、培养家国情怀，在实践中锤炼品格，在理论中不断丰富人生。思政教师必须在思政课中融入中华民族优秀文化学习资源，激发学生的学习兴趣和民族认同感。思政教师要以身作则，将培养学生优秀的思想文化境界和引领学生不断传承和创造中华民族优秀文化作为己任。只有当思政课教师完成了立德树人的任务，不断通过思政课提升个人魅力，不断加强学生思想的发展，才能让我国优秀的中华民族传统文化在思政课中熠熠生辉。因此，思政课教师要始终贯彻终身学习的理念，在不断践行发扬中华民族优秀文化的实际行动中深化民族意识，发扬民族优秀文化。思政课教师在授课前要精心准备教学设计，钻研思政课教材，参考多种渠道资料，为构建学生科学正确的文化观，传承思想观念奠定扎实的基础。思政课开展要不偏离主轨道，积极吸收文化精髓，为能让学生内化于心、外行于形，提供重要的帮助。

三、思政课教师要加强对中华优秀传统文化理论的理解力

学校在制定思政课程教育方案时，应重点培养思政课教师的文化理论理解能力。如何将中华优秀传统文化与思政课相融合，并运用自身理解能力和教育技能将思政课教学发挥到极致，是学校立德树人效果的关键所在。高校要定期为思政课教师，尤其是新教师，开展中华优秀传统文化和思政课的课程培训并进行考核。让教师在参与活动的过程中领略中华优秀传统文化的博大精深，不断加深思政课教师文化理论的理解能力和教育水平，使他们认识到将中华优秀传统文化融入教学中的重要性，努力在教学活动中将中华民族优秀传统文化的精髓与思政课相结合。思政课教师在日常教学过程中，要有意识地将各家学派的优秀思想融入教学活动中来。思政课教师要牢牢抓住教书育人的精髓，不仅要教会学生知识，更要培育学生的思想。教师在思政课中融入中华民族优秀传

统文化之余,更要对学生的历史观、国家观和文化观进行塑造,在全面提升学生思想道德境界上下足功夫。

四、思政课教师要灵活运用教育方法

教师在教学过程中要改良传统的灌输式教育,积极主动运用启发式的教学方法,深入浅出地教育学生。教师要发挥教学机智,灵活应变地将中华优秀传统文化有效地与思政课教学内容相结合。思政课教师在开设思政课时要本着遵循教学基本规律和积极创新教学方法的思想,带领学生认真学习教材内容。思政课教师的教学离不开新课标总指挥棒的要求,离不开国家顶层文件的指导,既要遵循教学规律,也要灵活应变,积极选择符合不同班级班情、不同专业情况的教学方法,在教学过程中适时运用情境教学法、案例教学法、合作探究教学法等多种教学方法。思政课教师要落实习近平同志提出的"善用大思政课",在教学中结合教材、结合学生生活实际情况创立情境,适时引进鲜活的社会题材。思政课教师要根据本节课所要教授的内容和所要探究的问题,具体创设符合实际情况的教学情境,积极引导学生参与到情境教学中来,不断提高学生的参与合作意识,才能更好地在情境中践行中华优秀传统文化中的道德理论。

第二节　将中华优秀传统文化融入思政课教材中

将中华优秀传统文化有效融入思政课要从思政课堂教学的源头——教材开始改变,增加中华优秀传统文化的相关内容。这方面统编的中小学思政课教材在2016年已经修订完成。中小学教育部统编思政课教材内容中,从知识理论、探究分享、相关链接、活动园、阅读角等,都融入了大量的中华优秀传统文化相关内容,贯穿在教材的各单元、各框节之中,包括诸子百家思想、中国民间(寓言)故事、中华传统节日、中国书画、传统戏曲、古典建筑等。教师在备教材时,要充分挖掘和梳理相关中华优秀传统文化内容与教材内容的契合性,将两者有机融合,把中华优秀传统文化思想的精髓全方位融入"道德与法治"课教学中。例如,以儒家文化为代表的诸子百家传统哲学思想,对于促进青少年形成良好的人格品质具有重要的"启蒙养正"作用。"道德与法治"六年级"发现自己"中"认识自己""做更好的自己"内容中就引用了相当多的诸子百家传统思想,用这些文化思想来引领学生确立良好的人格品性。"道德与法治"学科教师讲课时,首先要用好教材内的中华优秀传统文化,善于挖掘,充

分利用这些优秀传统文化资源,在教材的每一框题的课堂讲解中循序渐进地在学生心中植入文化自信的种子。高中思政课有"文化生活"这门课,其中有对中华优秀传统文化的专题讲解。

大学马克思主义理论研究和建设工程思政课教材内容在融入中华优秀传统文化上还很有限,在备教材的过程中,需要教师充分掌握好教材内容和中华优秀传统文化的精神实质和价值内涵,尽力挖掘、梳理出它们的契合点,批判性地继承和吸收中华优秀传统文化中的精华内容,从中筛选出符合高校思政课思政育人目的,激发学生爱党爱国的知识点。高校思政课教材是马克思主义理论研究和建设工程重点教材。高校思政课教师还要注重挖掘中华优秀传统文化与马克思主义理论的契合之处,才能学透、教好高校思政课。

一、选择精华内容

由于中华优秀传统文化中既有精华,也有糟粕,因此,它制约着思政课教材体系的建构及课程知识的选择。中华优秀传统文化是中华民族传统文化中最精华的那一部分,是中华民族在几千年的历史发展过程中所淘炼出来的,经久不衰,体现着中华民族所独有的精神意蕴与价值旨归,对于当前学校教育具有较高的思想政治教育价值。思政课教材体系的建设一定以中华优秀传统文化知识为基础,亦即有选择性地把中华民族发展史上最具有价值的、最具有教育意义的传统文化知识编制到思政课教材中来。学校教育对学生认知的发展、价值观的形成具有重要作用,因此,要把以儒家道德文化为本体,以法家、墨家、道家、佛家等文化为主体的多元文化融入思政课教材之中,中华民族的哲学思想、道德文化、礼仪文化、艺术作品、民俗风情、历史传统、文学典藏、戏剧、民谣、方言等都可以为学生提供参与优秀传统文化鉴赏、审美的机会。因此,中华优秀传统文化在融入思政课教材的过程中,要遵循多元化原则,既要融入诸子百家等思想文化,也要融入建筑、绘画等物质文化,从而丰富思政课教材的内容来源,为学生开阔视野提供坚实的文化基础。融入思政课教材的中华优秀传统文化要符合时代发展需求,具有充分的教育价值,能帮助学生更有效率地学习与领略中华优秀传统文化的精髓。也就是说,在思政课教材编制过程中,要选出那些最能体现中华民族人文精神、最能彰显中华民族文化传统、最能呈现中华民族勤劳勇敢优秀品质的文化内容融入其中,使学生在学习这些内容的过程中能够深化对本民族的文化认同,增强民族自尊心与民族自豪感。

二、文化与教育要互补

教育本身是文化的表现形式，文化的变化制约着教育发展的进程，传授文化知识是学校教育的任务之一。可见，教育与文化具有紧密的内在关系，可以说，教育在本质上是一种文化选择、文化发展、文化创新。同理，思政课教材建设也是一种文化选择、知识建构。知识的建构要以民族文化作为依托。一方面，中华优秀传统文化为中小学教材的建设提供了知识来源，另一方面，中小学教材也为中华优秀传统文化的继承与弘扬提供了现实路径，可以说，二者之间是相互促进与相互支撑的关系。

三、选取具有思政教育价值的文化

学生的身心发展需要以知识的学习作为养料，但并不是所有的知识都具有教育价值。中华优秀传统文化作为中华民族精神延续的载体，理应在课堂与教材中占有一席之地，中华优秀传统文化融入思政课教材也是一种教育实践行为，应该遵循特定的教育教学规律。思政课教材编写的目的在于用什么样的知识、话题、材料、关系、活动和情景等组织教材内容，通过何种方式将教材内容传递给学生来展开教育过程。在此意义上，中华优秀传统文化融入思政课教材的过程中需要选取的内容应该能够促进学生思想品德的改善、认知能力的提升以及审美意趣的优化，并且有助于适应不同学生个体的学习与发展需求。换言之，在融入中华优秀传统文化的过程中，学校教材需要依循特定的学科教育教学规律，从中华优秀传统文化中选择与不同学段学生相适应的知识内容与认知材料。事实上，将中华优秀传统文化融入思政课教材的做法我国教育部已经在落实中，未来努力的方向应是如何科学性、系统化、有意识地将有教育价值的中华优秀传统文化精髓编排到各个学科教材中去，使之能够作为一种隐性课程，通过潜移默化的方式滋养学生的心灵，落实立德树人根本任务。

四、贴近学生生活实际

关注学生的生命成长，就要回归学生的真实生活，生活才是教育的根本目的，让学生充分发展自己的个性才是教育的本质内容。如果疏离生活，就会遮蔽教育的原初使命与本真状态。而生活无时不变，无时不含有教育的意义。可见，教育与生活有非常密切的关系，因此，教育要适应生活的变化，尤其要适应学生生活的变化。只有深深扎根于学生生活的教育，才能更好地服务于学生的生活。中华优秀传统文化在融入思政课教材的过程中也需要关注教育与生活的内在联系，从学生现实生活出发，为了学生更好地生活而选取具有生活性特点的中华优秀传统文化融入思政课教材。而中华优秀传统文化本身并不缺少生活性。无论是古老的诗词、悠扬的音乐，还是各地不一的民俗，它们都产生于劳动人民的生产、生活实践之中，具有浓厚的生活气息。中华优秀传统文化的生活性能够真正引发学生的学习兴趣，并被学生认可与内化，也能够使中华优秀传统文化的独特风貌通过融入思政课教材得以传承。特别是中小学思政课教材的编写要以中小学生的生活特点为基础。因为中小学生在知识、经验等方面的积累较为有限，贴近实际生活是中小学教材编制的客观要求。

五、遵循心理认知规律

大中小学生的心理认知发展具有一定的规律性。博大精深的中华优秀传统文化要真正被学生内化于心，在选择时必须遵循学生的心理认知规律，推进中华优秀传统文化与大中小学思政课教材的有机融合。因为学生的心理认知发展具有顺序性、不平衡性和阶段性特征，这是教育工作顺利开展不可忽视的规律。中华优秀传统文化的融入教育也不例外。顺序性表现为学生的心理认知发展具有一定的方向性和先后顺序，既不能逾越，也不会逆向发展。一般而言，学生的心理认知规律主要表现为从无意注意发展到有意注意，从机械记忆发展到意义记忆，从具体形象思维发展到抽象逻辑思维，从喜怒哀乐等一般情感发展到道德感、理智感、美感等高级情感。因此，中华优秀传统文化在思政课教材中的呈现必须随着学生年龄的增长而循序渐进。不平衡性表现为学生不同机能系统的发展速度、起始时间、成熟度等是不同的，并且同一机能系统在发展的不同年龄阶段有不同的速率。学习阶段是学生掌握知识和形成价值观的关键时期，思政课教育要抓住这一关键期，将中华优秀传统文化的精髓融入思政课教材，有效促进学生家国情怀的培养、社会关爱意识的养成和个人人格修养的完善。阶段性表现为学生的心理认知发展是一个逐渐地从数量不断积累到质变的过程。随着质变的出现，发展就会达到一个新的阶段。在不同的发展阶段，学生会表现出不同的特征，面临不同的主要矛盾和发展任务，而且各个阶段之间是相互联系的。这就意味着中华优秀传统文化在不同年级的思政课教材中所展现的内容难度、所要求理解的深度等都应是有所区别而又有着内在的逻辑性的。思政课教材要根据每一阶段学生的认知特点、心理成熟度等采取不同的呈现方式，组织不同的中华优秀传统文化内容，以通过富有针对性的教育使学生达到不同阶段的学习目标。此外，中华优秀传统文化博大精深，表现为语言、文学、艺术、史学、哲学等不同的形式，有些内容对于中小学生来说具有很大的理解难度，甚至对非中文专业的大学生也有一定难度。如果中华优秀传统文化内容的选取对于所有的学生都"一视同仁"，不仅不会发挥中华优秀传统文化对学生成长的促进作用，还会使学生对相关内容的学习产生反感。因此，中华优秀传统文化融入思政课教材需要根据学生的心理认知发展规律分学段、有序推进。

按照学生的心理认知发展规律，在大中小学的思政课教材中要分别按照不同的学习目标与要求编写与融入中华优秀传统文化的相关内容，使学生对不同的文化类型从产生兴趣，发展到理解认同，最终达到融会贯通。

小学阶段的目标主要是培养学生对中华优秀传统文化的亲切感。小学生思维发展还处于具体的形象思维阶段，但是机械记忆能力比较强。因此，可以在小学教材中编入一些浅显易懂的古诗文、历史典故等，通过配以生动有趣的插图引起学生的兴趣，引导学生通过阅读、背诵等形式了解中华优秀传统文化，掌握基本的礼仪规范，形成对民族、对国家的热爱之情。小学阶段可以适当加大学生对中华优秀传统文化中易于理解的名篇佳作的背诵量，这不仅可以充分利用小学生记忆力强的优势，而且可以为后续学习打下基础。

初中阶段的目标主要是增强学生对中华优秀传统文化的感性认识和理解力，并在价值认同的基础上形成一定的道德实践能力。初中生的抽象思维能力已初步形成，可以在思政课教材中渗透一些理解性的内容，引导学生在梳理中华民族悠久历史文化的基础上，独立发表自己对于中华优秀传统文化的见解，提高民族认同感和自豪感，并能够自觉践行爱国、诚信、勤俭等传统美德。

高中阶段的目标主要是增强学生对中华优秀传统文化的理性认识，形成文化自信、文化自觉，并进一步提高道德实践能力。高中生已具有较强的抽象思维能力，情感发展也趋于细腻与稳定。因此，可以在思政课教材中选编一些有深度的中华优秀传统文化的经典之作，广泛介绍中华优秀传统文化的不同艺术形式，使学生能够深入理解中华优秀传统文化的精神内涵，形成坚定的文化自信。

大学阶段，以提高学生对中华优秀传统文化的自主学习和探究能力为重点，培养学生的文化创新意识，增强学生传承弘扬中华优秀传统文化的责任感和使命感。高校思政课教师要结合教材内容融入一些中华优秀传统文化的重要典籍，通过讨论探讨并理解中华优秀传统文化的精髓，强化学生文化主体意识和文化创新意识，让学生深刻认识到中华优秀传统文化是中国特色社会主义植根的沃土，能辩证地看待中华优秀传统文化的当代价值，正确把握中华优秀传统文化与中国化马克思主义、社会主义核心价值观的关系。引导学生完善人格修养，关心国家命运，自觉把个人理想和国家梦想、个人价值与国家发展结合起来，坚定为实现中华民族伟大复兴的中国梦而不懈奋斗的理想信念。

第三节　将中华优秀传统文化融入思政课教学中

根据思政课教材内容找到与中华优秀传统文化的契合点进行有机融合，切忌生搬硬套，把知识教死。在思政课教学中要有机融入中华传统美德、家国情怀以及民族精神等教育内容。

一、融入课堂教学中

在课堂教学中融入中华优秀传统文化内容，教师需要合理选择诸如讲授法、演示法、参与式教学、情景教学等教学方法，充分发挥多媒体教学的价值，有效调动学生的积极性，提升学生的参与性，鼓励学生与教师互动，增强教学效果。不同学段的思政课在融入中华优秀传统文化时要结合学生的心理、认知规律，教材内容要有所取舍，尽力用好、讲活教材中的传统文化，教材中没有的可以结合上述标准去寻找挖掘。一般年龄小的学生，教师要多呈现实物、故事、图片、视频等具象化的传统文化，随着学生年龄的增长，可以增加一些经典文字、篇章等。教师选取中华优秀传统文化的原则要尽量贴近学生日常生活、学习、熟悉的人和物，多给学生感性感觉。这既有助于学生对教材内容的理解，又能帮助学生了解中华优秀传统文化的相关知识。教师在引经据典时，优美的语言表述可以营造一个诗情画意的意境，让学生体会到中华优秀传统文化的美。思政课的课堂教学环节大体包括复习旧课、导入新课、讲授新课、课堂小结、课后作业等。

（一）用于教学导入环节

教学导入设计的基本方法有以旧引新，衔接导入；以疑激思，设疑导入；以景激情，情感导入；以例启思，事例导入；角色扮演，活动导入等。课堂导入中，可以融入中华优秀传统文化内容，激发学生兴趣，为课堂教学的顺利进行开一个好头。如七年级上册《生命可以永恒吗》，教师可以用教材引导语中的传统文化："古人云：'水火有气而无生，草木有生而无知，禽兽有知而无义，人有气有生有知亦且有义，故最为天下贵也。'这段话的意思是说水火有气而没有生命，草木有生命但是没有知觉，禽兽有知觉而没有道义，人有气、有生命、有知觉而且有道义，所以天下人为贵。那么我们应该怎样看待自己的生命呢?"由此导入将要学习的内容,能给学生留有很大的悬念,使其想去探求为什么不同生命间人最为贵,原因、标准、评价等是什么?带着问题、悬念更容易激起学生的情怀,激发学生对问题探究的兴趣,让学生更加关注教材中的内容,够引导学生理解生命的贵重,相比于单刀直入地直接讲知识点更有效果。

(二)用于讲授新课环节

讲授新课是课堂教学的核心,此时融入中华优秀传统文化相关内容,能更深入透彻地讲解教材内容,提高学生的学习兴趣。如七年级上册《和朋友在一起》的讲解中,教师适时融入"布衣之交""车笠之交""莫逆之交""君子之交""八拜之交""竹马之交"的传统文化,古人关于朋友交往的不同观点和看法,让学生了解古代朋友交往的优缺点,探索同学之间如何相处,共同成长。教学有法,但无定法,贵在得法。每种教学方法都有其各自的特色和优缺点。案例教学法是教师根据教学目的和教学内容的需要,通过设置一个具体的典型案例,引导学生运用所学知识参与分析、讨论、表达等活动,让学生在具体的问题情境中积极思考,主动探索,以培养学生分析问题、解决问题、进行创新思维及实践能力的一种教学方法。以中华优秀传统文化为内容的案例引入思政课新课教学中,学生在阅读和讨论案例的同时,就对中华优秀传统文化进行了认知和掌握,不需要再单独抽出时间对中华优秀传统文化进行介绍和解释,节约了教学时间,提高了教学效率,运用了传统文化的熏陶、滋养作用。运用中华优秀传统文化进行案例教学,要使课堂案例教学与课堂理论教学高度契合。案例要选取原始资料,准确客观地还原传统文化的本来面貌。案例的内容要做到简洁精干、主题突出,不能篇幅过长,时间过长,避免增加学生课业负担,冲淡教学的重难点,影响其他教学活动的开展,做到合理利用与分配课堂时间。案例要具有很强的针对性和时效性,贴合学生心理认知规律、教育背景、知识结构和专业特长。

(三)用于课堂小结环节

课堂小结主要有归纳总结式、首尾呼应式、设疑深化式、师生对话式以及激励鼓动式等主要方式。一个精心设计的小结,不仅可以使学生的知识更加地系统化,还可以深化教学主题,起到"言有尽而意无穷"的作用,激发学生学习的积极性,触动学生内心的情感。在七年级上册《学习伴成长》小结时,教师选取适当的背景音乐,让学生集体朗读《少年中国说》,教师敏锐地抓住了教育时机,升华主题,从知识、能力到情感态度价值观上,关注学生的全面发展,让学生意识到其中蕴含的精神以及自己与国家的发展密不可分,鼓励学生从当下做起,努力学习,为国家的发展贡献一份力量。在九年级上册《凝聚价值追求》部分的小结时，教师利用板书给学生系统地归纳本节课所学的知识，简明扼要地帮助学生梳理中华优秀传统文化与中国特色社会主义文化的区别以及内在联系，让学生在巩固知识的同时，也产生对中华优秀传统文化的兴趣，关注其在当代的发展以及其时代价值。

（四）用于课后作业环节

教师可以通过布置中华优秀传统文化融入思政课的课后作业提高学生对教材内容的理解掌握。作业的布置既要注重思政课运用理论分析问题、解决问题的能力，也要注重学生对中华优秀传统文化内容的理解，精神的把握。教师在讲解作业时也要把精神内涵讲授放在与知识讲授同样重要的位置。学生在持续的作业过程中，不仅可以有对应的解题思路，举一反三，而且还能够在潜移默化中意识到中华优秀传统文化的魅力以及对于自己成长的价值，从而产生兴趣，坚定民族自信心。如《游子吟》表达了慈母、孩子什么样的情感？你的家人如何表达这种情感以及你如何表达对家人的这种情感？教师引导学生运用所学知识进行分析，帮助学生掌握知识的情况下体会到传统美德、家国情怀。如写一段话、一首诗或一首歌给父母，向他表达你内心最真实的情感，或是做一件孝亲敬长的事情，并写下自己的感悟。重在让学生身体力行，在生活中用心领悟中华优秀传统文化的力量，做中华优秀传统文化的践行者和传播者。

（五）用于主题班会教育环节

主题班会是班级教育活动的重要形式之一，也是对学生进行思想教育的一个有效途径。中华优秀传统文化融入思政教育的主题班会兼具教育性、知识性、趣味性，能使学生在相对轻松有趣的氛围中既接受了思想教育，又能了解、传承中华优秀传统文化。如设计"传优良家风，树家国情怀"的主题班会，可先由学生分享自己的家风、家训，听说过或看过哪些有名的家书、家训，然后组织学生讨论良好的家风、家训有什么意义，再扩展到班风、校风以及家国关系上，通过教师引导学生参与，最后让学生明白良好的家风、家训是培养人才的基础，如果每个家庭成员都能传承并发展良好的家风、家训，那么，良好的家风、家训可以形成社会公德力量，净化社会风气，促进社会沟通，构建社会和谐关系，这对于国家发展来说是一种稳定的力量。

二、融入实践教学中

学习是成长进步的阶梯，实践是提高本领的途径。学生在课堂教学中学到的相关知识毕竟是书本上的，要加深学生对中华优秀传统文化的认知和感受，还需要通过开展各种校内外实践活动来达到这一目的。思政课的实践活动包括校内实践活动和校外实践活动，学生通过参与各式各样的实践活动，可以活跃校园生活，丰富学生的精神生活，锻炼学生的自理自立能力，培养团队合作精神和社会责任感，提升学生的综合素质，落实立德树人根本任务。

（一）通过传统节日开展实践教学活动

我国的传统节日源远流长，绵延数千年，在历史发展进程中，以其丰富的文化内涵融入了人们的日常生活和精神世界。中华传统节日清晰地记录着中华民族丰富多彩的社会文化生活内容，凝结着中华民族最为普遍的情感和信念。传统节日活动是学校利用春节、清明节、端午节、中秋节、重阳节等传统节日开展的中华优秀传统文化的实践教育活动。通过庆祝中华民族的传统节日，加强对学生的传统节日教育，增强其民族自豪感和文化认同感。中国的每一个传统节日都凝聚着民族的智慧，有着丰富的内涵，蕴含着积极向上的道德追求和丰富的价值观念，要让学生明白这些节日的由来以及其背后所蕴含的深刻内涵。

1. 开展节日纪念活动

重大节庆日除了春节、元宵节、清明节、端午节、七夕节、中秋节、重阳节等传统节日外，还包括孔子诞辰纪念日、老子诞辰纪念日等。学校要深入挖掘传统节日、各种重要纪念日中蕴藏的丰富教育资源，将这些教育内容和中华优秀传统文化相结合，对学生进行引导教育。此外，三八妇女节、五一劳动节、五四青年节、六一儿童节等大型节庆日，在庆祝时也要适时融入中华优秀传统文化，将使学生在了解原本节日意义的同时，能够加深对中华优秀传统文化的了解以及节日习俗的了解和传承。如春节是中华优秀传统文化的重要载体，代表着新的开始和新的希望，是中华民族最隆重最盛大的传统节日，有守岁、贴春联、放鞭炮、吃饺子、拜年等习俗。元宵节和汉朝的诸吕之乱、祭祀、佛教有千丝万缕的联系，有赏灯、吃元宵的习俗，各朝各代在元宵节都要放假，男女都可以上街观灯游玩。清明节的由来需要了解上巳节和寒食节，有插柳、扫墓、踏青、吃青团的习俗。端午节不只是和屈原有关，还和伍子胥、介子推、越王勾践、曹娥等有关系，有吃粽子、赛龙舟、挂五彩绳、插艾的习俗，是第一个入选世界非物质文化遗产的节日。七夕节又被称为乞巧节、女儿节，是女孩祈求心灵手巧的节日，由于牛郎织女的爱情故事，被称为中国的情人节。中秋节则是以月圆象征人的团圆，同时还有文人墨客以月圆来表达自己的思乡之情，也表达古人对自然的亲近和喜爱之情，中秋节有吃月饼、赏月的习俗。和月亮有关的科学知识如潮汐、月食、引力等也要讲给学生。重阳节有登高、插茱萸、喝菊花酒的习俗，因为"九"和健康长久的"久"谐音，又被称为老人节。以上传统节日除了元宵节外都已经成功申请世界非物质文化遗产。带学生进行中华优秀传统文化活动时，必须要让学生了解到每个节日背后都包含了古人的殷切期盼。现代的节日也可以融入中华优秀传统文化的内容。如三八妇女节时可以回顾中国古代妇女的生活和地位，三从四德对中国古代妇女的束缚，孔雀东南飞中的刘兰芝无辜被公婆驱遣，裹脚对妇女身体的摧残等情景来比照新时代的妇女们拥有自由、平等的工作、生活权利。植树节可以追溯到西魏、北周时期一个名叫韦孝宽的将军在路旁植树代替计算道路里程的土台。还和清明插柳植树有联系。现代和植树造林，保护环境息息相关。五一劳动节可以让学生诵读《悯农》，弘扬"劳动最光荣"的思想，开展以此为主题的演讲、征文等，让学生养成热爱劳动的习惯。五四青年节可以联系古人霍去病、孙权、周瑜、王勃等青年有为、有责任担当的事例，鼓励学生要以"天下兴亡，匹夫有责"的精神去努力学习。在庆祝节日的活动中，让学生深刻体会到传统节日的生命力、凝聚力、创造力，传统节日包含的民间风俗、饮食文化、诗词歌赋等文化内涵，蕴含积极向上的道德追求及丰富的价值观。如王安石的《元日》写春节；辛弃疾的《青玉案·元夕》写元宵节；杜牧的《清明》写清明节；苏轼的《浣溪沙·端午》写端午节；杜牧的《秋夕》佚名的《迢迢牵牛星》写七夕节；张九龄的《望月怀古》写中秋节；王维的《九月九日忆山东兄弟》写重阳节等。

2. 开展节日实践活动

让学生参与到节日活动中去，走进历史长河，感受传统节日魅力。春节时可以组织学生开展写春联、贴春联、剪窗花、送祝福等活动；元宵节时可以进行煮汤圆、赏花灯、猜灯谜等活动；清明节时带着学生参观烈士陵园或抗战遗址，也可以通过网上祭英烈活动，搜集资料，撰写心得；端午节带领学生包粽子、诵读《离骚》、编花绳，有条件的话还可带着学生参加或者观看赛龙舟活动；中秋节带着学生学习制作月饼、和家人赏明月、带着学生去农村参加秋收劳动；重阳节可以开展出游赏菊、登高望远、带着学生去敬老院开展志愿服务活动等。

（二）通过礼仪教育开展实践活动

中华民族自古就有"礼仪之邦"的美誉。"礼"是中华民族的突出精神。好礼、守礼是中国人民自古以来遵循的处世原则，孔子提出："不学礼，无以立。"（《论语·季氏》）孔子对学生的基本要求就是要学礼，这是做人的基本准则。从中国古代开始，社会就以"礼"来约束和规范人们的行为。而各种礼节、仪式、礼貌就是"礼"的外在表现形式。在学生中开展礼仪教育活动，可以提升学生的文明礼仪素养。

1.加强学生的仪式教育，增强仪式感

中国古代有许多仪式，最早的仪式就是祭祀礼仪，还包括祭孔大典、出生仪式、婚嫁仪式、丧葬仪式、祭奠仪式等，这些仪式最早起源于原始宗教和图腾。在学校让学生通过参加各类仪式，规范学生在不同场合的规矩意识，由此可影响到学生的思想观念、政治立场、价值观念。如校庆仪式、入学典礼、毕业典礼、运动会入场仪式、升旗仪式、上下课仪式等。在对学生进行仪式教育时，要去除功利色彩浓厚、形式主义严重的仪式规范的不良影响。

2.加强学生的礼节教育

礼节属于个人礼仪，是人们对他人尊重的表现形式，包括个人在公共场合的举止、衣着等。中国古代礼节中既存在需要我们抛弃的腐朽之物，也包含着伦理道德的因素，对提高中华民族的素质大有裨益。像一些基本礼节，如"父母呼，应勿缓""父母教，须敬听""出必告，反必面"等，可以原封不动传承。一部分可以经过现代化的转化后传承下去。比如磕头、拱手现在一般用不着了，但鞠躬、问候仍然是现代礼节的常用方式。

（三）通过参观考察历史文化遗迹进行实践教育

学校可以带学生去当地的历史文化遗迹开展实践教学。如民俗博物馆、历史名人纪念馆等，如果有条件，还可以带学生去外地的历史遗迹参观。通过参观这些历史遗迹，可以让学生对中华优秀传统文化的认识不仅局限于书本与屏幕上，从而开阔视野，更好地了解历史和传统文化，了解古代劳动人民的勤劳、勇敢、智慧。

（四）通过传统文化的研学旅行进行实践教学

古语说："读万卷书，行万里路。"先秦时期的孔子、墨子、庄子、韩非子等人，都是著名的游士。2016年教育部印发了《关于推进中小学生研学旅行的意见》。研学旅行是具有计划性、目的性的学校正式教育活动。研学旅行要与学校课程、德育体验、实践锻炼有机融合，在组织学生进行研学活动时，可以将中华优秀传统文化融入进去，培养学生热爱自然、热爱祖国大好河山、了解悠久历史文化、陶冶情操、养成躬行的意识，引导学生将书本知识和生活经验相融合，实现知行合一。

（五）通过宣传传统文化的活动进行实践教学

如组织说唱比赛、情景剧表演、排练历史情景剧、开展主题讲座、举行传统文化优秀作品展等；阅读优秀经典图书，观看优秀传统文化经典视频，写出读

后感或观后感等，使学生在活动中感悟、认同中华优秀传统文化的价值，进而提高自身的思想道德素养和传统文化素养。大学思政课教师可以组织实施文化调查活动和研学旅行活动，还可以让大学生利用寒暑假进行中华优秀传统文化调研，并写出调研报告等。这些活动让学生把教材内容、课题所学理论与社会实践活动相联系，在社会实践的过程中感受前人所经历的艰辛，以及他们非凡的智慧，学习他们不屈不挠、永不放弃的精神，吸取历史中的经验教训，更加奋发、积极地参与到弘扬、创新中华优秀传统文化中。再如思政课教师可以与社区联系，组织学生志愿服务活动，如进社区宣传中华优秀传统文化、去敬老院与老人聊天了解前辈们理解的中华优秀传统文化等，通过参与体验，深度感悟，定能触动人心。充分利用互联网等媒介进行中华优秀传统文化教育，把有关优秀传统文化的视频、图书、图片等放在专门的网站上，方便学生学习。在学生共青团、党员、社团组织活动中进行优秀传统文化教育。如设计以优秀传统文化为主题的论坛、晚会、演讲、朗诵、讲座、征文等方式，使学生在寓教于乐中学习优秀传统文化。

（六）实践教学重在体验中华优秀传统文化

通过开展各种校内外实践活动，体会中华优秀传统文化中的思政元素。在中小学校内开展诗词比赛、经典诵读、书法绘画展等传统文化展示活动。在校外参观古刹、寺庙、博物馆、古建筑、古民居等实践活动。在"3·15"开展诚信教育活动。开展重要历史事件和历史人物纪念等主题教育活动。在这些活动中融入中华优秀传统文化元素，使学生受到更生动直观的教育，让学生更能深切理解、感受和体验中华优秀传统文化的韵味和魅力，能进一步加深学生对中华优秀传统文化的理解，体验其中的家国情怀、民族精神、人文精神等，能更好地将其内化于心、外化于行。目前，这些实践活动的开展在中小学十分普遍，内容丰富多彩，收到了很好的教育效果。

将实践活动与理论教学结合起来，学生在学科课程和校本课程中感受到的中华优秀传统文化教育更加直观鲜活，进一步加深学生对这些知识的理解和体验，使学生在参与中增强对中华优秀传统文化的认同感和获得感。学生在实践活动中陶冶心灵，深刻感悟，逐渐成为中华优秀传统文化的传播者、实践者和推动者。

第四节　将中华优秀传统文化融入校园文化环境建设中

一、营造中华传统文化氛围的校园环境

校园文化环境是一个学校办学精神和氛围的集中体现,将中华优秀传统文化融入思政课不能只局限于课堂之内,还可以借助校园环创、学生社团等形式营造良好的文化环境氛围来促进中华优秀传统文化的弘扬,以此感染学生的心灵。墨子说:"染于黄则黄,染于苍则苍。"(《墨子·所染》)孟子说:"近朱者赤,近墨者黑。"(《孟子·滕文公下》)。刘向说:"与善人居,如入芝兰之室,久而不闻其香;与恶人居,如入鲍鱼之肆,久而不闻其臭。"(《后汉书》)这些都在说环境可以塑造人,改变人,影响人。因此,要不断完善与中华优秀传统文化相关的校园文化环境建设。中华优秀传统文化历来也重视外在环境对人道德品质的熏陶功能。因此,要善于把中华优秀传统文化元素融入校园文化环境的建设之中,以中华优秀传统文化中的思政元素熏陶在校学生,增强对学生思想的渗透力和感染力。

因此,思政课教师要结合本校实际情况,围绕中华优秀传统文化开展学校文化环境的构建,使其融入学生的学习和生活中。校园文化环境被称为学校的隐性课程,具有润物细无声的教育作用。校园环境的布设、学校氛围的营造,能够对学生起着潜移默化的教育影响。通过开展校园文化环境建设对学生实施中华优秀传统文化教育,将中华优秀传统文化融入校园的物质环境中,进而引申到学校的精神文化、制度文化以及行为文化之中,全方位营造浓厚的中华优秀传统文化氛围,让中华优秀传统文化的精髓深入学校文化环境的内核,使学生耳濡目染、身心浸润,每时每刻都能感受和体会到中华优秀传统文化的滋养,从而厚植中华优秀传统文化底蕴,培育中华优秀传统文化素养。

二、营造中华传统文化校园环境的途径

校园中的一砖一瓦、一草一木都能影响学生的身体发育和心理健康,可以说校园环境对学生的成长有着特殊的教育功能,能促进学生身心的健康发展,要善于利用中华优秀传统文化建设校园文化环境。中华优秀传统文化元素融入校

园文化环境的建设要由上到下系统展开，在办公区、教学区、宿舍区、活动区等合适之处布置传统文化内容。

利用中华优秀传统文化要素合理规划校园布局。学校的规划设计要突出中华优秀传统文化的文化氛围、学术氛围和艺术氛围，创设规划、景观、建筑于一体的优美育人环境。在规划校园景观建设时，可考虑在校园合适的场所镌刻传统格言、树立先贤雕像、修建历史名人铜像等。利用中华优秀传统文化体现学校的教育理念，可以在学校的宣传窗、阅报栏、黑板报、广播站、团队活动室中设置中华优秀传统文化的内容或板块。宣传窗和黑板报可以设置一个传统文化的板块，校园广播可以专门留有一个传统文化专题的时段。此外，可利用中华优秀传统文化培养良好的教风。教风是教师在教育过程中形成的态度和习惯。教风是教师履行职业精神、专业素养、人格魅力的主要因素。利用传统文化加强教风建设，就是利用中华优秀传统文化来增强教师的专业素养、人文素养和个人魅力，这种培养不是针对教师个人的，而是教师集体。良好教风的形成不是靠个人而是靠集体，好的教风的形成能感染到学生，从而形成良好学风。因此，教风建设是学风建设的核心。良好的学风也离不开中华优秀传统文化的熏陶。学风是学生对待学习的理念、态度所形成的一种主流风气。博大精深的中华优秀传统文化中包含许多道德规范、学习态度、学习方法，在进行学风建设的过程中，学校和教师可以凭借中华优秀传统文化进行正面引导，加强对学生组织的管理，促进各项文化活动的有效开展。良好的学风是形成良好校风的关键。学校的教风、学风、校风是校园环境的重要组成部分。

历史名人画像及其名言名句也可以挂在学校适当的位置，便于学生随时观展。学校校徽的设计也可结合本校实际情况融入传统文化元素。利用中华优秀传统文化精心设计教室的布局。教室是校园环境的一个重要组成部分，一个和谐、温馨的教室环境，可以陶冶师生的情操，增强学生学习的积极性。在教室两侧可以悬挂古代名人的名言警句以增强学生的道德与法治观念。精心设计班级板报。板报可以设计传统文化思想政治教育小知识的栏目，大家一起学习中华优秀传统文化、增强思想政治教育素养。教室可以设立一个经典书架，放一些古代经典书目，让同学们课余时间能走进古人的世界，增长知识和见闻。可以在图书馆专门设置一个中华优秀传统文化读书阅览区域，并以一定的传统文化元素进行装饰，让学生喜欢上那里，喜欢上中华优秀传统文化。

第五节　加强中华优秀传统文化课程建设

中华优秀传统文化校本课程的开设可以使学生接受较为专门化、系统化的中华优秀传统文化教育，是对思政课渗透途径的有效辅助和补充。

一、中华优秀传统文化课程建设提上日程

进入新时代以来，中华优秀传统文化在学校教育中开始复兴。教育部在《完善中华优秀传统文化教育指导纲要》中强调："充分发挥中小学德育课和高校思想政治理论课的重要作用，促进思想政治教育与中华优秀传统文化教育的紧密结合。"《中华优秀传统文化进中小学课程教材指南》中也明确指出，思政课是"开展中华优秀传统文化教育的核心课程"，这个阶段对"在大中小学循序渐进、螺旋上升地开设思政课非常必要"。按照青少年成长、成熟、成才循序渐进发展的规律，要求每一个阶段的思政人不仅要守好自己的责任田，还要做好上下衔接、前后照应的接续传导，这样才能把大中小学几个阶段都铺陈好。2020年底，教育部成立了大中小学思政课一体化建设指导委员会，不同学段的思政课一体化建设进入高质量发展的新阶段，中华优秀传统文化融入不同学段思政课教学也进入一体化建设时期。

二、加强中华优秀传统文化课程建设的路径

在实践中，学校开展中华优秀传统文化课程一般有两种主要途径，有条件的学校专门开设中华优秀传统文化课程，条件不成熟的学校在学生日常学习的课程中融入中华优秀传统文化相关内容。前者称为显性教育，后者称为隐性教育。目前很多学校都开发建设了自己的中华优秀传统文化教育校本课程，并取得了较好的教育效果，以此形成自己的办学特色，表明了这一路径的可行性。中华优秀传统文化校本课程的建设，要立足本校具有的资源优势、师资力量和基础条件来进行，因地制宜、因势利导地开发中华优秀传统文化校本课程，这样才能保障课程的顺利实施和长久持续。然而，在实践中也出现了以下的情况。由于不具备师资条件，多数学校没有开设专门的中华优秀传统文化课程。还有些学校不顾自身实际情况，贪多求大，盲目开设课程，往往因师资匮乏、经费短缺半途而废，虎头蛇尾，使得所开发的课程无法进行下去。

中华优秀传统文化课程建设的内容选择要依据马克思主义的世界观、人生观、价值观，选择其中的精华部分作为融入思政课的标准。思政课融入的传统

文化内容要以当今社会发展需要为导向,考虑到学生正在学习阶段的认知水平、学习特点、接受能力,选择适合学生学习的中华传统文化内容,保障中华优秀传统文化融入思政课的质量,才能真正落实立德树人的根本任务。融入的内容既可以是契合思政课内容的名人名言警句,也可以是契合思政课内容的诗词歌赋、传统文化故事,还可以是契合思政课内容的文物建筑、园林山水。

第六节 加强网络上中华优秀传统文化建设

在这个无人不网、无处不网的时代,学校要充分利用网络载体,充分利用学生喜欢网上冲浪的特性,科普提高学生的中华优秀传统文化素养,同时达到思想政治教育的目的,落实立德树人的根本任务。学校可以建立自己专门进行中华优秀传统文化思想政治教育的网站,综合利用文字、图片、音像、音频、重要相关网站链接等形式,开展中华优秀传统文化思想政治教育活动,探求中华优秀传统文化与现代生活的衔接,用丰富多彩、形式多样的线上中华传统文化思想政治教育内容来吸引学生的参与、增强学生的学习兴趣,从而达到理想的育人效果。

一、规范学生上网行为

教会学生网络自律,让其明白自己是网络的主宰者,不是网奴,不被网络牵着鼻子走,不在网络上迷失自己。可以在线上召开主题班会,引导学生展开思想讨论,提高学生分辨是非的能力,让学生辩证地看待网络。由于中小学生自制力有限,学校应该通过过滤技术或软件,对中小学生实行上网限制,将网络上健康、规范的网站链接到校园网上,从而避免网络上不良内容对学生的影响。

二、有效利用网络平台学习

当今网络环境下,学生的学习方式、生活方式发生了巨大改变,必须善于抓住新时代学生的特征进行有针对性的教学。充分利用超星学习通、钉钉、腾讯会议、对分易、在线课程等网络平台,既可避免课堂教学的不足之处,又能精准地将中华优秀传统文化融入思政课,弥补当代学生对中华优秀传统文化认知不乐观的现状,增强学生对中华优秀传统文化的认同感和自信心。如课堂上可以在网络平台发布关于中华优秀传统文化的资料和小视频,调动学生的积极性。

学生不懂的可以反复点击资料和视频观看学习，或者还可以留在课后讨论，充分利用好线上线下时间。也可以利用好微信这一平台来弘扬中华优秀传统文化。微信是学生最主要的交流联络媒介，可以通过创办公众号、制作微视频、推送小文章等方式，让学生在课后闲暇时间不知不觉地接受中华优秀传统文化的熏陶，节省课堂授课时间，提高学习效率，还可以形成网络互动，及时解决学生的疑惑和不解，实现立德树人的根本任务。

（一）网络上文化类节目的学习

师生可以利用碎片化的时间在微博、学习强国等网络平台上观看相关内容的节目。如甘肃卫视2014年推出的综艺节目《大国文化》，山东卫视推出旨在弘扬中国刀文化的大型活动《天下第一刀》，中央广播电视台、国家语委2013年推出的大型原创文化类电视节目《中国汉字听写大会》，中央广播电视台2014年4月推出的原创形态的电视节目《中国成语大会》。之后，中央广播电视台自主研发了大型演播室文化益智节目《中国诗词大会》，各地还相继推出了《中国谜语大会》《传承的力量》《朗读者》《主持人大赛》《舌尖上的中国》《上新了·故宫》《神奇的汉字》《阅读·阅美》《儿行千里》《国家宝藏》等节目。电影如《李时珍》《张衡》《天下第一》《八旗子弟》《红楼梦》《王勃之死》《柳如是》《大明劫》等。电视剧如《诸葛亮》《红楼梦》《王昭君》《唐明皇》《孔子》《杨家将》《东周列国·春秋篇》《水浒传》《关汉卿传奇》《贞观之治》等。师生在观看的过程中，不仅增强了对于中华民族文化的了解，还能够从不同视角学到中华优秀传统文化。如《主持人大赛》中关于传统建筑的解读：传统建筑不仅仅是屋檐木梁，更在向我们讲述着国家、民族和人民的动人故事；建筑收藏着家族的记忆、民族的记忆；古建筑保留最多的省份——山西；守护它们以及它们所承载的民族文化，需要无数人的努力。通过一些真情实感的画面，教师能够领悟到传承弘扬中华优秀传统文化是使命所在。此外，教师还可以从公益广告、宣传片中学习，如《让好传统流行起来》《学诗学礼传承家风》《一双筷子》《传统文化艺术的传承之旅》等，通过公益宣传片的学习，把传统文化与时代特色相结合，创新中华优秀传统文化。

（二）公众号内容的学习

关注与中华优秀传统文化相关的公众号，公众号的学习主要有两种，即一般性公众号和校园公众号。可以推荐学生关注中华优秀传统文化传承创新研究院、中华书局传统文化教材编辑部、国际儒学联合会、中华思想文化术语、国学宝藏大讲堂、南老师文化堂、论语读书会、道德经集等高质量的一般性公众号，间歇性学习相关知识。有条件的情况下也可以在学校公众号内进行学习，如某中学公众号在 2019 年 12 月 24 日推出一篇题为"弘扬传统文化,传承中华文明"的文章,其中讲述了弘扬中国传统文化,过中国人自己的传统节日,分别介绍了从春节、中秋再到重阳等节日的文化传统以及其蕴含的精神内涵、文化意义。通过公众号的学习,教师不仅增长了知识,也可以依托节日把其转化为教学资源,抓住教育时机,让学生明白中国不缺节日,中国的节日更不缺底蕴。

第八章 中华优秀传统文化融入思政课的发展趋势

第一节 思政课与大思政课

2021年两会期间，习近平同志提出："思政课不仅应该在课堂上讲，也应该在社会生活中来讲。""'大思政课'我们要善用之，一定要跟现实结合起来。上思政课不能拿着文件宣读，没有生命、干巴巴的"。2022年4月25日在中国人民大学考察时又提出"思政课的本质是讲道理"的重要论断等。习近平同志的这些新要求为新时代办好思政课指明了方向，是思政课目前的发展趋势。而中华优秀传统文化融入思政课的发展趋势就是将中华优秀传统文化赋能到大思政课的方方面面，为上好吸引学生的、生动的、鲜活的思政课增砖添瓦。

"大思政课"首先是思政课，是思政课的新形态，而不是在思政课以外构建别的课程，其出发点和实质都是为了上好思政课。因此，"大思政课"一定具有思政课的属性和要求，是围绕思政课建设进行改革创新。"大思政课"同传统思政课相比，最突出的特点就是"大"。"大思政课"要在"大"上做文章，正确理解"大"字非常关键。我们可以借鉴毛泽东的一句话。1942年5月30日，毛泽东在鲁迅艺术文学院对学员讲话时就曾从学习途径的角度指出："你们现在学习的地方是小鲁艺，还有一个大鲁艺，还要到大鲁艺去学习。大鲁艺就是工农兵群众的生活和斗争，广大的劳动人民就是大鲁艺的老师。"

以此来理解"大思政"的"大"就是把思政课讲在社会生活的方方面面。"大思政课"的"大"不是指课堂规模的大小，而是指宏大的时代、鲜活的实践、生动的现实，注重社会各方力量的参与、横向范围的辐射。如果说思政课是学校小课堂的话，那么"大思政课"就是社会生活的大课堂。由此，我们可以把"大思政课"的核心点概括为：思政小课堂与社会大课堂的结合。这一结合使思政课从内涵与外延、内容与形式、纵向与横向、时间与空间、线下与线上、显性与隐性等各方面向社会拓展,"让思政课与现实紧密结合、与实践充分互动、与时代同频共振"[1]。这一结合不是淡化思政课小课堂,另外建构社会思政大课堂。思政课还不能仅局限于学校小课堂,要充分利用好社会资源和社会力量,形成思政育人的协同效应,巩固学校思政课的成效。总之,实施"大思政课"的目的还是为了上好思政课,为思政课服务,通过"大思政课"更好地把道理讲深、讲透、讲活。2022年7月,教育部等十个部门印发了《全面推进"大思政课"建设的工作方案》。为了深入贯彻落实习近平同志关于"大思政课"的重要指示精神,加快构建"大思政课"工作格局,2022年8月,教育部会同有关部门联合公布了首批453家"大思政课"实践教学基地。

第二节 由融入向赋能转化

一、融入的理解

融入是一个过程性的动词,指一事物加入另一事物之中,融合在一起成为一个整体。融入还有主次之分。将中华优秀传统文化融入思政课,就是在大中小学思政课教育教学过程中,从中华优秀传统文化中选取相契合的具有思想政治教育元素和启迪意义的内容,如典故、格言、成语故事、名人名言等,运用恰当有效的方式来佐证或论证思政课教材内容,使学生更易接受和理解思政课教材内容,让学生从中受到启发而自觉严于律己,培养高尚品格,养成良好的行为习惯,自觉认同并践行社会主义核心价值观的要求。二者的有机结合,既能传承和弘扬中华优秀传统文化,又可以达到良好的立德树人育人效果。

需要注意的是:中华优秀传统文化作为一种要素融入思政课教学活动中,融入后中华优秀传统文化不是思政课中独立的一部分,而是与思政课紧密地交融在一起的整体,使立德树人的根本任务落实得更有效果。在融入过程中占主体地位的依然是思政课本身,思政课的教学目标和立德树人的根本性质没有变化,但是,教学方式、方法、理念因中华优秀传统文化精神和要素的融入需要进行更新、创造。

---

[1] 齐鹏飞. 善用"大思政课"[N]. 人民日报,2021-03-19(9).

二、赋能的理解

(一) 赋能的概念

赋能由英文单词empowerment、empowering、enabling翻译而来,国内译法也不唯一,有时也译为"增权""增能""赋权""充权""强化权能""激发权能""授权赋能"等。赋能的概念最早由美国学者Barbara Solomon在其1976年出版的著作Black Empowerment: Social Workin Oppressed Communities中提出。Barbara Solomon还指出,要解决非洲裔美国人族群不公正待遇问题,必须以"赋能"理论作指导,增强他们在社会工作中的权力。20世纪70年代末,Kneter从组织领导的视角提出以推动赋能为中心的领导新方式,给予员工更多的权力和机会。20世纪80年代后期,Conger和Kanungo以自我效能为基础,从心理学的视角提出,不仅要赋予特定人群权力或资源,还要增强他们的自我效能感。20世纪90年代以后,"赋能"理论渐成显学,在社会学、教育学、心理学等学科领域产生重要影响。迄今为止,"赋能"的概念广泛用于贫困或弱势群体改善境遇的相关研究,包括贫困治理中的给贫困者赋能,护理实践中调动患者的主观能动性,旅游领域中对旅游社区的赋能等。总之,"赋能"在内涵上大体包括外部增权、内部增能两个方面,以内部的权能激发为主。如果说"赋能"以特定群体"失能"为前提,那么"赋能"的核心要义在于提高"失能者"主动改变现状的意愿和能力。

(二) 赋能的种类

有三种代表性的观点:结构性赋能(Structured empowerment)、心理赋能(Psychological empowerment)、领导赋能。

1. 结构性赋能

结构性赋能是指要营造充分授权赋能的组织氛围和授权赋能制度体系的建立,这种观点的基本假设是组织社会结构对员工行为的影响远大于员工个性特征的影响。这样的组织社会结构包括信息的享用权、接受的支持、资源享用权、学习和成长的机会,重点是必须授予员工自我做出决断的权力。结构性赋能相对忽视员工的感受,因而具有局限性,这引发了对员工心理授权赋能的研究。

2. 心理赋能

心理赋能从心理学视角对员工的授权赋能进行研究,认为工作和组织社会结构会对员工产生影响,但只有组织结构能够对员工的动机产生影响并能提高其自我效能感时才能产生有益的结果。Conger和Kanungo依据Bandura提出的自我效能感概念,得出授权赋能可以提高员工的自我效能感,从而使员工感觉到自己能够胜任工作。Conger 和 Kanungo 提出了一个五阶段授权赋能模型，即诊断员工感到无权的原因、管理者改变导致无权的状况、为员工提供自我效能感信息、员工感受到被授权和其行为效果。Thomas 和 Velthouse 在 Conger 和 Kanungo 观点基础上，从认知对员工工作内在动机的影响来研究授权赋能，提出了一个授权赋能的认知模型。他们认为，从认知的视角来看，内在动机包括 4 个评估任务变量：影响力、能力、价值及选择，并描述了员工达到这些标准的认知过程。

3. 领导授权赋能

领导授权赋能是从领导学的视角来研究授权赋能，授权赋能的含义也从把权力授权其他人变为领导如何让员工拥有权力并提高其能力，以改变工作场合的关系。领导者的举动像教练一样，帮助员工解决难题，提高能力，使员工的责任感增强。通过这种方式，使下属对他们的领导更加满意，并且认为他们是公平的，因而实现上级的期望。Burke 认为，领导者通过提供一个清晰的方向为员工授权赋能，但不是任何方向，而是包括一个较高的目的、一个有价值的目标、一种理念，并且要求集体的共同努力。他也建议通过聪明而令人兴奋的观念及鼓励员工承担有难度的挑战作为激励员工的授权赋能战略。

三、文化赋能

对于社会成员而言，文化习得既是一个客观的自然过程，又是一个主观的建构过程。因而，文化对于任何一个个体都具有赋予其生存能力和价值判断的作用。文化赋能是围绕提升人的文化素养，通过价值观念、知识方法、制度安排、社会舆论和生活经验等方面，给予社会个体生存和发展能力的过程。

（一）价值观念

价值观念是人们通过认知活动在头脑中形成的高度抽象的概念与思维逻辑，是个体进行意义识别和判断的主观依据，体现了主体对客观事物发展规律的理解、把握，以及基于自身需要和追求的意志选择。价值观念既是一个文明体的灵魂所在，也是一个历史积淀和发展演进的过程，从中华文明"讲仁爱、重民本、守诚信、崇正义、尚和合、求大同"的价值传承，到中国特色社会主义文明"富强民主文明和谐、自由平等公正法治、爱国敬业诚信友善"的社会主义核心价值观表达，体现了中华民族一脉相承、生生不息的精神境界和不懈追求。

文化赋能从根本上要着眼于价值体认，即促进个体基于自身学习和生活实践基础上的价值认同。宗教将人的现实世界与神的想象世界分开，形成一个彼岸的超验价值，并以此构建精神共同体。唯物主义以实践为出发点，从对客观世界的规律认识中不断总结历史经验，升华价值目标。因此，文明社会必须从社会生活的各个方面促进价值体认。中国特色社会主义文明建设，尤其要注重个体实践理性的培育，通过社会生活中的共同价值体验和新时代文明实践中心的价值形塑，促进人们树立自我实现的正确方向和人生目标。

（二）知识与方法

知识与方法是人们在文化习得中的重要内容，两者是"鱼"与"渔"的关系。人类文明演进的过程得益于知识的积累，受益于方法的不断创新，两者相互促进，使人的智识和能力不断提升，成为人类文明进步的阶梯。因而，文化赋能要将知识和方法的传承与创新，作为永恒的主题。

着眼于未来发展的文化赋能，需要建构融合的知识观和方法论，不断丰富和完善人类知识图谱，借助于认知方法和技术手段的创新，尤其是人工智能的发展，实现新的知识飞跃。文化赋能不仅需要提升人的文化精神与追求，而且需要提升科学精神和知识的运用能力。

通过高校、科研机构与企业的融合，可以加快知识转移的速度，提升知识运用效率。同时，通过构建文化社群共享平台，促进个体"转识成智""以智创效"，激发社会成员的创造活力，正在成为社会价值与财富共建共享的经济新形态。

（三）制度安排

人类社会文明进步加速的重要推手在于教育制度的确立。教育既是文化传承的实现方式，又是推动文化创新的力量积蓄。文化赋能的根本方法在于教育，确立以教育为核心的促进文化传承与发展的一系列制度安排，既是文化赋能之应有内涵，也是文明发展之成果体现。

人类社会进入知识经济时代，终身教育成为越来越多国家教育制度改革的方向。文化赋能对于个体对象而言是一个需要终身实践的过程，国家在作出制度安排的同时，还要引导社会成员树立终身学习的意识和自觉，促进每个人不断适应时代的变革和知识的更新，实现知识代际传承与反哺的良性互动。

（四）社会舆论

社会舆论是与人类文明发展相伴相生的一种文化现象，表现为人们关于某一特定认识对象的各种不同意见的集合。与制度安排在文化赋能中所具有的刚性作用机制不同，社会舆论所起到的是一种基于社会成员意见表达的弹性机制。这种弹性或柔和或激烈，或脆弱或坚韧，在不同情境下对社会产生的作用有所不同。舆论作用不仅在于对文化赋能个体过程中施加影响，而且在于对国家治理所产生的民意进行引导。"舆论导向正确，是党和人民之福；舆论导向错误，是党和人民之祸。"因此，文化赋能必须把握好舆论导向这一方向舵，使文化赋能的过程成为强信心、聚民心、筑同心的育人实践。

（五）生活经验

人作为文化的承载主体，总是生活在一定的社会空间，并通过与他人的交往形成各种社会关系。无论是城市还是乡村，无论是实体空间还是互联网构筑的虚拟空间，都会让生活在其间的社会个体通过感知和体会，形成生活经验，在习得文化范式的同时，也创造着个体的文化表达。生活经验既是文化认知的实践基础，也是在特定文化关系中对个体社会角色的塑造。因而，文化赋能离不开生活经验对个体的形塑，尤其是激发个体灵感与创意的直接生活体验。

文化赋能不是脱离生活的理想教化，而是融入生活的文化实践。文化的力量就在于"百姓日用而不觉"。只有将文化的基因注入现实生活，成为个体生活实践的内在精神力量，才能在真正意义上实现文化赋能。面对面的体验是社会生活不可替代的元素，要从打动人心的生活细微处入手，将价值观念、思想内涵、文化审美、道德良知等寓于其间，润物无声、浸入心田，将文化赋能转化为人们追求美好生活的体验。从促进个体生活融入的意义上讲，新时代文明实践中心的功能就在于增强人们对这种生活的感知和体验，并成为个体的生活经验。

总之，文化赋能的要义就在于围绕人的精神建设，从满足、引导、激发人的内在需要入手，多维度地系统构建社会服务和治理机制，将国家强盛、民族复兴、人民幸福的愿望统一于文化力量的构建之中。

文化赋能包括四种途径，即继承，把文化基因传下来；融入，让文化要素活起来；创新，促文化新脉长起来；传播，推文化影响强起来。这四种途径也可以说是从低到高的四个赋能阶段，融入只是赋能的一个阶段。

四、赋能是融入的新境界

如前所述，中华优秀传统文化融入思政课只是赋能的一个阶段。文化赋能比文化融入的内涵更加全面、更加深刻。

所谓更加全面，其理由有二。首先，赋能包括价值观念、知识方法、制度安排、社会舆论和生活经验五个方面，视角更加宏大，而不仅仅局限于思政课堂，体现了"大思政"的理念。其次，赋能包括继承、融入、创新和传播四个阶段、四种途径，融入只是其中一个阶段、一个途径。因此，赋能比融入的内涵要更加全面，视角更宏大。

所谓更加深刻，其理由也有三。第一，赋能体现的是对人的赋能，这与21

世纪核心素养取向、学生中心、产出导向的教育理念相一致,落地到人的发展,而融入更多地体现是对思政课的改进,更多的是从教的视角切入。第二,赋能的四种途径中,融入只是一种途径,在赋能方面途径单一,不能体现赋能途径的多样性。第三,赋能有四个阶段,融入以继承为前提,其后续高级发展阶段是创新和传播。只关注融入不能把握赋能的阶段性和规律,容易陷入假融入和硬融入的误区。

总而言之,赋能比融入的内涵更加全面、更加深刻,因而开辟了中华优秀传统文化融入思政课的新境界。

第三节 中华优秀传统文化赋能课程思政

2014年,上海就已经开始了探索和推进"课程思政"并且选取了部分高校课程进行了试点,挖掘专业课程中的思政元素。高德毅、宗爱东在对上海高校思政课程改革实践经验的总结上首次明确提出"课程思政"的概念,即课程思政是一种将思想政治教育融入课程教学,将其他课程的隐性思政作用与思想政治教育专业课的显性思政作用有效结合,实现立德树人目标的课程观。2019年,教育部长陈宝生在全国教育工作会议报告中指出:目前德育仍存在"软、浮、虚、乱、散"的问题,改进德育工作,要重点把握"信、心、活、全、书"五个字。其中"全"就是要形成全员、全过程、全方位的"三全"育人格局,推行课程思政正好切合"三全"育人的核心要义。2020年,教育部正式印发了《高等学校课程思政建设指导纲要》,从国家层面对高校的课程思政建设作出了总体的设计和全面的部署。这个文件虽然是针对高校印发的,但是依然适用于中小学思政课以外的课程。陈敏生、夏欧东等认为课程思政理论来源于中国传统德育思想。[2]

中华优秀传统文化中包含着如何正确处理人与自然、人与国家、人与社会、人与他人、人自己身与心的关系的思想。语文、数学、政治、历史、地理、物理、化学、生物、医科、农科、工科等都可以在中华优秀传统文化中找到根源。教师要深入挖掘其中的思政元素对学生进行有效的指导。因此,中华优秀传统文化可以赋能到各门课程教学中,即赋能课程思政,落实立德树人根本任务。为此,要挖掘各门学科课程中中华优秀传统文化中的思政元素,将专业知识和中华优秀传统文化的相关内容相结合。如在语文、历史、政治、地理等文科中的中华优秀传统文化思政元素相当丰富,在进行学科课程教学时,教师应该挖

---

[2] 陈敏生,夏欧东,朱汉祎,等.高等院校推进课程思政改革的若干思考[J].高教探索,2020(8):77-80.

掘一些更深入的思政元素来引导学生，让学生了解更多的中华优秀传统文化知识、风俗礼仪、核心理念、民族精神。在数学、物理、化学、生物、科学等这些理科课程中，可以从古代科学家的人格魅力、科学精神、科学方法、科学态度入手找到中华优秀传统文化与该学科之间的契合性，对学生进行立德树人教育。在音乐、体育、美术、艺术等课程中，教师在授课过程中要将中华民族传统的音乐、美术、艺术、运动赋能给课程，在音体美的学习中不知不觉地落实立德树人的根本任务。外语课可以从与汉语言的起源发展及对周边国家的影响的比较中去感受中华民族的源远流长，绵延不绝。农科课程可以中华民族古老的农业文明累累硕果来赋能，这些硕果包括植物的种植、动物的驯养、水利的修建、动植物专家和水利工程专家的人格魅力等。医科课程可以传统的中医药学名家的人格魅力和医药学典籍来赋能。工科课程可以古代著名的工匠人物、工匠精神、各种亭台楼阁庙寺屋宇等来赋能。

各学科之间横向上要相互贯通，形成各学科的育人合力。比如，同是进行爱国主义教育，语文注重的是通过教学，培养学生热爱祖国、热爱家乡的情感，提高学生的文化自尊与自信，培养学生为建设祖国而无私奉献的优秀品质，激发和增强其民族自豪感。可以说，一整套语文教材，就是一座挖掘不尽的进行爱国主义教育的宝山。伟大祖国历史悠久，文化灿烂，华夏民族勤劳勇敢，充满智慧。古代先贤忧国忧民，勇于献身。祖国山河地大物博，山川秀丽。忠良将相廉洁奉公，正直不阿。爱国志士改革政治，舍生取义，反抗强暴，前赴后继，不屈不挠。中华礼仪之邦，崇尚道德，宽厚仁爱。革命先辈为民族解放，抵御外侮，抛头颅，洒热血，业绩光耀千秋……所有这些，都能促使学生去思考人生，思考生活，思考自己的责任和义务，增加使命感，培养崇高的爱国志趣，从而丰富他们的精神生活，使之具有完整高尚的人格和情操。因此，只要充分发挥教材的作用，在组织和指导学生学习语言，培养学生正确理解和运用祖国语言文字的能力中，把爱国主义思想教育渗透在语文课堂教学，就能以春风化雨般的形式赋能学生的心灵。

数学则是通过有关数学史料，了解我国古今数学家在推动数学方面所作的杰出贡献，对学生进行必要的爱国主义教育，激发学生的民族自尊心，增强民族自豪感。世界著名科技史专家英国的李约瑟说："中国在公元3世纪到13世纪之间保持一个令西方望尘莫及的科学知识水平。"在数学领域更是如此。数学教师可以从中国古代对人类数学的贡献为切入点对学生进行爱国主义教育。我国西周已有的勾股定理被晚数百年的毕达哥拉斯所占有。曲面积分的定理被英美冠名为"高斯"，俄国则冠名为"奥斯特洛格拉德斯基"。现在所用高等数学上的定理、公式前多冠以洋人名字,对不知内情的学生可能会出现崇洋媚外的心理。但是,只要细读一下中国的数学史,就会让学生的爱国主义理直气壮。西汉的《九章算术》中已发现了解线性方程组的方法。三国刘徽的《海岛算经》中,用计算圆内接正192边形,得出π的近似值为3.14。南北朝的祖冲之在前人的基础上计算出π值小数点后七位,比欧洲早1000多年。唐朝王孝通研究解决了部分的三次方程问题。宋朝的朱世杰提出四元高次方程组的消去法,比西方同类早400年。杨辉三角形比法国的帕斯卡三角形早了近400年。唐代的张遂导出了插值多项式,比牛顿早1000年。宋代秦九韶研究的最高次数为10次的高次方程数值解法,比霍纳早500多年。元代的王恂、郭守敬为解决天文计算问题,创建了三次函数的内插值方法。

美术则从了解我国美术悠久、辉煌的历史,培养民族自豪感。无论是绘画、雕塑,还是工艺美术,都受到世界各国人民的喜爱和青睐,受到各国人民的高度赞扬与评价。在美术作品欣赏的教学中,通过参观、讲解美术作品,让学生了解美术的历史,并认识到我国优秀的传统文化艺术对人类的绘画、雕塑、工艺美术和建筑艺术作出的伟大贡献和杰出成就,借此来激发学生的民族自尊心和自豪感。了解画家爱国典故,激发爱国之情。如齐白石曾闭门谢绝日本人,不做汉奸。让学生深入了解齐白石的人格魅力并学习之。还在作品《虾》中融入民族气节和爱国情怀,曾画水墨螃蟹,并在画上题字"横行到几时",暗骂日本人。激发学生对人民艺术家的敬仰和爱戴,进而使学生受到爱国主义情感的熏陶。徐悲鸿有一段时间每天大部分时间都是吃馒头、面条,把节省出来的钱和画画所卖的钱存起来,这样节约出来了十几万的生活费,用这些钱从海外商人手里把我国的国宝《清明上河图》买回来,让这幅作品回到了祖国的怀抱。这种为追回国宝而不惜重金倾囊而出的爱国行为很让人动容……

为了更好地发挥中华优秀传统文化的赋能作用,一些地方的学校把课程搬到了传统文化教育基地,让学生有更加直观的亲身体验。这方面,山东省济宁市走在了前面。山东省基础教育教学重点改革项目"优秀传统文化'课堂+基地'育人模式实践探索"的深入研究和实施,立足课堂和基地,着眼体验和实践,持续推进优秀传统文化教育的实践创新。过去,传统文化教育形式较为单一,只局限于校园里、课本上,往往只重视课堂传授,忽视亲身体验。实践证明,在亲身实践体验中,能更充分地激发学生的内在动机,更有利于把教育要求内化为学生品质。济宁市近年来将传统文化学习"搬"到文旅基地,通过"培养一批体验基地,培育一批配套课程,以基地促课程开发,以课程促基地建设,最终辐射更多区域"的实施路径,探寻出了一条文旅与教育融合发展的传统文化传承创新之路。济宁市充分发挥全市 80 余所省市级优秀传统文化体验教育实验学校的辐射作用,指导各学校建立了"数字国学体验馆""校园体验互动区""传统文化大讲堂"等体验教育平台,开发了拓印、席编等 50 个非遗文化体验课程,遴选了首批 60 所传统文化技艺传承示范校。同时,依托济宁市"两圣""三孔""四孟""五大文化体系"等地域文化优质资源,确定了 50 余处研学基地,开发出"儒学圣源,明礼生活""走进两孟,知书达礼""走进古运河,传承乡土情"等 20 多个基地研学课程。其中,"三孔文化游览区""尼山区红色教育基地"等获评省级中小学生优秀研学基地。

第四节 中华优秀传统文化赋能家庭建设

习近平同志曾在 2015 年春节团拜会上发表重要讲话时说:"家庭是社会的基本细胞,是人生的第一所学校。不论时代发生多大变化,不论生活格局发生多大变化,我们都要重视家庭建设,注重家庭、注重家教、注重家风,紧密结合培育和弘扬社会主义核心价值观,发扬光大中华民族传统家庭美德,促进家庭和睦,促进亲人相亲相爱,促进下一代健康成长,促进老年人老有所养,使千千万万个家庭成为国家发展、民族进步、社会和谐的重要基点。"习近平同志提到的家庭建设要"紧密结合培育和弘扬社会主义核心价值观",家庭建设要"成为国家发展、民族进步、社会和谐的重要基点"这个话就是家庭建设中立德树人的内容。我们的祖先特别注重家风的建设、家训的凝练,给我们留下了许多优秀的家风、家训内容及家庭建设的楷模。这些是中华优秀传统文化不可或缺的组成部分,以此赋能家庭建设,从内外两个方面激发起孩子积极主动的立德树人动机。

一、家庭建设的重要作用

家庭对每个人来说都充满着美好、温暖和向往。家庭是每个人出生、成长、发展的地方和基础,是每个人从生物人成长为社会人的场所,是每个人的精神所依、灵魂所归、"三观"形成的地方。所以,家庭是每个人出生后的第一所学校,是每个人接受品德教化、意识形态教育的第一站。围绕社会主义核心价值观构建家庭文化,营造文明、和谐、健康的家庭生活,对于子女的健康成长具有重要意义。家庭还是社会的基本细胞,是每个人连接社会的纽带桥梁。家庭教育(简称家教)无论在什么时候都是家庭建设的中心工作,也是良好家风气（简称家风）形成的基础，更是子女成人成才的核心关键。因此，家庭、家教、家风就成为家庭建设的重要内容。

　　家庭建设中最重要的是家长为人处世的身教和家教内容的选择。俗语说："龙生龙，凤生凤，老鼠的儿子会打洞。"这一俗语能流传多年，其道理主要强调了先天传承和环境的影响。所谓的先天传承，用现代科学解释就是血脉基因。生物学说普遍认为，人的行为和思想，大都会通过血脉基因遗传给后代。所以龙凤出身高贵，后代也是高贵的；老鼠的一生都在钻来钻去，其后代生下来就会打洞。这就是所谓的传承。大到一个家族，小到一个核心家庭的家教、家风也是有传承的，好的家教、家风没有其他因素的介入，会代代相传；不好的家教、家风没有其他因素的介入也会代代相传。怎样让好的家教、家风代代保持，不好的家教、家风步入好家教、家风的轨道呢？后天环境的影响可以做到。相对于先天传承来说，后天环境的影响可能会更多一些。先天血脉基因好，好环境可以使其更好，坏环境可能使其血脉基因发生变化；先天血脉基因不好，好环境可以使其血脉基因向好的方向变化，坏环境可能使其血脉基因变得更坏。影响一个家庭的最大环境就是家长自身，家长的言谈举止、为人处世、道德三观、见解格局等都极大地影响着这个家庭原有的血脉基因，影响着子女的成人成才。比如一个家长是否孝敬自己的父母，对待自己的长辈是否尊敬有礼，将会耳濡目染地直接体现在他的孩子身上。孩子长大后就会以当初父母的做法来反馈回自己父母身上，出现因果循环现象。一个家庭的家教、家风就在这个家庭的孩子身上体现出来。因此，家长之于子女的影响，不可谓不重要啊！

　　鉴于家长在家庭建设中的重要性，家长自身首先要具备正确的"三观"。如何衡量"三观"的正确与否？看是否符合国家的意识形态，是否符合社会的健康和谐发展，是否符合广大人民的根本利益。一言以蔽之，看是否符合学校思政课立德树人的标准。这方面中华优秀传统文化能为家长的家教、家风赋能。

二、古代中国的家庭建设

　　在我国五千多年优秀传统文化历史中，良好的家教、家风、家训、家规是中华传统文化绵延不断的根脉，是社会稳定、和谐的基石，是中华民族血脉永续的源泉、生生不息的精神营养，是最能滋养美好品质、树立正确"三观"的重要渠道。如西周初期姬旦的《诫伯禽书》，周成王亲政后，将鲁地封给周公之子伯禽，周公告诫儿子说："德行宽裕却恭敬待人，就会得到荣耀；土地广大却克勤克俭，就没有危险；禄位尊盛却谦卑自守，就能常保富贵；人众兵强却心怀敬畏，就能常胜不败；聪明睿智却总认为自己愚钝无知，就是明哲之士；博闻强记却自觉浅陋，那是真正的聪明。"这六点都是谦虚谨慎的美德。

三国时期蜀国丞相诸葛亮的《诫子书》，是诸葛亮临终前写给他儿子诸葛瞻的一封家书，主旨是劝勉儿子勤学立志，修身养性，要从淡泊宁静中下功夫，最忌怠惰险躁。文章概括了做人治学的经验，着重围绕一个"静"字加以论述，同时把失败归结为一个"躁"字，对比鲜明。诸葛亮还有《诫外甥书》，是诸葛亮写给其二姐所生子庞涣的，阐述了"立志做人"的重要性。开篇便开宗明义地指出"夫志当存高远"，即做人应当抱有远大的志向。

三国时期王昶《家诫》说："欲使汝曹立身行己，遵儒者之教，履道家之言，故以玄默冲虚为名，欲使汝曹顾名思义，不敢违越也。"意思是：你们这辈人要想立身处世，就要遵循儒家教诲，实践道家真言。你们要保持恬淡超脱，深刻理解，不敢违背。

隋朝颜之推的《颜氏家训》说："赐以优言，问所好尚，励短引长，莫不恳笃。"意思是：有长辈们赠送给我美言，询问我的喜好，激励我扬长补短，态度都十分诚恳殷切。

北宋包拯家训："后世子孙仕宦，有犯赃滥者，不得放归本家；亡殁之后，不得葬于大茔之中。不从吾志，非吾子孙。（押字）仰珙刊石，竖于堂屋东壁，以诏后世。"包拯在家训中说道，子孙后代做官者中，若有贪污的人，都不能回老家，也不允许死后葬在祖坟上。教育子孙做官要廉洁奉公，这也是他一生的写照。

北宋欧阳修《与十二侄》说："欧阳氏自江南归明，累世蒙朝廷官禄，吾今又被荣显，致汝等并列官常，当思报效。"意思是：欧阳氏家族自从江南归朝，世代都被朝廷恩宠且授以官爵，我现在又得以被追加荣誉和地位，而你们也都加官晋爵了，一定要记得报效国家。

北宋司马光《家范》说："如开笼放鸟而捕之，解缰放马而逐之，曷若勿纵勿解之为易也！"意思是：等孩子长大了再去教育他们，就像将鸟笼打开，再去抓鸟，将缰绳解开，再去抓马匹一样。与其那样，还不如最初不放开鸟和马匹呢！

北宋黄庭坚《家戒》说："吾子力道问学，执书册以见古人之遗训，观时利害，无待老夫之言矣，于古人气概风味，岂特鬖鬖耶？"意思是：我的儿子，你应当致力于探索事物的道理、勤于学问，能够通过阅读书本典籍来借鉴古人的行为和教训，也知道观察世事时局，知晓利害关系，不用等着作为父亲的我来说。

明朝时孔子第64代孙孔尚贤颁布了《孔氏祖训箴规》，到清朝孔子第72代孙孔宪珍制定了"64字家训"。孔氏家训根据不同时代的情况，不断地优化、升级。《孔氏祖训箴规》："子孙出仕者，凡遇民间词讼，所犯自有虚实，务从理断而哀矜勿喜，庶不愧为良吏。"意思是：有子孙出仕做官，但凡遇到民间的诉讼，所有的案件都有着虚实，一定要能够怀着哀怜之心做出理性的判断，不可以暗自窃喜，但愿不愧为贤能的官吏。

明末清初朱柏庐的《朱子家训》仅522字，精辟地阐明了修身治家之道，是一篇家教名著。它是以家庭道德为主的启蒙教材，其中，许多内容继承了中国传统文化的优秀特点，比如尊敬师长、勤俭持家、邻里和睦等。

清朝的纪晓岚"四戒"：一戒晚起；二戒懒惰；三戒奢侈华丽；四戒骄傲。"四宜"：一宜勤奋读书；二宜尊敬老师；三宜普爱众生；四宜小心饮食。纪晓岚还有一封《训大儿》的家信，受到后人的推崇。在信中教育儿子要谨慎交友，三思后行，懂得辨别君子与小人，要多交正直有用的人。

晚清曾国藩的《曾国藩家书》由曾国藩与其亲友之间的书信来往汇集而成，书中事无巨细地描述了一个在官场打拼的读书人如何面对生活中的小事，如何看待自己与父亲、兄弟之间的关系，如何处理自己与朝廷、集团之间的利益关系，他是如何修身、如何自律、如何反省自己的过错的。

家风、家训、家规是当今思想政治教育的文化底蕴。从上述家风、家训、家规的只言片语中也能发现中国古代的家风教育内容之丰富，涉及了生活、学习、修身、做官、爱国、清廉、守法、立志等许多方面，是新时代年轻人立德树人的资源宝库，是当今学校开展思想政治教育工作的文化基础，要有意识地为我所用。需要注意的是对古代的家风内容和做法不能照单全收，要以马克思主义为指导，剔除传统中的糟粕，继承、发扬传统中的精华，赋能家庭建设中立德树人的实效性。

家风、家训、家规能优化家庭建设中的思想政治教育环境。家庭建设中的思想政治教育环境是指影响和制约家庭成员思想品德形成发展的各种家庭环境，家庭环境对子女的成长、思想品德的形成和发展具有十分重要的作用，对优化家庭建设中的思想政治教育微观环境有着重要的意义。家风是家庭环境的重要组成部分，一方面，家风教育会决定一个人的性格和品行；另一方面，家风教育是良好社会风气形成的重要渠道。只有家风正，社会风气才清正。

如何进一步发挥传统家风、教训、家规的立德树人功效，赋能于新时代的社会主义意识形态、核心价值观的家庭建设显得尤为迫切和重要。这还需要从传统家风、家训、家规回归儒家思想为主的中华优秀传统文化。

在儒家思想的滋养下，无论是作为社会细胞的家庭，还是作为整体的国家，都把仁、德作为"修身、齐家、治国、平天下"的最高境界和准则，并以此作为人生的追求和道德境界中最理想的人格。提倡父慈子孝、夫义妻贤、兄友弟恭；待友诚信、为人正直、处事循义；尊老爱幼、尊敬师长、扶贫怜弱。而仁、德传承的中心环节就是注重家庭教育、家风建设、家训凝练。家庭成为传播社会传统主流价值观的重要渠道，是社会稳定和谐发展的助推器。家是最小的国，国是千万个家。有了强的国，才有富的家。家国是永远不可分离的统一体。中国非常重视家庭在国家发展、民族进步、社会和谐中的重要作用。在国人的世界观中，只有每一个家庭和谐美满，整个国家才能安定团结，社会才会繁荣富强。千百年来，在中国社会的形成发展中，由中华文化滋润的中华家庭文化和家庭教育文化，深深地扎根在家庭和每个人的灵魂之中，成为中华民族生生不息、永续延绵的历史记忆和成长基因。在中国古代家庭中，特别注重耕读传家，注重中华优秀传统美德的培育。"子不教，父之过"流传至今依然有其重大的现代意义。因此，家庭既是中华传统文化薪火相传、发展创新的重要载体，也是我国国家发展、民族进步和社会和谐稳定的重要基础。

三、目前我国家庭教育面临的挑战

首先，改革开放以来，独生子女家庭占多数，父母和其他养育者难以对孩子进行严格教育。父母对孩子过分呵护，看不得孩子吃苦、哭闹；无原则、无底线地满足各种需求；大是大非问题上轻易让步，这样娇惯出来的孩子难以学会自立自强。其次，在走向共同富裕的过程中，富裕时代的教育比贫穷时代的教育更困难。在贫穷时代物资匮乏的环境中，孩子容易习得勤俭节约、吃苦耐劳、迎难而上的品质。在富裕时代物质丰富的环境下，需要父母和其他养育者从小有意识地培养孩子抵制诱惑、严于律己的好品质。最后，美国人本主义教育观念的误用，对家庭教育产生严重不良影响。"学习不学习是你自己的事，要出自你的本心，不要做别人意志的奴隶""分数不重要，快乐就行""早期需要得不到满足易患神经症"等都是人本主义盛行的观点。这些观点尤其在孩子早期教育中危害极大。孩子早期的家庭教育中没有批评、没有困难、没有压力，想要什么就充分满足，想干什么就充分尊重。极少数父母不再管孩子，期望他们在毫无压力的环境中自发地生长出热爱学习的行为，而现实却是在无条件充分满足孩子低级需要的过程中，其生物本能不断膨胀，发展出不求上进、贪图享受、无视权威、缺乏责任心、难以适应社会的消极人格。在孩子早期的头脑中也没建立起对父母师长的权威，没有对学校社会规章制度、国家法律法规等的敬畏感,对不完成作业内心也没有丝毫的恐惧和焦虑。上述情况有各种原因,家庭教育的缺位、错位、不到位是其中一个原因。

　　回看当今的家庭教育,如果再不惊醒,中华民族五千年凝聚形成的文化血脉、道德根基,将会出现断层。面对这样的现实,每个家长应该更加深刻领会到党中央高度重视中华优秀传统文化教育,重视培育和弘扬社会主义核心价值观,重视家庭建设、家庭教育、家风建设的重大战略意义之所在。中华民族素以重视家庭教育闻名世界。有着数千年来积淀而成的素以重视家教闻名于世的优秀家教文化,积累了丰富的家教资源,保留下来许多著名传世家训、经典蒙学教材。这些家庭教育的精神瑰宝,既是我国历代家庭教育的经验总结,也是我国历代家长智慧结晶和教子方法的心血荟萃。一定要在马克思主义的指导下,结合时代发展的需求,创造性转化、创新性发展,万万不能丢掉!

四、中华优秀传统文化赋能家庭建设

　　在家庭建设中要积极主动地从中华优秀传统文化中汲取力量赋能家庭。社会主义核心价值观的源头活水就是中华优秀传统文化,家庭中要对子女进行中华优秀传统文化教育、中华传统美德教育,大力弘扬和培育社会主义核心价值观。以此作为家教、家风、家训的内容,努力做到春风化雨,润"脑"无声。家风建设联系着社会风气,社会风气联系着国家风气,有良好的家风,才有良好的社风乃至国风。家风把价值观教育作为家庭建设的有机组成部分,纳入家庭教育的重要内容。一个人的价值观是其为人处世的引领,也决定着国家的未来。价值观正确、有正能量,为人处世的方向才正确,才能向周围人传递正能量,国家才更有希望。社会主义核心价值观是一个民族和国家的灵魂,个人的价值观只有和国家的核心价值观相契合,才能形成全社会共同的文化和价值认同,最终有利于国家复兴大业的完成。因此,家庭建设要紧密结合培育和弘扬社会主义核心价值观,继承并发扬中华民族传统家庭美德。家庭建设中,身教重于言教,父母通过良好的自我教育,在家庭教育中与孩子双向互动、共同成长。这也是家庭建设作为社会建设的基础工程的一个方面。试想,家长没有道德底线,如何教育孩子守住道德底线?家长贪污腐化堕落,如何教育孩子堂堂正正做人?这方面,赖国全用经典养育女儿的事迹值得我们借鉴。

　　赖国全是深圳市人,有了孩子后怎么养育孩子成了他最重要的任务,最终赖国全认为人生在世,无非是两件事:做好人和做好事。如何做好这两件事让赖国全陷入了迷茫,最终总结出古今中外凡是杰出的人物无不从小大量的阅读经典。于是赖国全在其女赖思佳五岁半时开始按照137的方法诵读中华优秀传统文化中的各种经典名篇。在经典的滋养下，赖思佳从国内小学到国外高中，一直都是品学兼优的学生。赖国全说："许多父母希望儿女长大成人却不如愿就是因为缺失'德'的教育，让经典去引导孩子吧，经典的力量，会慢慢地渗透到孩子的心灵中，让孩子在生活中明辨是非，最终成为人才。"

第五节　中华优秀传统文化赋能社会建设

一、社会建设的重要作用

社会建设包括物质层面和精神层面，这里主要从社会环境对人精神层面的影响来探讨。

社会环境，广义上指人们所处的社会政治环境、经济环境、法制环境、科技环境、文化环境等宏观因素的综合。社会环境对人们人生发展有重大影响，反过来，人类活动也深刻地影响着社会环境，人类本身在适应改造社会环境的过程中也在不断地发生变化。好人、好的活动优化社会环境，反之亦然。

因为人是环境的产物，人的思想形成与发展必然受到一定环境的影响。环境对人影响之大，古人已有论述："染于苍则苍，染于黄则黄""入芝兰之室，久而不闻其香，入鲍鱼之肆久而不闻其臭。"马克思也曾说："人创造环境，同样，环境也创造人。"所以，营造良好的环境是有效落实立德树人根本任务的防护墙。学生所处的环境主要包括家庭环境、校园环境、网络环境、社会环境。前边的课程思政和家庭建设其实就是在讲校园环境和家庭环境对学生立德树人的塑造。社会环境，尤其是社会中的网络环境是社会建设对学生立德树人的塑造的关键。

营造良好的社会环境。人是社会性的存在，学生的个性品质是基于社会环境（即物质环境以及精神环境）因素与主体间相互作用而形成和发展的。影响学生的社会环境有国内环境和国际环境。国内随着市场经济的纵深发展，新自由主义、历史虚无主义、拜金主义、民本主义、泛娱乐化等思想不断抬头，严重地冲击着学生的思想政治教育。国际上，西方文化、价值观以及意识形态方面的输入，极大弱化了学生的思想政治教育。给学校的立德树人工作带来难度。如何破解呢？以中华优秀传统文化赋能社会环境中的政治领域、经济领域、法制领域、科技领域、文化领域、公共场所领域等。用中华优秀传统文化中的传统美德、人文精神、核心理念布置、装饰上述领域，让学生走进社会的方方面面都浸润在中华优秀传统文化的环境中，不但有利于中华传统文化的传承弘扬，而且有利于社会主义意识形态的巩固和社会主义核心价值观的内化。

二、网络空间现状

随着手机、网络的普及，当今社会，无人不网、无处不网、无时不网。学生进入了"掌上时代"，线上学习、网上信息、影视娱乐等已成为新时尚，网络已深度影响学生的思想，融入他们的生活，他们或主动或被动地接受着网络信息、网络舆情的影响。庞杂的网络信息、网络舆情既有积极的内容，也有消极的内容，还有西方网络水军、网络大V对学生思想信念进行偏离社会主义核心价值观的歪曲引导……网络空间成为立德树人根本任务的新阵地。

网络空间争夺战的帷幕越拉越大。据国际电信联盟的统计，自2001年至2012年，全球网民数翻了4倍多，形成了亚洲、欧洲、美洲三大发展中心。手机用户为互联网发展拓展了另一个新的空间。截至2010年底，全球手机用户达到52.8亿，移动互联网用户数达到8.65亿。2011年全球新生产的手机中85%可以接入移动互联网。2016年，全球移动互联网用户规模已超越桌面互联网用户。目前，全球五大社交平台的网民人数即将超过全球5个人口大国的人口数量总和，"网络人口""网络帝国"成为实实在在的社会影响力。网络世界比现实世界有更加自由地呈现，网上没有主席台，而人人都有麦克风，传统的话语权已经被解构，网络上的意见领袖成为传播的主导因素，互联网独有的平等属性和互通的特质，使其成为最便利的参政议政的"大广场"。尤其是手机、博客、微博、微信等构成的强大网络媒体阵容，成为思想文化的集散地、社会舆论的放大器、多元文化的角力场。门户网站拓展了新闻空间，社交网站拓展了沟通空间，B2C和C2C网站拓展了商业空间，搜索引擎拓展了知识空间。总之，现实社会的风吹草动在网络空间交叠激荡、交融化合，已经催生了一个更加复杂的社会生态环境。这样的环境中，网络空间大国博弈日趋激烈，网络空间治理已经上升为国家安全、经济发展和社会稳定的头等大事，大国网络空间争夺战的帷幕已经拉得越来越大。

网络空间争夺战的核心内容。互联网的缔造者美国2009年成立网络空间司令部以后，接连推出网络空间国际战略和行动战略。美国作为头号网络强国曾毫不隐讳地说："社会主义国家投入西方怀抱，将从互联网开始。"美国前驻华大使洪博培也说："关键时刻可借助广大网民推翻中国政府，实现不战而胜。"西方国家借助互联网制造和散播"中国网络黑客攻击论""中国威胁论"，无中生有地对中国网控进行指责、抹黑和讹诈。还有各种反马克思主义和非马克思主义思潮甚嚣尘上，从"文明冲突论"到"民主和平论""意识形态趋同论""意识形态终结论"，无所不用其极地对马克思主义进行诋毁性解读和妖魔化宣传，疯狂鼓吹马克思主义"失灵论""失真论""过时论"，处心积虑"唱衰""棒杀""遏制"全世界范围内的社会主义国家意识形态及马克思主义的指导地位。各类"反马""非马"思潮的"和平演变"从现实社会转移到网络空间，从现实空间和网络空间共同出击，挑战马克思主义在社会主义意识形态领域的主导地位。据统计，西方国家利用网络核心技术和间谍软件突破中国网络防线。2015年位于美国的4361个IP地址通过植入后门控制了我国境内11245个网站，入侵网站数量居各国首位。网络数据泄露导致"历史虚无主义""西方宪政民主""新自由主义""普世价值"等思潮恶性渗透，对我国网络空间的社会主义主流意识形态发起了强势冲击。西方国家还运用"慕课"作为渗透工具，除了搞隐蔽性的意识形态入侵还赤裸裸地宣扬西方思想观念、价值取向、生活方式，蓄意篡改和污蔑中国历史文化，攻击和诋毁中国现行政体，以实现"西化"和"分化"中国的阴谋。可见，网络空间争夺战的核心内容就是意识形态之争。因此习近平同志说："没有网络安全就没有国家安全；过不了互联网这一关，就过不了长期执政这一关。"因此，国家要重视营造风清气正的网络空间环境。怎么营造呢？以中华优秀传统文化赋能网络空间建设。

三、以中华优秀文化赋能网络空间建设

文化是一个民族的血脉基因，是人们的精神家园，是凝聚人心的黏合剂。中华优秀传统文化一直以来也是中国社会主义主流意识形态安全建构的源头活水。加强网络空间的国家主流意识形态安全管理与建构，必须充分运用中华优秀传统文化赋能网络空间传播，赋能网络空间上社会主义核心价值观的引领，增强国人的文化自信。让中华优秀传统文化赋能家庭、社区、学校、机关企事业单位的文化建设实践，增强中华优秀传统文化抵御西方反华意识形态侵袭的实战能力。美国王牌间谍前中情局局长杜勒斯曾经公然叫嚣"不让中国共产党人得到同中国文化联系在一起的威望"，其实质是想剥离中华优秀传统文化对我国执政党的赋能，最终实现我国执政党的"人亡政息"。

网络空间的无国界性、全球通联性为世界文化交流提供了一个前所未有的巨大平台。虽然美国是互联网的缔造者和管理者，但是互联网文化并不能和美国文化画等号，互联网精神也不等于美国精神。在互联网全球普及的过程中，自然而然地融入了各国各民族的优秀文化，各个国家和民族的文化都理所当然

地在网络空间占有一席之地，但是，美国作为网络空间事实上的管理者，英文却以占主导地位面貌出现在互联网世界中。美国掌握着互联网的主导权，通过宣扬其文化的"普适性"来推行文化殖民，将文化渗透和思想入侵作为互联网时代最有力的颠覆武器，开展了网络外交，开始了毫不避讳、咄咄逼人的文化攻势。因此，国家要认清在网络空间传播、弘扬中华民族文化的重要性，通过营造中华优秀传统文化赋能互联网文化的网络生态环境，达到现实社会和网络空间良性互动，依托网络空间更好地体现中国社会主义意识形态，展示中国自信。

四、培育优秀的网络实战人才队伍

要做好党媒姓党的工作，用中华优秀传统文化和马克思主义文化培养优秀党员和公务员，使他们担任网络大 V 和意见领袖来引导网络主流意识形态。培育党政部门和各企事业单位的红色网军队伍，尤其是各级党政机关的领导干部要敢于带头建网和用网，勤于听取民生疾苦并监测网络舆情，系统整合职能权限，搭建跨部门、跨领域的网络反控平台，加强网络空间主流意识形态安全建构的管理权、话语权和领导权。

五、反对网络霸权主义

以美国为首的西方发达国家打着网络自由的旗号，要求其他国家单方面实施经济贸易、金融体系、网络空间的"门户开放政策"。"斯诺登事件""苹果手机后台植入控制程序"的黑幕表明美国已经对世界安全构成最大的威胁，其故意的网络颠覆和网络攻击时刻存在着危险。同时，网络霸权主义、网络恐怖主义、网络军国主义、网络自由主义、网络犯罪，都对世界安全、经济发展、社会稳定构成极大威胁，网络空间成为维护国家主权、安全和发展利益的战略制高点，反对网络霸权主义需要发展强大的网络国防力量，建设网络强国。

六、重视国内网络舆情建设

同现实社会一样，网络空间既要提倡自由，也要依法保持秩序，用正能量引导好网上舆情，培育积极健康、向上向善的网络文化。尤其是对含有负能量信息的网络舆情的正面引导非常重要。例如通过刘学州事件、郑爽代孕事件教给学生婚后应该做什么样的父母。通过江歌事件教给学生应该怎样交朋友，怎样保护自己的安全。通过霍尊与女友分手事件告诉学生怎样谈恋爱。通过张哲瀚靖国神社事件告诉学生怎样爱国。通过范冰冰阴阳合同事件告诉学生怎样遵纪守法。通过郭美美炫富、翟天临学术造假、仝卓学历造假、上海名媛拼单、郭敬明抄袭等事件，让学生体会什么是虚荣、虚伪、虚假……这都是学校立德树人根本任务的题中之义。通过出版更多优秀传统文化经典，建立优秀传统文化网站、APP，创办更多关于优秀传统文化的电视节目，提供更多关于优秀传统文化的资源等来丰富社会上的传统文化资源，对学生正确的价值观进行塑造，才能使他们在面对纷繁复杂的社会舆情时做出正确的选择。

秦皇岛市青龙满族自治县肖营子村以中华优秀传统文化为引领，振兴新农村。2014年肖营子村以中华优秀传统文化为引领进行了改造，一进村门楼两边的对联尽显中华传统文化的韵味：上联是"星辰日月蕴山水富地"，下联是"孝爱仁诚传华夏文明"。过了门楼走上入村桥，桥上刻有二十四孝图和文字。桥尾有四德歌、好人榜、积德簿。村里修有善园、和谐园、百花园，寓意善是基础，和谐是过程，百花齐放是结果。村内街巷的名字都是福字开头刻在党旗上，旨在提醒人们不能忘记中国共产党给予的幸福生活。组织村民不定期地学习优秀传统文化，并用传统文化来解决家庭、村内的矛盾纠纷。帮助村民们找工作就业，发家致富。在传统文化地引领和滋养下，肖营子村村容整洁、民风淳朴、生活富裕、邻里和谐，一派欣欣向荣的景象。

第六节　中华优秀传统文化赋能国际交流

中华优秀传统文化赋能国际交流就是让中华优秀传统文化走向世界、影响世界，在交流互鉴中克服由文化差异或语言障碍等造成的文化对立，增进文化共识，增强中华优秀传统文化的国际知晓度和认同度，让中华文化能屹立于世界文化丛林之中，提高中国在国际上的话语权，帮助其他各国民众全面深入地了解中国人、了解中华民族发展史、了解中国式现代化道路，塑造中国国际新形象，让中国人以中国国际新形象而骄傲自豪，从而更加坚定中国共产党的领导，更加热爱社会主义中国，更加自觉自愿地为党为国家的强大而学习、奉献。

一、中华优秀传统文化的国际形象

2008年，美国《新闻周刊》集合美国、英国、加拿大等国网友的综合投票，评出12个国家的各20个文化符号，被西方国家网民熟知的并且被认为能代表中华文化的符号分别是汉语、北京故宫、长城、苏州园林、孔子、道教、孙子兵法、兵马俑、莫高窟、唐帝国、丝绸、瓷器、京剧、少林寺、功夫、西游记、天坛、毛主席、针灸以及中国烹饪等。2011年，一项在美国、俄罗斯、德国、印度四国进行的关于中华文化符号海外传播的《中国文化印象》调查，结果显示：外国人眼中的中华文化符号主要有长城、龙、中国烹调、中国功夫、大熊猫、阴阳图、丝绸和故宫等。2012年，另一项名为"美丽中国"的9国调查，结果显示：传统建筑、绘画、佛教、茶、书法、帝王、中医、龙和功夫等被认为是"中华文化最具特征的核心要素"。2015年北京师范大学首都文化创新与文化传播工程研究院发布《外国人对中国文化认知调查报告》显示，外国人认知度最高的三个文化符号是熊猫、绿茶、阴阳，认知度最低的三个文化符号是敦煌壁画、面子、天人合一。2018年和2019年，根据中国国家外文局当代中国与世界研究院与凯度集团联合所作的《中国国家形象全球调查报告》显示，中餐、中医药、武术均被国外受访者认为是最能够代表中华文化元素的。2020年，在西方世界最具影响力的中国题材影视作品是英国广播公司（BBC）第4频道制作的纪录片《杜甫：中国最伟大的诗人》。

但实际上，一些外国人对中华优秀传统文化的思想观念、文学作品、民间艺术、符号元素和人物形象等并不陌生。但不陌生不代表能理解和接受，好莱坞动画电影《功夫熊猫2》《花木兰》这些西方中国风作品就是以"西方的作者，中式的元素，西方的灵魂，东方的载体"为共性。从角色形象设计到影片传达的价值观均偏向于西方理念，如果外国人和中国人都从好莱坞塑造的熊猫、花木兰等故事形象中去认识中华文化，而不是从中国历史、中华民族精神的角度去认识和理解熊猫、花木兰时，他们所接触到的是只有皮毛，没有精髓的中华文化。因此，要向世界展示原汁原味、丰满立体、亲和有力的中华文化，阐明中华文化的丰富性、包容性、文明性和世界性等核心要义，要以文服人、以德服人、以理服人，占据国际道义制高点，扭转中华文化"他塑"的状况，走出"媚外""亲洋"的圈子，助力中国世界话语权的提升，重塑并维持中国良好的世界大国形象。此外，一部分国外民众对中华优秀传统文化的了解依然是中国武术、京剧等方面，对中华优秀传统文化的认知片面，了解不深，不能从中看到中华文化的民族精神。最需要我们关注和警惕的是：一些别有用心的西方媒体、学者、政客，将中华优秀传统文化与中国特色社会主义的现实文化割裂开来、对立起来，借传播、颂扬中华传统文化来反对中国特色社会主义的道路、理论、制度、文化，攻击中国共产党的领导，企图以和平演变的方式颠覆中国的社会主义。

二、加强中华优秀传统文化品牌化建设

很多发达国家注重文化输出，比如美国有好莱坞电影、格莱美音乐奖独立潮头，韩国有韩剧在亚洲形成一股韩流，日本的动漫文化出口世界的东西方……这些品牌极大地推动了其本国的文化产业发展，并形成了一系列的相关产业链。如《蜘蛛侠》的电影、书籍、玩具。迪士尼公司不仅仅是一个动画电影公司，更是以其经典动画人物为宣传点，推动了其主题公园、玩具等衍生行业的发展。这些文化产业即给其国家创造了巨大的经济利益，拉动GDP的增长，又向其他国家传播了本国的价值观。相比之下，中华优秀传统文化在走出去的过程中，还没有创造出自己的品牌，也未充分挖掘本民族文化的精华，导致创新能力不大，制约了中华优秀传统文化走出去的步伐。如前边提到的电影《花木兰》《功夫熊猫》被美国改编成电影，而那都是中国的传统文化。这些情况应该给我们警醒，怎样对中华优秀传统文化进行与当今时代相契合的创造性转化、创新性发展，创作出为国际社会喜欢的文化作品，并将这些文化作品延伸至世界各个国家和地区，便于世界各国人民了解到真实的中国。这是中华优秀传统文化输出的要义所在。因此，应创新思路，坚持以政府为主推力量，做强中华优秀传统文化的品牌发展路径。2022年1月27日，在文化和旅游部统一部署下，"欢乐春节"全球活动正式启动。活动融入北京冬奥会元素，全面展现了冰雪运动的魅力，通过云端向海外观众输送了千余个、多语种的数字项目，在营造共迎新春、喜乐融融的节日氛围的同时，让海外观众体会到中国人民感恩祝福、团结和谐的文化内涵。2023年海外"春节热"火遍全球，中国春节已逐渐成为一项国际性的重要节庆，中国春节正走出唐人街，成为全球共享，世界人民乐在其中的节日。加拿大把春节设为官方节日，中国春节的民俗活动已走近全球近200个国家和地区，放烟花、逛庙会等的红火程度甚至超过了中国。如果这样的全球活动每年都持续下去，那么中华优秀传统义化就能很好地融入国外民众的日常生活之中，以文载道、以文传声、以文化人，从中华传统文化的深层次感知中国，会增强中华优秀传统文化的亲和力，让国际友人感受可信、可爱、可敬的中国形象。

三、中华优秀传统文化助力我国国际话语权的提高

国际话语权是对国际事务或事件的决策权和评判权，是对各种国际标准或游戏规则的制定权。国际话语权决定着国际舆论的风向标。

随着经济全球化浪潮的推进，世界各国间的文化交流、交锋、交融态势越

来越深入。西方国家凭借其经济的先发优势，在文化上也趋向于霸权主义。伴随着冷战结束，多极化出现，世界各国各民族文化间的平等对话、交流互鉴成为不可逆转的时代趋势。然而"西强东弱"的文化格局尚未根本改变，这严重影响着国家间的深入交往，阻碍着各国文化间交流互鉴，影响着我国国际话语权的提升。

因此，中国在当前国际事务各领域中的发言权尚不够强大。西方霸权国家将今天中国的发展壮大视为其对自身文化的最大威胁，利用其强大的国际话语权企图在文化博弈和意识形态斗争中制衡中国。国际舆论中的"中国威胁论"声音此起彼伏，一些西方媒体将"一带一路"渲染成"中国版的马歇尔计划"，挑唆我国与邻国关于南海、钓鱼岛等领土问题，借新疆棉花、新冠肺炎疫情抹黑中国……这些舆论加深了国际社会对中国的误解，激起了"一带一路"沿线国家的反华情绪。只有不断提高我国国际话语权，才有机会在国际上发声，为自己正名，积极、全面地宣介、报道中国的实际情况，讲好中国故事、阐释好中国特色、传达好中国立场，让世界各国真正了解中国，了解中华文化，了解中国的实际发展状况。这对于维护国家文化安全、维护意识形态安全、维护国家总体安全意义重大，也能为各国间顺利交往和文化交流营造良好的舆论环境。因此，没有了作为"精神基因"的文化传统，国家和民族将会不攻自破、不打自垮，文化已经成为塑造国家形象的关键环节，成为影响国际关系格局的重要因素。

四、中华优秀传统文化走出去的路径

中华文化要走出去需要用谁都听得懂的语言去解读，需要借助一定的物质载体，以流行的、娱乐的、人们喜欢的、易于接受的形式传播赋能。激发出兴趣后才会主动深入地去了解。如彭静旋在法国街头用古筝弹奏《我和我的祖国》《龙的传人》等曲目。充分利用电视权威性高、信服力强、集视听为一体的传播平台，全方位展示中华传统文化中的建筑、文学、书法、音乐等内容。充分利用电影文化交流和文化对话的有效工具，通过电影节、电影院等渠道以镜像化的方式向国外展现中国历史、中国精神、中国风土人情。充分利用中国国际广播电台的优势资源，多语言向全世界传播正确、丰富的中华传统文化。各媒体间要相互协作，利用中国健全且庞大的新闻网络，策划并组织大型专题文化活动，制作中华优秀传统文化纪录片、宣传片，如《舌尖上的中国》《国宝档案》等，提升中华传统文化的震撼力和感染力。作为现代媒体的互联网，传播时间自由、传播空间无限、传播速度即时、传播内容海量、传播方式多样，是电视、电影、广播、报纸等传统媒体所不可比拟的，成为新时代中华优秀传统文化走出去的新动力和基本依托，既是新时代各国文化博弈的主战场，也是国家维护文化安全的前沿阵地。文化产业打造中华传统文化精髓和价值的理论精品、学术典籍，围绕为人民谋幸福、为民族谋复兴、为世界谋大同的使命担当形成丰富的话语表达，使国际社会读懂中国历史，了解泱泱大国的历史变迁和文化积淀。

（一）中华优秀传统文化助力"一带一路"倡议走出去

"一带一路"不仅是一条经济发展之路，更是一条文化交流之路。可以说，文化交流是"一带一路"倡议的重要抓手，在肯定中华优秀传统文化的基础上与"一带一路"沿线国家展开思想、文化、习俗、生活方式等方面的学习借鉴。积极利用"一带一路"倡议，促进主流传媒和民间媒体共同推动中华民族优秀传统文化出彩国外，使中华民族优秀传统文化的实时传承、国外出彩与现代网络技术交相辉映。

（二）中华优秀传统文化助力各种涉外企业走出去

首先要加强涉外企业全员的中华传统文化素养，丰富中华优秀传统文化的载体，保护并推进中华老字号发展工程，使之成为向国外市场传播中华传统文化的生力军。涉外文化产业要赋予中华优秀传统文化以新的"叙事框架"和"故事版本"，推动中华优秀传统文化的叙事再现与话语阐释，让中华优秀传统文化的传播从"讲道理"向"讲故事"转变，改变过去"说教式""口号式"的传播，在思想情感上与国际民众打成一片，着力提高中华优秀传统文化的亲和力和说服力。如2019年，李子柒自媒体短视频在国际新媒体平台上广为传播，让国际网民欣赏到中国式的田园生活，为中华文化在海外市场的影响力提升开辟了一条新路。2019年，原创歌剧《鉴真东渡》等在美国、德国和奥地利巡演，被外媒评价为"世界水平的中国原创歌剧"。2020年，英文媒体人张慈赟的"中华优秀传统文化传承系列"丛书（英文版）向海内外正式发行，为不同文化背景的读者提供了一个了解中国文化的新视角，成为出版业在中西方语境中探寻平衡点的一次有益尝试。2021年，为期3年的"中国与世界"展览计划启动，《真实：中国艺术中的真实与感悟》作为首展在美国费城艺术博物馆拉开帷幕，为美国民众感受中华文化遗产的魅力搭建了桥梁。

（三）中华优秀传统文化借助国外汉学家的国际影响力走出去

2020年北京国际图书博览会上，来自多个国家的汉学家在互联网平台上分享其翻译的京味故事。其中，埃及汉学家米拉翻译了石一枫的《世间已无陈金芳》。2019年，伊朗汉学家孟娜将徐则臣的《跑步穿过中关村》翻译成波斯语，在德黑兰国际书展上正式发布。这些译本吸引了大量海外读者,提升了中华文化在海外的传播力和影响力。

(四)中华优秀传统文化借助国际中文教育走出去

2021年1月25日,中文正式成为联合国世界旅游组织的官方语言,国际中文教育事业务必抓住这一契机,围绕中国文学、艺术、旅游等热门领域开发新选题。通过国际中文教育满足学习者的不同需求,通过历史人物传记、民间俗语故事等展现中国历史及背后的精神力量,以通俗易懂、简单明了的话语和方式讲清楚中华优秀传统文化的历史渊源、发展脉络和基本走向,传播中华优秀传统文化内容,提高中文在国际教育中的话语权。

(五)中华优秀传统文化借助政府外交走出去

习近平同志在国际场合的用典,形塑了当代中国良好的大国形象。2022年北京冬奥会开幕式的每一处细节都承载着中华传统文化元素,如场馆建造、标识、景观设计等淬炼了敦煌壁画、如意、飘带等中华传统文化中的形象元素,以中国式浪漫向世界展示了中华文化的魅力。

此外,还可以借助外国人之口来传播中华优秀传统文化。英国著名历史学家汤因比曾经发出惊叹:"世界的未来在中国,人类的出路在于中国文明。"

目前,中华优秀传统文化的国外传播已经形成了传播形式网状化、传播主体多元化、传播内容多样化的格局。中华优秀传统文化正在走向世界舞台的中央,中华文化的国际话语权正在不断提高,《关于实施中华优秀传统文化传承发展工程的意见》中提到的"2025年,中华优秀传统文化传承发展体系基本形成"的目标正在实现。中华优秀传统文化的国际魅力一定会赋能立德树人根本任务的落实。

参考文献

[1] 魏圆圆作.新时代中华优秀传统文化融入高校思想政治理论课研究[M].南京：东南大学出版社,2023.11.

[2] 吴宁宁著.中华优秀传统伦理文化融入高校思政课教学创新研究[M].北京：社会科学文献出版社,2023.06.

[3] 杨杰著.文化渗透视角下高校思政教学探究[M].长春：吉林大学出版社,2023.01.

[4] 王利,俞燕,庄坚泉作.高校青年学者文库我国优秀传统文化在高校思想政治教育中的应用研究[M].北京：中国华侨出版社,2023.01.

[5] 张莹编著.高校学生社团实践与中华优秀传统文化传播[M].成都：四川大学出版社,2023.11.

[6] 卜令全著.新疆大学马克思主义理论学科建设与理论研究系列丛书传统文化与高校思政融合发展研究[M].北京：社会科学文献出版社,2023.06.

[7] 劳家仁著.新时期思想政治的理论与实践探究[M].长春：吉林大学出版社,2023.01.

[8] 李鸿雁著,张雪著.高校思政课教学改革与创新研究[M].延吉：延边大学出版社,2022.06.

[9] 唐明燕.思政课教学的中华优秀传统文化资源及应用[M].上海：复旦大学出版社,2022.02.

[10] 高瑛,丁虎生著.新时代高校思想政治教育工作体系研究[M].北京：光明日报出版社,2022.08.

[11] 马京著.兴国之魂践行社会主义核心价值观与弘扬中华优秀传统文化研究[M].昆明：云南大学出版社,2022.09.

[12] 钟立明编.中华优秀文化导读[M].北京：高等教育出版社,2022.04.

[13] 梁彦红作.大学生心理教育的理论与模式研究[M].北京：中国原子能出版社,2022.12.

[14] 刘超.新时代思想政治教育与传统文化融合发展研究[M].长春：吉林大学,2022.03.

[15] 王海云.弘扬中华优秀传统文化培育社会主义核心价值观：基于高校思政课的教学与研究[M].昆明：云南人民出版社,2021.01.

[16] 解丽君,贾立平,韩亦菲.高校优秀传统文化育人与思政课教学实践研究.北京：光明日报出版社,2022.03

[17] 刘艳芳.中华优秀传统文化融入高校思想政治教育研究[M].郑州:郑州大学出版社,2021.04.

[18] 王静主编.全球治理人才培养背景下的思政教育体系建设[M].北京:中国商务出版社,2021.06.

[19] 朱美光.传统文化当代价值与组织行为学体系[M].郑州:郑州大学出版社,2021.11.

[20] 龚婷.高校思想政治教育与传统文化的融合研究[M].北京:北京工业大学出版社,2020.07.

[21] 曹一宁.新时期传统文化与思想政治教育创新研究[M].北京:北京工业大学出版社,2020.07.

[22] 张枫著.中国优秀传统文化与高校思想政治教育工作融合研究[M].太原:山西经济出版社,2022.08.

[23] 石玮.思想政治教育与传统文化融合发展探究[M].北京:北京工业大学出版社,2021.09

[24] 邓云晓,陆志荣著.传统文化视阈下大学生思想政治教育创新研究[M].成都:西南交通大学出版社,2020.09.

[25] 史良著.传统文化与高校思想政治教育融合发展的价值研究[M].石家庄:河北人民出版社,2019.08.

[26] 赵勇著.传统文化和大学生思想政治教育[M].天津:天津科学技术出版社,2018.01.

[27] 任建国,张磊著.思想政治教育与传统文化[M].天津:天津人民出版社,2020.01.

[28] 胡淑坤作.高校思想政治教育中传统文化的价值研究[M].延吉:延边大学出版社,2022.07.

[29] 江婷.优秀传统文化与高校思想政治教育的融合研究[M].北京:线装书局,2022.03

[30] 荆媛.传统文化融入思想政治教育研究[M].太原:山西人民出版社,2020.09

[31] 顾博著.探索中国优秀传统文化与大学生思想政治教育的融合[M].北京:九州出版社,2018.04.

[32] 张吉,杨朝晖著.新时代背景下传统文化融入高校思想政治教育探索与发展[M].天津:天津人民出版社,2019.05.

[33] 杨朝晖,段玥婷著.全球化背景下中华优秀传统文化与大学生思想政治教育的融合研究[M].天津:天津人民出版社,2019.06.

[34] 谢丹著.传统文化视域下的高校思想政治教育[M].北京:九州出版社,2018.08.

[35] 王兴立著.中国传统文化和大学生思想政治教育[M].天津:天津科学技术出版社,2018.06.

[36] 李苗,崔巧玲,周振兴著.传统文化与大学生思想政治教育的创新[M].吉林出版集团股份有限公司,2019.08.

[37] 彭锡钊,王振江,于颖主编.我国传统文化与学校思想政治教育[M].北京:九州出版社,2018.06.

[38] 陈亚红,何艳著.传统文化与思想政治教育[M].北京:中国轻工业出版社,2017.12.